Cuando amo demasiado

Roberto Navarro

EDITORIAL
PAX MÉXICO

COORDINACIÓN EDITORIAL: Matilde Schoenfeld
ILUSTRACIONES: Ismael Vázquez
PORTADA: Beatriz Saldaña

© 2004, 2007   Editorial Pax México, Librería Carlos Cesarman, S.A.
              Av. Cuauhtémoc 1430
              Col. Santa Cruz Atoyac
              México, D.F. 03310
              Teléfono: 5605 7677
              Fax: 5605 7600
              editorialpax@editorialpax.com
              www.editorialpax.com

Segunda edición
ISBN 978-968-860-875-3
Reservados todos los derechos
Impreso en México / *Printed in Mexico*

Índice

Prefacio

En México –como en otros países– se sigue enfrentando a los hombres y las mujeres mediante una educación tradicional machista y sexista. El machismo postula que los hombres son superiores a las mujeres, gozan de libertad absoluta, controlan a su pareja e hijos, pueden tener otras mujeres y temen sus mejores sentimientos.

Por tradición, los hombres deben comportarse como machos narcisistas, mientras que las mujeres están obligadas a encarnar el estereotipo de sumisas, dulces y "sufridas". Motivadas por graves presiones psicosociales, muchas mujeres mexicanas renuncian a sus propias aspiraciones, su felicidad y su desarrollo personal. Adoptan papeles esclavizantes, se olvidan de sí mismas y se dedican de manera exagerada a su pareja y sus hijos.

Observamos la opresión de las mujeres en todo el mundo. En la opinión de Fromm, no podemos entender los elementos sádicos y la hostilidad destructiva entre los hombres y las mujeres si no consideramos que ha existido una guerra entre los sexos durante los últimos 8 000 años. Al principio, las mujeres fueron derrotadas por el patriarcado y la sociedad se construyó sobre las bases del dominio masculino. Las mujeres eran objetos de propiedad y tenían que agradecer cualquier concesión que los hombres les hacían.

Sin embargo, no puede haber dominio de una parte de la humanidad sobre la otra, de un sexo sobre el otro, sin que haya rebeldía, rabia, odio y un deseo de venganza en los que son oprimidos y explotados. Por su parte, los opresores sienten miedo e inseguridad.

Las raíces del machismo mexicano datan de la Conquista española, que tuvo su furor en la década de los años cincuenta del siglo xx, con las películas de Pedro Infante y Jorge Negrete. Retoman su ímpetu a inicios del siglo xxi, sustentadas por la propaganda comercial televisiva, los shows y las telenovelas típicas. En general, los medios de comunicación exhiben a las mujeres como atractivos objetos sexuales, sentimentales y poco pensantes, compradoras compulsivas y abnegadas madres dedicadas a sus hijos. A los desvalidos personajes femeninos se les permite gritar y protestar, pero al final se someten a los machos audaces y prepotentes.

El machismo sigue vivo en nuestro país como una injusta realidad cotidiana. Florece con los retrasos económicos, educativos y tecnológicos. Las crisis económicas, la corrupción, la mordida, el desempleo y el subempleo son de siempre. Esta lamentable situación frena los avances de las clases medias, que son las más abiertas a la modernización y a los cambios sociales.

La mercadotecnia se empeña en crear una preferencia miope por mujeres pasivas, maquilladas, complacientes y poco inteligentes, de preferencia extranjeras. Por contraste, la psicología del macho conquistador genera una imagen de lo femenino caracterizada como un objeto anónimo y deshumanizado, parecido a un juguete que puede ser usado por un rato y luego desechado.

En México, gran número de mujeres padece humillaciones y maltrato por parte de sus violentos maridos alcohólicos. Las violaciones y los abusos sexuales de mujeres y menores son demasiado conocidas. Aunque la violencia familiar y el abuso sexual de menores son cada vez más frecuentes, a menudo se ocultan y se callan. Se discrimina a la mayoría de las mujeres de todos los estratos económicos y laborales, mientras que la suerte de las indígenas es del todo atroz y lamentable.

El compañerismo y el compromiso en la elección de pareja se sustituyen por la posesión de cosas con y desde el otro. Esto lleva a innumerables conflictos familiares. El padre tradicional es demasiado autoritario. Por otra parte, está ausente al menos en una tercera parte de las familias con hijos, debido a las separaciones y divorcios, o simplemente porque abandonó el hogar.

Los enfrentamientos ancestrales entre los hombres y las mujeres alcanzan niveles cada vez más destructivos de violencia familiar. Las personalidades de ambos quedan fragmentadas y empobrecidas. Los hombres pierden su alma, es decir, su sensibilidad y su entusiasmo, mientras que a las mujeres les falta el ánimo, por lo que permanecen apocadas, resentidas e incapaces de decidir.

El hombre machista y narcisista necesita a las mujeres sufridas para subsistir, mientras que las mujeres sufridas "aman" a los machos y se desviven por ellos mediante un proceso interminable de codependencia. Muchas mujeres son tan débiles y sumisas que el carácter neurótico masoquista se toma como si fuera normal entre ellas. Solapan a sus maridos alcohólicos, prepotentes y golpeadores. Llegan a ocultar y negar la violación de sus hijas.

Las personas masoquistas encuentran su seguridad adoptando papeles de absurdo sometimiento a otras personas. Sufren para aliviar sus culpas neuróticas. Padecen enfermedades psicosomáticas, depresión, obesidad, angustia y trastornos sexuales. El masoquismo de las mujeres sufridas mexicanas es una forma de neurosis colectiva demasiado arraigada, producida por la sociedad machista, que no tiene nada que ver con la biología ni con la auténtica psicología femenina.

Incluye juegos y manipulaciones para sacar ventaja de la debilidad y constituye un grave contagio emocional: las mujeres "sufridas" mexicanas son las madres de las siguientes generaciones de jóvenes machistas. Además, ellas son las principales encargadas de "educar" a sus hijas para soportar la opresión ancestral: les imponen el falso imperativo "moral" de aguantar cualquier cosa por el bien de los hijos.

La preocupación por los derechos femeninos data de la época de la Ilustración, en que los ideales de libertad, igualdad y reforma, propios de la Revolución francesa, se extendieron de la burguesía a los trabajadores urbanos, a la gente del campo y a las mujeres.

En 1792, una mujer inglesa, Mary Wollstonecraft, escribió un libro para desmentir la afirmación de que las mujeres existen solamente para el placer de los hombres. Propone que ellas tengan igualdad de oportunidades en los campos del trabajo, la educación y la política. Las mujeres obtuvieron el derecho al voto y empezaron a trabajar en algunas profesiones en los siglos XIX y XX.

Un libro de Simone de Beauvoir (*El segundo sexo*, 1949) fue un best seller mundial que difundió la idea de que la liberación femenina también es una liberación masculina. En 1963, Betty Friedman (en *The Feminine Mystique*) criticó las actitudes de las mujeres que aceptan roles pasivos y dependen del dominio masculino, igual que la trampa mortal de las que solamente se dedican a la vida doméstica.

En la segunda Guerra Mundial, las mujeres de Europa y Estados Unidos trabajaron, a la par de los hombres, en muchas ocupaciones bélicas. En la década de 1960, los movimientos por los derechos civiles –en el vecino país del Norte– inspiraron a las mujeres y a las minorías para utilizar la agitación de las masas y las críticas sociales con el propósito de obtener mejores condiciones de vida. Además, la invención de máquinas ha facilitado notablemente algunas de las labores domésticas.

Tras el derecho al voto, alcanzado en 1953 en nuestro país, en la década de 1970 surgen organizaciones feministas que intentan modificar las leyes y las prácticas sociales que discriminan a las mujeres en el empleo, la educación y la política. Ahora se castigan con mayor severidad la violación y la violencia contra las mujeres y los niños. Se ha generalizado la práctica del uso de los anticonceptivos y continúa la lucha por legalizar el aborto, como parte del derecho de las mujeres a su propio cuerpo. Han surgido numerosas organizaciones civiles y gubernamentales en defensa de las mujeres y de los menores.

Antes, la principal meta de cualquier mujer era ser ama de casa. Ahora, las responsabilidades de las mujeres mexicanas se han incrementado y el papel del hombre como único proveedor está cediendo terreno frente al reconocimiento de las actividades económicas desarrolladas por la mujer. En consecuencia, poco a poco las parejas se desapegan de los roles tradicionales.

Aunque el matrimonio sigue siendo una institución muy fuerte en México, los valores han cambiado radicalmente. Son comunes las relaciones sexuales prematrimoniales, así como el uso de anticonceptivos. Las mujeres casadas trabajan fuera de casa. Se va extendiendo una cultura basada en la igualdad de géneros y en los derechos de los niños que cuestiona el concepto tradicional de la familia machista. A pesar de todo, ésta se mantiene todavía sin cambios notables en algunos estratos sociales y también en varios estados de la República.

Existe mucha mayor participación de las mujeres mexicanas en el campo de la política, la toma de decisiones y la vida pública del país. Las hay enfermeras, economistas, arquitectas, ingenieras, doctoras, diputadas, jefas de gobierno, etc. También sobresalen como modelos, artistas, escritoras, cantantes y estrellas de cine a niveles nacional e internacional.

Por lo común, las mujeres mexicanas ya no son posesiones del marido, aunque enfrentan todavía serias desventajas por el hecho de vivir en un mundo masculino. Por ejemplo, reciben menor salario que los hombres para realizar el mismo trabajo. Sin embargo, actualmente hay mayor conciencia de sus derechos, y todas las señales parecen indicar que la revolución iniciada por las mujeres mexicanas seguirá adelante, lo mismo que la lucha por los derechos de los niños y los jóvenes.

Las mujeres jóvenes (sobre todo las que viven en las grandes ciudades) muestran creciente interés por emprender tareas de realización personal, como estudiar, trabajar, tener autonomía económica, alcanzar logros profesionales y participar en política y en la transformación social. Ellas están menos dispuestas a tolerar la cultura de la abnegación, donde la mujer se realiza en el interior de su pareja y de su familia. Adoptan una posición cada vez más individual y buscan su propio desarrollo; en esta transición, se les dificulta tolerar, compartir o posponer sus intereses personales en función de otro individuo. Esto lleva a que muchas parejas no lleguen a constituirse, o se constituyan y luego se rompan.

Ser mujer actualmente en México y en el mundo implica estar en crisis y sufrir malestar. Por un lado están las ideas tradicionales machistas acerca de la mujer, la familia, la sexualidad y la educación de los hijos; por otro, los ejemplos de las mujeres exitosas y puntos de vista más abiertos sobre la inserción social de la mujer.

En esta crisis hay una fase inestable en la cual el individuo se cuestiona acerca de sus capacidades, del rumbo de su vida y –más en general– acerca de su propia identidad. Si la mujer no es sólo para la reproducción, la subordinación, ni un mero objeto sexual ni un objeto de consumo, entonces surgen las interrogantes: ¿para qué es?, ¿quién es?

La identificación de los sujetos con el papel social asignado –por tradición– a los hombres y las mujeres es uno de los factores que potencian la neurosis, la violencia, la pérdida de la individualidad y los conflictos de pareja. El estrés de la vida en las grandes ciudades y la aburrida existencia de las amas de casa tradicionales genera toda clase de síntomas y malestares.

La psicoterapia corporal psicoenergética combina técnicas, ejercicios e intervenciones con el propósito de eliminar los rasgos y las conductas neuróticos y alteraciones emocionales típicas del masoquismo. Favorece la catarsis emocional y el equilibrio del sistema nervioso autónomo por la liberación de los pensamientos, las fantasías y los recuerdos traumáticos mediante el movimiento corporal y el masaje terapéutico.

Cada persona tiene sus propios gustos y aspiraciones, es capaz de tomar sus propias decisiones y puede mejorar sus propias circunstancias. Resolviendo las crisis de desarrollo, ganará madurez, las ventajas de una mejor integración, nuevos niveles de conciencia, mayor equilibrio y favorables relaciones sociales. Por lo mismo, cada persona puede forjar su propio destino.

A usted le corresponde tratar de ser feliz, cuidar su salud, desarrollar sus potencialidades, ser creativa(o), solucionar sus conflictos y encontrar el sentido de su propia existencia. Si no se ama y cuida a sí misma(o), ¿quién lo hará por usted?

Este libro traza una ruta coherente de liberación e integración psicológica. Está sustentado en mis experiencias de más de treinta años de trabajo como psicoterapeuta y profesor. Contribuye al bienestar emocional de las parejas, en la época acelerada y llena de promesas que nos tocó vivir. De manera particular, proporciona herramientas a las mujeres que se comportan de manera masoquista, pero que están decididas a salir de la sumisión, la depresión y el resentimiento.

Si bien está dirigido al público en general, es de gran utilidad para los especialistas en salud pública: psicólogos, psicoterapeutas, sociólogos, psiquiatras, médicos y trabajadores sociales. También para los grupos e instituciones empeñados en la lucha por la igualdad de derechos y oportunidades de las mujeres y los niños.

Sirve de apoyo para seminarios y talleres (en las universidades e institutos), donde estudian la violencia familiar, el machismo, la igualdad de géneros, el desarrollo humano, la psicoterapia, la identidad psicosexual, la educación de los hijos, la homosexualidad y el lesbianismo.

Dedico esta obra a los lectores inteligentes, capaces de formar sus propias opiniones al contacto con estas páginas. Agradezco el amor y la comprensión de mi esposa, Mercedes, y de mis hijos, Alejandra y Roberto.

Diferencias entre las mujeres y los hombres

Los hombres machistas se creen superiores a cualquier mujer. Afirman que las mujeres son incapaces de pensar con lógica, hablan mucho y son demasiado sentimentales. Por su parte, algunas de ellas comentan que los hombres son autoritarios, presumidos y solamente les interesa el sexo, etcétera. Al margen de cualquier caricatura, prejuicio o estereotipo social, existen notables diferencias anatómicas, fisiológicas (genitales), hormonales y cerebrales entre los hombres y las mujeres.

Al principio de la gestación, los fetos son iguales. Luego, la presencia de la hormona masculina (testosterona) en la vida temprana del cerebro masculiniza a algunas personas. Debido a la testosterona, los hombres –en general– tienen mayor proporción de masa muscular que las mujeres.

Según las investigaciones, cuando los bebés de sexo masculino gatean, exploran mayor territorio que los de sexo femenino, y cuando juegan los niños maltratan más los juguetes que las niñas. Persisten en ciertas tareas que no los llevan a ningún lado, mientras que las niñas se frustran y se aburren mucho antes, por lo que abandonan el juego. Además, las niñas son más sonrientes y se muestran muy sensibles a las consecuencias sociales de sus acciones.

A las niñas les interesan las palabras más que a los varones y empiezan a hablar antes que los niños. Dependen de la memoria auditiva para leer y por eso se les facilita la ortografía. Los niños aprenden a leer de manera visual, percibiendo conjuntos. Según las pruebas de inteligencia (muy en particular los tests de relaciones espaciales), ellos captan las figuras en tercera dimensión mejor que las niñas.

Los niños tienen más desarrollada la visión global. Su cerebro utiliza, de manera selectiva, las importantes áreas de asociación frontal que están ligadas con el pensamiento abstracto. Por su parte, el cerebro de las niñas se activa de manera más generalizada y está menos lateralizado que el de los niños. Las niñas emplean ambos oídos para escuchar, mientras que en los niños el izquierdo suele dominar, porque se relaciona mejor con los centros cerebrales de ese lado. Ellos presentan trastornos del aprendizaje, como la dislexia y la tartamudez, con mayor frecuencia que las niñas.

Desde muy temprana edad, las amistades suelen entablarse dentro del mismo sexo. Las niñas son más amables, se muestran más dispuestas a compartir y están más interesadas en los intercambios verbales. Las jóvenes establecen un grado de complicidad entre ellas mucho más fuerte que los jóvenes. Es conocido el término "amiga del alma", ésa a quien confían todos los secretos. A los niños los motiva más la competencia que el intercambio. Emplean más el espacio –corriendo y saltando– que el discurso.

El cerebro "femenino" también se desarrolla mediante un mecanismo hormonal, en ausencia de las hormonas masculinas o andrógenos. En la pubertad, el estrógeno desempeña un importante papel en la diferenciación sexual. Se encarga de crear las curvas en el cuerpo de las mujeres y de activar sus órganos reproductores (menstruación y ovulación).

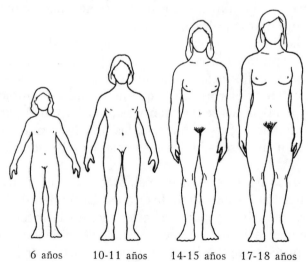

6 años   10-11 años   14-15 años   17-18 años

Figura 1. Diferencia en la apariencia corporal de las mujeres, relacionadas con la edad y la influencia creciente de las hormonas.

La figura 1 muestra las diferencias que se dan en el cuerpo de las mujeres como consecuencia de las hormonas y la edad. Las hormonas ováricas favorecen el embarazo (la implantación del óvulo) y la lactancia. Como todos sabemos, estar embarazadas, dar a luz y amamantar a los bebés son funciones exclusivas de las mujeres.

Después de la menopausia, muchas mujeres recurren a los estrógenos para combatir algunos síntomas corporales del envejecimiento, como la osteoporosis. Sin embargo, las hormonas también pueden ser necesarias para prevenir el deterioro de algunas funciones cerebrales, como la memoria.

En general, a los jóvenes se les facilita la "visión matemática" debido a la testosterona y a algunas diferencias cerebrales que se explican un poco más adelante. En su trabajo, ellos intentan convencer de manera dominante, mientras que las jóvenes prefieren la negociación concertada. Las mujeres también procuran que el grupo funcione en armonía, con buenas relaciones interpersonales, mientras que los hombres se sienten atraídos por el poder, el éxito y la competencia.

Los hombres se concentran más en lo que están haciendo, tienen mejor opinión de sí mismos, son más tercos, menos capaces de ver sus defectos y les preocupa más su trabajo, mientras que a las mujeres les interesa más la familia. Entre ellos observamos mayor número de matemáticos, pilotos de aviones, safaris, ingenieros mecánicos, arquitectos y corredores de autos.

Por su parte, las mujeres sobresalen en el manejo del lenguaje verbal, la expresión emocional y artística, la apreciación estética y la ejecución de tareas detalladas y planeadas de antemano. Tienden a superar a los hombres en empatía, habilidades sociales y búsqueda de la seguridad.

El lóbulo parietal izquierdo del cerebro tiene que ver con la percepción del tiempo y de la velocidad, lo mismo que para mover imaginativamente objetos de tercera dimensión. También se relaciona con la memoria que utilizamos para percibir las relaciones entre las diversas partes del cuerpo.

Se ha descubierto (Conlon, Rabinowicz y otros) que el lóbulo parietal inferior es algo mayor en los hombres que en las mujeres; es bilateral y está situado justo al nivel de las orejas. En los hombres, el lado izquierdo de la corteza parietal inferior es mayor que el del lado derecho. Esta área del cerebro controla las habilidades visual-espaciales y el concepto de "espacio mental". Estas habilidades son necesarias para las matemáticas y la arquitectura.

En las mujeres, la asimetría es contraria, aunque la diferencia entre ambos lados no es tan marcada. El lado derecho permite al cerebro procesar la información que viene de los sentidos y ayuda a su percepción selectiva. Por eso, una mujer puede atender mejor a estímulos muy concretos, como el llanto de su bebé durante la noche. Esta área también se relaciona con la percepción de los afectos y sentimientos, ya sean propios o ajenos.

En los lóbulos frontales y temporales del cerebro se localizan dos áreas (la de Broca y la de Wernicke) que están relacionadas con el procesamiento del lenguaje. Las investigaciones demuestran que ambas son significativamente mayores en las mujeres. Esto proporciona una base biológica al conocido hecho de que ellas poseen notables ventajas en el manejo del pensamiento asociado con las palabras.

Por otra parte, los hombres cuentan con un número mayor de neuronas en la corteza cerebral, que es la capa exterior del cerebro, mientras las mujeres tienen más neuropil, tejido fibroso que llena el espacio entre el cuerpo principal de las neuronas y les permite comunicarse entre sí (sinapsis, dendritas y axones).

Las neuronas envían y reciben señales eléctricas y químicas que influyen en numerosas funciones corporales y fabrican pensamientos y sentimientos. Existe otra llamativa diferencia: ante los recuerdos muy dolorosos, se activa un área ocho veces mayor en las mujeres que en los hombres. El cerebro femenino está programado para experimentar y evocar con mayor viveza las emociones.

Estas investigaciones podrían explicar por qué las mujeres son más propensas a enfermedades demenciales que los hombres. Aunque un hombre y una mujer lleguen a perder el mismo número de neuronas debido a una enfermedad, el déficit funcional de la mujer puede ser mayor, porque las células dañadas se conectan más densamente con otras neuronas.

Le Vay descubrió que existen diferencias de género en el hipotálamo, el cual tiene que ver con las emociones, se encarga de regular la mayoría de las funciones básicas de la vida y controla las hormonas mediante la pituitaria. También se relaciona con la motivación sexual y recibe nervios de los genitales, los pezones y las vísceras.

En efecto, el volumen de un grupo de células del hipotálamo anterior es mayor en los hombres heterosexuales que en las mujeres y los hombres homosexuales, lo que incita un nuevo debate acerca de las bases biológicas de la homosexualidad.

Conviene señalar que los cerebros de los niños y adultos cubren un continuo que va desde lo muy "masculino" hasta lo muy "femenino" de manera independiente, hasta cierto punto, del cuerpo (género) en el que están encerrados. Como explicamos detalladamente en el apéndice 2, las hormonas desempeñan un papel muy importante en la orientación sexual de cada individuo.

En opinión de Blum, ningún cerebro está bien o mal ni el "masculino" es superior al "femenino" o viceversa. Para compararlos, por ejemplo, podemos pensar en ellos como si fueran computadoras parecidas, que tienen algunas tabletas diferentes, otros microchips y distintas conexiones.

Las diferencias no justifican la restricción de oportunidades para el éxito, la felicidad y el trabajo; no ofrecen ningún apoyo a ciertos estereotipos que nos vende la sociedad (como el del macho y la mujer sufrida). Tampoco son una pauta –o un pretexto– para juzgar lo que es correcto o no dentro de algún grupo social.

Además, esas diferencias no se aplican a todos los individuos. Es fácil encontrar mujeres que son excelentes en matemáticas, física o arquitectura, y algunas son fuertes y decididas. También hay hombres que sobresalen en el uso del lenguaje oral y escrito. Otros son tímidos y delicados. Después de todo, los hombres y las mujeres difieren por el cromosoma Y.

Sin embargo, debemos tener en cuenta que ese cromosoma, lo mismo que las diferencias hormonales, cerebrales y genitales, tienen gran impacto en el modo como los hombres y las mujeres nos percibimos y tratamos de comprender el mundo que nos rodea, también en la manera como reaccionamos ante muchas cosas.

Según Blum, una ventaja de que haya dos sexos en los humanos es que en una pareja cada individuo aporta genes muy distintos, lo que minimiza el riesgo de reproducir genes defectuosos en sus hijos. En cuanto a la atracción sexual, existe un trasfondo de señales poco conscientes que afectan la selección de pareja, una de las cuales es el olor. Sabemos que el sistema inmunológico (y las hormonas) mandan atractivos olores sexuales (feromonas) junto con el sudor.

En un estudio, algunos hombres llevaron la misma camiseta por varios días y se pidió a un grupo de mujeres que las valoraran olfativamente por su atractivo sexual. De manera consistente, las mujeres eligieron a los hombres que tenían sistemas inmunológicos muy diferentes de los suyos. La información del sistema inmunológico también se encuentra en la saliva. Por eso, los besos "franceses" pueden ser una manera de discernir este hecho biológico.

A modo de paradoja, en las sociedades actuales se eliminan los olores del cuerpo y se remplazan por el uso de esencias y lociones supuestamente "irresistibles y muy sexuales". Por otra parte, en el trópico se suda más, por lo que no es tan fácil evitar el impacto de los aromas naturales.

En un clima de igualdad de derechos, los hombres y las mujeres podríamos apoyarnos para enfrentar los retos de la vida de manera más sana, agradable y productiva. Al tratar de comunicarnos con las personas del sexo opuesto es mejor evitar las críticas, aceptando el hecho de que tenemos algunas diferencias y habilidades distintas. Después de todo, éstas son complementarias. Como dirían los franceses: ¡Viva la diferencia!

Algunos opinan que los hombres y las mujeres nacen iguales y que la cultura es responsable de crear la agresividad masculina. Como explicamos en el apéndice 1, en los sectores represivos de nuestro país prevalece el machismo que –junto con el alcoholismo– genera el maltrato y la opresión injusta de tantas mujeres y niños. Sin embargo, desde el principio está presente cierta diferencia en la agresividad.

¿A qué se podría deber esto? En las épocas tempranas de la humanidad éramos una especie polígama. Según Blum, en las especies polígamas los varones tienden a operar bajo la regla de que "hay que vivir aprisa, para luego morir". En las sociedades primitivas de cazadores, los hombres necesitaban ser muy fuertes y estar siempre en el filo de la agresividad.

En la actualidad, la mayoría de la gente es "ambiguamente monógama". Las especies únicamente monógamas construyen sociedades muy duraderas, en las que las parejas comparten por igual las tareas de la vida y exhiben lazos de profundo afecto. Los humanos tenemos rasgos monógamos, pero retenemos algunos hábitos polígamos, como la agresión. Nos encontramos en un estado muy interesante, complejo y desconcertante en cuanto a lo que cada persona busca en su pareja.

Algunos estudios demuestran que en los animales machos, incluso en los humanos, existe una baja notable en la testosterona después que se han apareado y mantienen relaciones sexuales comprometidas. Esto hace que los hombres sean más amables y menos agresivos. Una hipótesis es que las mujeres acostumbran domesticar a los hombres mediante la monogamia, el compañerismo y la amistad.

En la antigüedad, cada sexo tenía papeles muy definidos que ayudaban a asegurar la supervivencia de la tribu y la especie. Los cavernícolas cazaban y se encargaban de la navegación, la exploración y las guerras. Las mujeres recogían alimento cerca de la cueva y cuidaban a los niños. En vista de esto, parece que algunas regiones del cerebro se adaptaron –especializaron– para ayudar a que cada sexo cumpliera con mayor beneficio sus tareas específicas.

Las mujeres conocen, mejor que los hombres, la calidad de sus relaciones personales con base en los gestos y expresiones faciales de las demás personas. Esto se debe a que ellas necesitan anticipar las intenciones de los que tienen un rango social más elevado para poder sobrevivir dentro de las sociedades que les asignan papeles de subordinación.

También se puede explicar en términos evolutivos el manejo que tienen las mujeres en las habilidades verbales. Mientras que los hombres necesitaban gran fuerza física para cazar y competir (o pelear) entre ellos, las mujeres utilizaban el lenguaje persuasivo con el propósito de obtener ventajas sociales, debido a que su fuerza física era menor que la de los hombres.

El embarazo puede ser una experiencia de alegría mística y profunda para las mujeres, en particular el segundo o los siguientes. La madre experimenta la individualidad de su bebé: lo conoce a través de sus movimientos, ritmos y por una especie de telepatía, mediante la cual puede anticipar la clase de persona que va a ser (Demetrakopoulos).

No todas las mujeres son madres, ni tampoco todas amamantan a sus bebés. Sin embargo, esta experiencia forma un lazo indisoluble entre la madre y el infante. Cuando la madre deja ir su ego y se identifica con la satisfacción del bebé, experimenta una sensación de unidad total con el infante al que alimenta, muy parecida al tiempo misterioso del embarazo. Para la madre es una experiencia de dar vida y de darse, a sí misma, al bebé. Alegría y alivio de tensión que también tiene tintes eróticos.

La relajación progresiva del bebé y de la madre hasta casi fundirse cuando ella le da de mamar es una unión misteriosa, física y psíquica a la vez. Debido a estas experiencias, el amor del niño hacia su madre es muy especial.

La misma autora, Demetrakopoulos, anota que los pintores de la Edad Media a menudo representaban a María y al niño Jesús tranquilos y serenos mientras ella lo amamanta. Este amor materno, femenino, abierto y nutriente es un símbolo de la caridad cristiana. Los romanos conectaban la leche materna con la eternidad de los cielos. Para ellos, la Vía Láctea, nuestra galaxia, se formó cuando la diosa Juno derramó su leche cuando amamantaba a Hércules. De paso, la palabra *galaxia* se deriva de la palabra griega que significa ese líquido vital y luminoso.

Sobre lo que corresponde a los tiempos modernos, el doctor Peter presenta agudas reflexiones:

En la jerarquía conyugal, la mayoría de las esposas ya se han visto relevadas de deberes tales como ordeñar vacas, batir mantequilla, atizar el fogón, tejer colchas y poner alimentos en conserva. Muchas se hallan ahora libres de barrer, fregar, pelar verduras y hornear pan.

La televisión ha llegado a cumplir la función de tener quietos a los niños y contarles cuentos (los video-juegos, las computadoras). Se espera que la esposa moderna funcione en un nivel más elevado. A medida que el peldaño se mueve hacia arriba, la esposa se convierte en economista familiar, psicóloga infantil y mujer de carrera. Muchas mujeres que hubieran sido competentes en los tiempos pasados alcanzan su nivel de incompetencia en este peldaño superior.

Ahora pocos maridos tienen que poner las manos en quehaceres tan antiguos como retirar maleza, uncir mulas, cortar leña, cuidar colmenas y cultivar la tierra (o ir a la guerra). El marido actual se ubica en un peldaño que requiere complicada competencia directiva, diplomática, financiera y amorosa. Así, los matrimonios tienen más probabilidades de hundirse ahora que cuando la jerarquía conyugal tenía menos peldaños.

El machismo
y la subordinación femenina

Aunque existen las diferencias, que explicamos en el capítulo anterior, tanto las mujeres como los hombres tenemos las mismas funciones cerebrales básicas. La función del raciocinio lógico y analítico configura el pensamiento verbal; la función imaginativa y sensible constituye la intuición, y un lado integrador nos lleva a la acción, al "actuar". También tenemos impulsos, emociones, órganos sensoriales, memoria y capacidad para tomar decisiones.

A pesar de lo anterior, en México –y en otros países– se sigue enfrentando a los hombres y las mujeres mediante una educación tradicional machista y sexista.

Según Progrebin, los estereotipos sexuales que prevalecen en nuestra sociedad trasmiten a la infancia dos mensajes: a) los niños son mejores y más fuertes, y b) las niñas nacieron para ser madres. El propósito es motivar a los niños para competir y sobresalir. Sin embargo, la mayoría de los hombres no pueden alcanzar el éxito que soñaban y descargan su frustración sometiendo a las mujeres.

Por otra parte, las mujeres no pueden procrear sin atraer a los hombres. Esto les genera graves preocupaciones relacionadas con la belleza física y el atractivo sexual. Rodin observa que este concurso de belleza femenina se comercializa cada vez más. Las mujeres se preocupan mucho por su apariencia, pero también se sienten avergonzadas y vacías porque no cultivan otros aspectos más profundos. Además, para muchas mujeres, su autoestima depende del nivel de éxito socioeconómico de su pareja, y no tanto de sus propios logros personales.

Willis pregunta: ¿de qué manera se presiona a las mujeres para que adopten un rol pasivo y dependiente?, a lo que responde: a) les prometen la recompensa de disfrutar estabilidad y pocas responsabilidades cuidando del hogar, b) las instruyen para que se desenvuelvan sólo como esposas y madres, y c) las enseñan a evitar presiones y competencias de un mundo agresivo (masculino), con el pretexto de que no están equipadas ni preparadas para eso. Una madre dice a su hija: "Qué fea niña, ya se enojó".

En la niñez adquirimos un conocimiento inicial de los papeles sociales según el sexo. A las niñas les dan muñecas, cocinas de juguete, adornos, etcétera. Sus padres les dicen que deben ser dulces, buenas y limpias. Al contrario, en los juegos de los niños hay competencias físicas y peleas que imitan las actividades primitivas de la guerra y la caza, en las que la fuerza y la agilidad son indispensables para la supervivencia. Los niños mayores se burlan de sus compañeros menos impulsivos y los consideran afeminados. A través de estos juegos también aprenden a eludir a las niñas por ser más débiles que ellos.

En contraste con esos juegos infantiles, en la actualidad tenemos computadoras (Internet) y juegos electrónicos que no distinguen géneros. La vida del siglo XXI ofrece a muchos jóvenes nuevas oportunidades para su desarrollo intelectual, emocional y personal, junto con mayor libertad y flexibilidad en sus comportamientos sociales y en sus diversiones.

Sin embargo, el machismo continúa vivo en nuestro país –y en el mundo– como una injusta y cruda realidad cotidiana. Las mujeres y los hombres hemos sido encasillados, en campos opuestos, dentro de la familia, en las profesiones y en muchas actividades, tomando como pretexto el sexo anatómico con el que nacemos. Pocas veces nos podemos relacionar en un plano humano de mutuo respeto, con igualdad de derechos. Esto limita el pleno desarrollo de cada uno de nosotros como personas bien integradas.

En los hombres, la sociabilidad ideal comprende la capacidad para relacionarse con las mujeres como compañeras, en un clima de mutuo respeto y aprecio (dentro y fuera del trabajo), así como la formación de lazos de cariño y verdadera intimidad emocional con algunas de ellas. Una urgente prioridad nacional es que todos los mexicanos sigamos luchando para crear ambientes familiares, escolares y laborales más ilustrados y equitativos que no discriminen a las mujeres, a los niños, a los ancianos y a los minusválidos.

¿Qué es el machismo?

Según Ramírez, el machismo de México tiene sus raíces en la época de la Conquista, que fue el destructivo choque entre la cultura española y las culturas indígenas. El mestizaje se originó, casi en su totalidad, por uniones entre hombres españoles y mujeres indígenas. Las mujeres indígenas (como *la Malinche*) fueron incorporadas de manera forzada a una cultura muy distinta, para la cual no estaban preparadas. Eran poco más que sirvientas, esclavas o posesiones de los conquistadores.

Los mestizos, productos de esas uniones, rechazan a su padre (conquistador, prepotente, agresor y violador) y sienten intenso afecto hacia la madre. Pero se sienten obligados a demostrar continuamente que ellos también "son muy hombres", como su progenitor. Imitan el predominio social, la capacidad de conquista y la hombría del padre, exagerando lo masculino. La debilidad, el sometimiento y la devaluación social corresponde a las mujeres y se espera que ellas se sacrifiquen por sus hijos y su pareja.

Más adelante, en la época de las haciendas, hubo una estricta separación de las actividades masculinas y femeninas: las mujeres estaban subordinadas a los hombres. Lo mismo sucede hasta ahora en las comunidades indígenas, en las poblaciones rurales del país y en las familias tradicionales de las ciudades.

A través de la historia, las estructuras de poder han propuesto el dogma de la supremacía masculina. Las mujeres sufridas mexicanas reciben este mensaje de sus padres, maestros y familiares; luego, sus parejas, en su mayoría hombres machistas, se encargan de que ellas continúen sometidas de las maneras más opresivas. En el fondo del problema encontramos un profundo sentimiento de inseguridad femenina.

Aunque el machismo existe en todos los países, tiene gran incidencia en nuestro país. Elmendorf opina que, entre los países de Latinoamérica, México es el más afectado por el síndrome del machismo. Aquí, todavía se asignan papeles psicosexuales demasiado opuestos a los hombres y las mujeres, sobre todo en los estratos sociales con menos educación y en los que padecen mayores penurias económicas.

Según Tibón, el concepto del "nuevo" macho mexicano se remonta al gachupín conquistador y a la india consentidora. Mientras que el padre español trataba a su hijo con gritos e insultos, la madre indígena tendía a protegerlo y consentirlo de pequeño, para después chantajearlo de grande (Ulloa).

La imagen idealizada del "nuevo" macho mexicano tuvo su furor en las décadas de 1950 y 1960 con ídolos como Pedro Infante y Jorge Negrete, actores versátiles, alegres, cantadores, dicharacheros, jugadores y conquistadores. Legaron a las siguientes generaciones películas en las que el protagonista es un hombre (charro o citadino) machista valiente, parrandero, jugador y con una multitud de mujeres sumisas que caen rendidas a sus pies.

En sus relaciones con las mujeres, los hombres machistas exhiben extrema prepotencia sexual, narcisismo, agresividad, frialdad y absoluto dominio. Por tradición, a los varones mexicanos se les propone el modelo psicosocial de machos abusivos y conquistadores. Quienes lo adoptan exageran su hostilidad, dureza e intransigencia frente a los demás hombres.

Al contrario, se presiona a las mujeres para que adopten el tan conocido papel de "sufridas". Los padres moldean a las niñas para la sumisión, la dependencia, el conformismo, la timidez y la escasa iniciativa. Algunas variantes mexicanas (todas muy denigrantes) de la mujer sufrida incluyen a la "abnegada", la "abandonada", la "fregada", la "arrastrada", la "malquerida", la "jodida" y la "chingada".

Octavio Paz, en *El laberinto de la soledad*, advierte que, en México, la "chingada", la hendida, la violentamente penetrada, es la madre. El agresor, el que hiende, el que abruptamente, sin recato, penetra en la intimidad sexual femenina, el que "chinga" –el "chingón"– es el padre.

Las niñas llegan a suponer que los hombres son superiores y más aptos para pensar, decidir y ejercer la mayoría de las profesiones. Aprenden a buscar seguridad apegándose a un hombre (padre, esposo, hijo, hermano, maestro o sacerdote), mas no dentro de sí mismas. Muchas de ellas sienten un temor irracional cuando se imaginan que van a vivir solas. Se imaginan que solamente pueden lograr su pleno desarrollo como personas con la ayuda de un intermediario masculino entre el "mundo interior" de sus sentimientos, fantasías e intuiciones y el "mundo exterior" de la realidad fuera de casa (que incluye el trabajo, la política, el dinero y la competencia), porque ésas son "cosas de hombres".

Entrenan a las mujeres para que vean a su padre (o padrastro) como el centro de atención y se sometan, lo mimen y obedezcan sin protestar. Deben quererlo a pesar de todo, porque ellas son sus "buenas hijas". Ramírez advierte que el macho ve a las mujeres a través de una dicotomía: hay algunas que son malvadas e infieles, mientras que otras son buenas, santas y "virgencitas", como sus hijas.

En las escuelas, en particular de las zonas proletarias, hay docentes que censuran y ridiculizan los esfuerzos de sus alumnas. Muchas de ellas temen las matemáticas, porque les hacen sentir que son muy difíciles y cosa de hombres. Las niñas necesitan más apoyo de sus maestros para el buen desempeño en las tareas escolares, debido a que la mayoría de ellas no desarrollan suficiente confianza en sus capacidades intelectuales dentro de sus familias. Es común que sus padres les digan que son ignorantes e inútiles.

Una fuerte tendencia cultural impulsa a los jóvenes, en particular los de clase media, a desarrollar al máximo las funciones del pensamiento para ocupar los puestos de poder y así obtener mayores ventajas económicas. Contrariamente, se presiona a las jóvenes para un desarrollo unilateral de sus mejores sentimientos: a ellas "les conviene" ser compasivas, tiernas, dulces, sufridas, bonitas y lindas. Y especialmente entre las adolescentes se fomenta la necesidad de gastar dinero en ropa y cosméticos para lucir más atractivas.

A las mujeres les permiten expresar sus sentimientos, lo cual favorece actitudes de "sensiblería", incluyendo cambios emocionales súbitos, enojos y lloriqueos que no llevan a nada (González). Algunas telenovelas de moda, igual que las películas de la época de oro del cine mexicano, parecen un concurso de llantos, gritos histéricos y amor pasional (sufrido e irracional) protagonizado por desvalidos personajes femeninos, opuestos a las "villanas". Por tradición, se supone que así son –y que así deben seguir siendo– las mujeres mexicanas.

Para el padre machista, las jóvenes que dan muestras de sensualidad o de interés por el sexo opuesto se transforman en malas. Son unas "perdidas" que necesitan vigilancia y castigos porque desean salir de su casa, tener novio y buscan relaciones sexuales. Además, sus padres les limitan la educación escolar porque eso no les va a servir de nada para desempeñar las funciones elementales de tener hijos, alimentar a la familia y cuidar la casa.

Tienen que pedir permiso a su padre –y más adelante a su pareja– para salir de la casa, gastar dinero en algo, viajar con una amiga, etcétera. Por otra parte, aprenden a trabajar en la casa desde niñas: limpiar, barrer (aspirar), cocinar, lavar (usar lavadora) y planchar. Deben estar siempre limpias y presentables.

Su misión es trabajar para los demás, para eso sirven. Desde pequeñas se les adjudica (empezando por la mayor) el cuidado de sus hermanos menores.

La mayoría de las jóvenes mexicanas no logran ingresar en las universidades y los tecnológicos; muchas se ven forzadas a trabajar en cualquier cosa y en las empresas, y a ellas les pagan menos que a los hombres por desempeñar el mismo trabajo.

La adolescencia podría ser una oportunidad de cambio, tomando en cuenta su mayor inteligencia crítica y las enseñanzas escolares; sin embargo, rara vez se da una verdadera y plena integración de su personalidad que incluya la capacidad de tener opiniones propias. Para algunas, la adolescencia es un período de inútil rebeldía que resulta en un embarazo no deseado y que las conduce a un peor sometimiento. Las mujeres de la clase baja muestran una estereotipia sexual más marcada (Bardwick). Cuando son jóvenes creen que el único modo de lograr su identidad plena como mujeres es casándose y teniendo hijos.

Las jóvenes fantasean acerca del amor y el matrimonio mucho más que los varones. Algunas se prometen a sí mismas que su casa, su matrimonio, sus niños y su esposo no serán tan deficientes como los de sus madres. Al principio se dedican totalmente a su pareja y a los niños; sin embargo, con frecuencia cometen los mismos errores. Su idealismo romántico a menudo engendra un profundo sentimiento de fracaso personal y de humillación en su vida matrimonial (Demetrakopoulos).

La situación de opresión de las mujeres indígenas en Morelos, Oaxaca y Chiapas excede la imaginación. En algunas poblaciones de dichos estados, los padres venden a las niñas de 12 o 13 años al que será su primer hombre. El alcoholismo es común en los hombres que desprecian, golpean y maltratan a sus mujeres.

Bonfil (vea Fernández) relata lo complicado que es ser mujer indígena, cuya misión principal es "parir, parir, parir" hasta tener los hijos suficientes que permitan a la familia funcionar en términos de la lógica campesina. Ser mujer indígena significa nacer desnutrida, comenzar a trabajar desde los 3 o 4 años en las labores domésticas, cuidar a sus hermanos, abandonar la escuela, embarazarse, distinguir apenas entre sexualidad y reproducción, carecer de control sobre su cuerpo y tener alto riesgo de maltrato en sus relaciones de pareja.

Rosario Castellanos dice en *Ulloa*: "Los indios son seres humanos absolutamente iguales a los blancos, sólo que en circunstancia especial y desfavorable. No me parecen misteriosos ni poéticos, lo que ocurre en los que viven en una miseria atroz. Es necesario describir cómo esta miseria ha atrofiado sus mejores cualidades". En su intento por mejorar, muchas mujeres del campo migran a las ciudades para tratar de ganarse la vida como domésticas, afanadoras o vendedoras, entre otras actividades, por lo común al poco tiempo tienen uno o varios hijos y con frecuencia sus parejas las dejan en cuanto esto sucede.

Después del matrimonio (o la unión libre) las mujeres adquieren importantes obligaciones: ser buenas esposas y tener hijos. En lo posible, no deben salir de la casa, pero si lo hacen tienen que estar allí antes que regrese su pareja. Además no es "decente" que una mujer manifieste sus preferencias sexuales, lo único que tiene que hacer es satisfacer a su marido, ya que de lo contrario se expone a que él busque otra. Tampoco puede prestar atención a los demás hombres. Puesto que estas mujeres permanecen atadas a otras personas, no logran una identidad personal con valores y opiniones propios, sino que se identifican con su pareja y se adaptan a las necesidades de la relación marital. Además, las mujeres más típicas se preocupan por el bienestar del hombre y dependen muchísimo de sus reacciones hacia ellas.

La maternidad es una oportunidad para que las mujeres manifiesten todos sus sentimientos, desde los más tiernos y cariñosos hasta los más autoritarios, punitivos y agresivos. Cuando una mujer se adapta al estereotipo sexual que le imponen, disminuye su ansiedad respecto a su feminidad (Bardwick).

En las familias de escasos recursos, la mujer es el principal sostén moral y económico. La mujer sufrida se encarga de atender las demandas sexuales de su pareja (aunque ella nunca llegue al orgasmo) y de que su marido coma bien y tenga el mejor aspecto posible. También es responsable de mantener la comunicación en la familia, por lo que a veces se siente obligada a hablar de cualquier cosa. Debe aceptar la infidelidad de su pareja sin quejarse ni protestar, haciéndose la desentendida; por el contrario, está obligada a guardar fidelidad absoluta, porque las mujeres no necesitan más que un hombre.

Algunos hombres asignan a su pareja un "gasto" que debe alcanzar para todo, aunque sea miserable y raquítico. Con su trabajo como vendedoras, domésticas, obreras y secretarias, muchas de ellas sostienen a sus hijos y también al marido alcohólico y flojo que las golpea, abusa sexualmente de ellas y no tiene trabajo fijo.

Las mujeres sufridas se comportan de modo abnegado y tienen gran capacidad para soportar el sufrimiento, los insultos y los golpes de modo estoico. Mientras que en la clase alta es indispensable el matrimonio para evitar las críticas sociales, en la clase baja se prefiere la unión libre, sin importar que ya tengan hijos de relaciones anteriores.

El riguroso control impuesto a sus conductas familiares y sociales, desde la niñez, genera mecanismos automáticos que inhiben sus acciones libres y responsables. Las mujeres sumisas llevan en su interior un mundo de inseguridades, culpas y angustias que les impiden actuar de manera libre, en consonancia con sus propios pensamientos y deseos.

Los machos tienen plena libertad para pasar el fin de semana con los amigos y amigas, de llegar tarde o no llegar a dormir cuando así se les antoja. Pueden tener una o varias amantes; los que tienen dinero les pagan departamentos o "casas chicas". Algunos tienen hijos con diferentes mujeres como demostración pública de su virilidad, pero los que tienen hijas reciben burlas de sus amigos. Si la mujer no le da un hijo al macho, no le sirve ni lo complace, por lo que el hombre la puede dejar. Este tipo de hombres no tolera siquiera que su pareja se ponga encima de él para hacer el amor. En caso de que ella se mueva libre y sensualmente, le entra la duda de dónde y con quién habrá aprendido eso.

Antes, cuando eran novios, ella debía ser virgen, ya que existen otras mujeres que son profesionales del sexo y que no merecen el menor respeto. En todo caso, para disfrutar el sexo están las amantes, que son las que en verdad "lo comprenden a uno".

El macho le dice a su mujer que le reclama porque él tiene una amante: "Puedes irte de la casa si eso no te gusta. Así puedo traerla a vivir aquí". Muchas de ellas eligen quedarse, porque no han aprendido a relacionarse con otros hombres menos agresivos. Tampoco tienen adónde ir. Sienten cierta admiración por el macho, el golpeador, el narciso.

Los hombres machistas tratan a su pareja de la misma manera que lo hacía el padre de ésta cuando ella era niña. En el norte del país es común que los hombres llamen "mi hija" a su esposa, tal vez como muestra de posesión poco consciente. Cuidan y celan a su mujer y la suponen débil. A ellos corresponde el trato directo con el mundo exterior, conseguir el dinero y decidir los modos de gastarlo.

Ellos toman las decisiones importantes de modo abierto o de manera más sutil. Llevan a componer el automóvil, se ocupan del mantenimiento de la casa y hasta procuran hacer algunos regalos a su "mujercita".

Algunas mujeres de clase alta no aprenden a sustentarse, ni tienen la capacidad para funcionar por sí mismas ante el mundo, en particular si tuvieron padres ricos. El marido (o el amante) asignan a su mujer fuertes cantidades para que las gaste en ropa, joyas, perfumes, etcétera.

Como principal compromiso, ellas deben vestir a la moda y estar siempre bien maquilladas para agradarle, y para que él pueda presumirlas en las fiestas y reuniones de negocios. Les corresponde encargarse del cuidado de los hijos, al menos mientras éstos son solteros. No es indispensable que sepan conducir un automóvil, porque tienen chofer.

El mundo de las finanzas es un completo misterio, y la mayoría de ellas no tienen la más remota idea de cuánto gana su marido ni de la situación económica de la familia. A modo de paradoja, se supone que en la casa manda la mujer, por lo que se invierten los papeles. Ella es quien lo alimenta, lo viste y lo acostumbra a que deje todo tirado en el suelo. Con frecuencia los hombres ni siquiera saben elegir su propia ropa y terminan por no saber los estilos que les gustan.

Las mujeres sumisas solapan los vicios, la debilidad y los desmanes de sus hijos mayores de edad, mientras que mantienen un control estricto de las hijas. A ellas las moldean para que sean buenas, controladas y resignadas. Sin embargo, cuando los niños crecen y se independizan decrece el valor y la función de las mujeres tradicionales, y entonces enfrentan una crisis de identidad (Bardwick).

Las mujeres con mayor educación tienen un importante componente de su identidad relacionado con el éxito en alguna actividad o profesión, por lo cual pueden retornar a los estudios o regresar a la fuerza de trabajo en cuanto sus hijos van a la escuela. Las mujeres que no tuvieron esa oportunidad continúan siendo las tradicionales amas de casa toda su vida.

Los hombres débiles y alcohólicos desempeñan conocidos papeles sociales que los hacen parecer tan desvalidos como cualquiera de los hijos pequeños. Las mujeres sufridas no encuentran otra salida que cargar con el "enfermito", porque para ellas ésa es "su cruz". Por otra parte, ciertos alcohólicos toman a alguna de sus hijas como confidente, la animan a beber con ellos y le cuentan lo mucho que sufren porque su esposa es muy dura y no los entiende.

Un alcohólico necesita alguien que lo cuide, lo regañe, lo vigile y lo salve, y una coalcohólica o codependiente necesita alguien a quien cuidar, acusar y salvar. Aquí hay una manera neurótica de complementarse. Las mujeres sufridas escogen la pareja que les interesa con fines neuróticos, aunque ellas afirman que es por amor.

Leñero señala algunos cambios en la familia mexicana, que se va transformando de extensa a nuclear-familiar. Además, los resultados de la planificación familiar han sido asombrosos en México. Según Epstein, mientras que las mexicanas tenían en 1970 un promedio de 6.6 hijos, una de las más altas del mundo, el índice actual es de 2.5 hijos, por debajo del promedio mundial. En la actualidad, nuestro país cuenta con cerca de cien millones de habitantes, en su mayoría jóvenes.

México está formado por numerosas entidades (barrios, aldeas, poblados, pequeñas y grandes ciudades, estados), entre las que existen profundas diferencias sociales y económicas. Según Béjar, para conocer y mejorar los niveles del desarrollo social en el país habría que continuar investigando la manera como prevalece el machismo en cada una de ellas.

Características del macho y de la mujer sufrida

A continuación se resumen las características psicosociales del macho y de la mujer sufrida en el cuadro 1. Las características de las personas andróginas, mujeres y hombres mejor integrados, se explican en el capítulo 9.

Un hombre machista no puede llorar nunca. Desde niño, aprende a pelear y maldecir, venga o no al caso; siempre tiene que competir y trata de ganar. Cuando es adulto le conviene tener un trabajo fuera de la casa y dentro de ella no le toca cocinar ni limpiar ni el cuidado diario de los niños. En caso de emergencia, puede realizar algunas labores domésticas, aunque de manera descuidada, para demostrar así que esto no va con su modo de ser hombre. Al macho adulto (o al mayor de los hijos) le corresponde el cuidado económico de la familia, mientras que la mujer tiene la obligación de cuidar de los hijos y hacerse cargo de la casa.

Se le permite mostrar cariño –algunas veces– hacia su mujer y sus hijos pequeños, pero a nadie más. Si le simpatiza un hombre puede dirigirle algunos insultos, darle palmadas en la espal-

Cuadro 1

El macho	La mujer sufrida
• Debe ser competitivo, sin aceptar derrotas.	• Fracasa si no se casa ni tiene hijos.
• Puede ser cariñoso (a veces) con su mujer e hijos, pero con nadie más.	• No es decente que muestre sus iniciativas o deseos sexuales.
• No le toca el cuidado de los niños, ni cocinar, ni la limpieza de la casa.	• Su principal meta es atrapar a un hombre.
• Le corresponde del todo la economía del hogar.	• Después, le toca ser buena pareja y buena madre.
• Sus relaciones con las mujeres buscan la conquista y se limitan al intercambio sexual.	• Puede trabajar, si eso no interfiere con sus labores domésticas.
• Tiene plena libertad sexual, pero no puede encariñarse.	• Le toca mostrar sus intenciones de manera dulce e indirecta.
• Utiliza conductas agresivas, críticas y prepotentes	• Utiliza conductas sumisas, pasivas y resignadas.
• Si le cae bien un amigo, puede darle golpes y empujones.	• No debe mostrar interés por ningún otro hombre.

da o propinarle golpes y empujones; no le es posible actuar de otro modo, por temor a que lo tachen de ser homosexual. Por eso mismo, el trato con las mujeres está matizado por un afán de conquista sexual, como prueba de su virilidad. Las relaciones con las mujeres deben limitarse al intercambio sexual y no tienen por qué incluir apego ni ternura.

Según el comportamiento machista, las mujeres no valen tanto como los hombres; ellas fracasan en la vida, a no ser que se casen y tengan hijos. Después de la adolescencia y hasta que logren casarse o vivir en unión libre, su meta principal consiste en atrapar a un hombre. A ninguna mujer sumisa le conviene mostrarse interesada por un hombre antes que él haya dado muestras inequívocas de la atracción que siente hacia ella. Los maestros y psicólogos machistas desaniman a las mujeres que intentan dedicarse a carreras y ocupaciones que presuntamente son para hombres, aunque ellas tengan suficiente talento e interés para realizar una vida profesional o técnica exitosa.

Más adelante, la mayoría de ellas ni siquiera cuestionan sus estilos de vida tan devaluados y absurdos; por lo mismo, si ellas no se respetan nadie las respetará. Además, las mujeres que se minusvaloran escogen parejas egoístas que las maltratan. Motivadas por sus rasgos neuróticos, las mujeres sufridas se sienten obligadas, de modo compulsivo, a someterse a pesar de todo; aceptan, a veces casi sin protestar, toda clase de humillaciones. Las fuertes presiones familiares y sociales de su niñez y adolescencia fueron demasiado graves e insalvables.

Consecuencias psicológicas y sociales del machismo

Muchas jóvenes se sienten obligadas a elegir entre tener éxito en su trabajo (o profesión) y formar una familia tradicional como buenas madres y esposas, y las convencen de que ambas metas son incompatibles. Desconfían de sus propias opiniones, a no ser que estén validadas por los hombres "importantes" que tienen cerca. Cuando ellas son competentes y tienen éxito son censuradas, porque opinan que una mujer nunca debe "opacar" a un hombre y mucho menos a su pareja.

Según el machismo, el valor de una mujer no está dentro de ella, sino en la aprobación externa de los hombres que la rodean, en cuyas manos está el poder. La inseguridad femenina es devastadora para su identidad; produce infelicidad y sufrimiento debido a la falta de estima y la minusvalía que sienten.

A las mujeres les resulta difícil encontrar una pareja que comparta su sensibilidad, las apoye y las ayude a superarse. Además, las mujeres sufridas dejan correr su imaginación y anticipan catástrofes. Algunas comen demasiado para llenar sus vacíos afectivos y acallar sus sentimientos de angustia y depresión. El sobrepeso les permite dar la imagen de que son abnegadas señoras maduras que solamente se interesan en sus hijos.

Los hombres machistas se sienten obligados a presionar continuamente a las mujeres para que continúen sometidas, no se rebelen, ni "se descarríen". Cuando los hombres y las mujeres intentan relacionarse a partir de papeles sociales opuestos, rara vez consiguen respeto, cariño, comprensión y afecto: el enfrentamiento entre los géneros genera miedo y violencia.

La mayoría de los hombres machistas son rutinarios, autoritarios e intransigentes; se les dificulta tomar decisiones en equipo (suponen que ellos lo saben todo y que las mujeres no piensan) y carecen de imaginación creativa. Son incalculables las repercusiones en el retraso tecnológico y económico de un país que limita tanto la participación de las mujeres en el mundo del trabajo y la política, entre otros ámbitos.

El machismo limita la posibilidad de que los hombres y las mujeres se apoyen, en plan de igualdad, para ser felices, complementarse y acompañarse en la vida. Ambos se lastiman diariamente y viven deprimidos, resentidos, desilusionados e insatisfechos; casi no tienen sentimientos espontáneos y pensamientos propios: solamente se permiten aquellos que les asignaron desde su niñez.

En nuestro país, en una tercera parte de los hogares con hijos no hay padre presente y es la madre quien se encarga de ellos. Aunque se mantiene el matrimonio como un ideal de las mujeres, el divorcio representa la libertad.

En la clase baja prevalecen todavía los estereotipos tradicionales del macho y de la mujer sufrida. En estos niveles no es fácil evolucionar porque la preocupación principal es la supervivencia y la satisfacción de las necesidades básicas, empezando por la alimentación. Para la mayoría la principal meta en la vida es simplemente trabajar para comer, y las oportunidades educativas para las mujeres son demasiado escasas.

Según Alduncin, en México los ricos se han vuelto más ricos y los pobres más pobres. La clase media es la que tiene mayor conciencia de desigualdad e injusticia; por tanto, está más enajenada. La clase media ha perdido gran parte de su poder adquisitivo y se identifica más que antes con la clase baja. Se sabe que 60 por ciento de los mexicanos considera que lo que uno hace o piensa no cuenta mucho, 28 por ciento contradice y 12 por ciento no opina.

Respecto a la modernización, ante la pregunta: "Si realmente queremos progresar, ¿debemos olvidar costumbres y tradiciones y adoptar otras nuevas?", las respuestas son: 44 por ciento aprueba, 45 por ciento desaprueba y 11 por ciento no se expresa.

En tierra de machos, las oportunidades laborales para las mujeres son limitadas. Abundan para ellas los trabajos menos remunerados como domésticas, cocineras, afanadoras o secretarias. Es común que se pague menos a las mujeres (albañil, chofer, técnica o profesionista) por hacer el mismo trabajo que un hombre, pues, por supuesto, su padre o su marido puede mantenerlas y deberían conformarse con muy poco.

La clase media, que comprende una proporción pequeña de nuestro país, es el instrumento más poderoso del cambio social positivo, porque se muestra abierta a otros valores y a los avances tecnológicos que ocurren en el resto del mundo. Un grave problema social de México es la disminución de la clase media debido a los sucesivos desastres económicos, la corrupción y los desvíos de fondos en el gobierno.

En México, el machismo resurge y gana terreno a medida que la clase media pierde su poder económico. En general, los mexicanos trabajamos más para ganar menos y nos vemos amenazados por despidos y recortes de personal. Muchos padres luchan para convertir en realidad la esperanza de que sus hijos tendrán mejor educación que ellos y les irá mejor.

Los hombres padecen estrés y las mujeres tienen muy pocas oportunidades para su desarrollo personal. La salud emocional y psicológica de las mujeres (lo mismo que la de su pareja e hijos) se ve muy afectada, se las priva de la alegría, del placer y del entusiasmo. Los hombres machistas las empujan al sometimiento, la depresión y el resentimiento; por su parte, ellos muestran irritabilidad y alcoholismo. Como resultado, contemplamos un aumento generalizado de la violencia, cuyos blancos principales son las mujeres y los niños (apéndice 1).

En el mercado internacional, las mujeres mexicanas son muy cotizadas: los extranjeros tienen la fantasía que ellas son las amantes complacientes, aptas para el servicio doméstico, tolerantes, calladas, sumisas y buenas madres. Nuestro país exporta mujeres (sufridas o no) a todo el mundo, se casan o viven con norteamericanos, ingleses, alemanes, franceses, españoles, japoneses, etcétera.

Por su parte, estas mujeres esperan que los extranjeros sean menos machos que los hombres de México y que por eso recibirán mejor trato. Con frecuencia, se trata de meras ilusiones pasajeras porque el machismo existe en cualquier lugar del mundo. Otro detalle es que los extranjeros ganan en dólares, por lo que ofrecen mejores ventajas económicas que los nacionales.

En conclusión, los niños de las nuevas generaciones mexicanas serán los más perjudicados si las tradiciones del machismo continúan como hasta ahora. Reciben toda clase de presiones para que se conformen con los tristes papeles que sus padres encarnaron, aunque éstos son cada vez más inútiles y obsoletos en el mundo moderno. Si los jóvenes de nuestro país no son capaces de elegir su propio destino serán neuróticos depresivos y resentidos, igual que lo fueron sus padres.

Casos

1. "Mis padres me golpeaban de niña, hasta casi matarme. Ahora mi pareja me golpea y también a mis hijos..." (Mujer, 18 años.)

2. "Mi marido siempre se la pasaba en la casa, viendo televisión, acostado. Yo lavaba, planchaba, cuidaba de los hijos y sostenía a la familia. Viví con él desde los 15 años, ahora tengo cuatro hijos. Antes, mi papá nos golpeaba, nos regañaba y yo lo aguanté hasta entonces, luego me fui a vivir con mi hombre. Él nunca quiso que yo trabajara fuera de casa, no quiso que yo estudiara. No pensé, me aguanté siempre, pero no, ya no, ya no lo quiero aguantar. Él se la pasa en la cantina y es como otro hijo. Me pega y les pega a mis hijos. Pero, ¿qué voy a hacer? ¿Cómo puedo dejar a mis hijos sin su papá? ¿Y yo qué voy a hacer sin hombre? Todos los hombres son iguales. Yo trato de que no se enoje, que esté bien, pero él nunca cambia." (Mujer, 38 años.) Una de sus hijas, estudiante de 16 años, añade: "Mi papá bebe mucho. Promete que ya no lo va a hacer, pero ésas son puras mentiras. Mi mamá se ha ido de la casa varias veces. Dice que ya no quiere estar con él, porque la maltrata y le pega. Luego regresa y lo perdona."

3. "Tengo 20 años de vivir con él y cuatro hijos. Mi marido a veces bebe y a veces no. Siempre me ha golpeado, me mandó al hospital una vez. Levanté un acta, pero tiene amigos judiciales que rompieron el acta. Mis hijos me dicen que ya lo deje, que estaría mejor sola, pero no puedo. Me dicen que soy una dejada, una agachona. Mi hija más grande ahora cuida a los más chicos, mientras que yo trabajo afuera. Soy sirvienta de entrada por salida. Mi mamá me dice que no me separe, que lo tengo que aguantar, que ésa es mi obligación. Ahora mi mamá vive conmigo y yo tengo que mantener a seis personas. Mi mamá siempre ha trabajado, pero ahora está muy enferma y yo la tengo que mantener." (Mujer, 36 años.)

4. Mujer de Las Lomas, 52 años, con lujosos automóviles, sirvientes y una mansión; su marido es empresario y tiene cuatro hijos ya adultos. Disfruta de una gran vida social que incluye numerosas fiestas y celebraciones. Se acaba de enterar que su marido tiene otras tres mujeres, todas con hijos, a las que ha puesto apartamentos. Cuenta eso a sus hijos y ellos suponen que su madre está muy lastimada y ofendida, por lo cual le aconsejan que obtenga un divorcio ventajoso y viva por su cuenta, a pesar de que dependen económicamente del padre (dos de ellos trabajan en uno de sus negocios). Sin embargo, ella prefiere no hacer nada, considera que es "la legítima" y sigue acompañándolo a todas las fiestas y los eventos sociales, como si nada hubiera pasado. Lo único que le importa es conservar su nivel social y seguir presumiendo de la riqueza a sus amigas. Dice que debe aguantar todo "por el bien de sus hijos y porque ése es su deber cristiano".

5. Un hombre machista y mujeriego le dice a su mujer: "Me voy, yo ya me cansé de estar contigo". Ella se echa al suelo, llora, se abraza a sus rodillas y le besa las manos. Le ruega que no la abandone, porque sus hijos necesitan a su padre. La mujer trabaja como profesional y mantiene a sus tres hijos; además, paga sus propios gastos. Su marido lleva una vida aparte y es muy distante. Le dejó desde siempre la responsabilidad de educar a los hijos, y ellos se quejan de que su madre es muy seria y demasiado estricta.

   Desde su noviazgo, ella no tiene ojos para otros hombres, como su marido tomó "lo más sagrado de ella" –su virginidad– supone que es suya para siempre. Además, su pareja también le pertenece, porque se casaron por la Iglesia. Aunque sabe que su marido siempre ha tenido amantes, eso no le extraña; lo excusa y comenta que "es así".

   Presume a sus amigas que su marido es muy bueno en la cama y que a ella sólo la mueve "el amor" para seguir así. Repite que sus hijos son lo más importante en la vida y que debe aguantar todo por ellos. Aunque está llena de tensiones y preocupaciones, ante la sociedad presenta una fachada de felicidad y de misión cumplida porque sigue con su marido, mientras que otras amigas suyas ya se han divorciado.

Esta mujer de 38 años necesita a su marido porque no se atreve a enfrentar las censuras sociales. Según sus padres, si ella se llegara a divorciar sería peor que una prostituta. Además, desea tener algo de compañía. También le interesa continuar con las relaciones sexuales rutinarias, aunque nunca ha llegado al orgasmo. Se imagina que son "lo máximo" porque no conoce otra cosa.

Como podemos observar, las mujeres de los casos 1, 2 y 3 parecen no darse cuenta de que un hombre irresponsable, golpeador y alcohólico daña severamente a la familia, por lo que estarían mejor sin esa clase de "padre". Con frecuencia, las mujeres sufridas mexicanas eligen no hacer nada y dejan todo como está. Respecto al caso 4, en el capítulo 8 se explican las manipulaciones pasivas que utilizan estas mujeres para obtener algunas ventajas; en cuanto al caso 5, en el capítulo 13 se explican las técnicas para llegar al orgasmo.

El contagio emocional
de las mujeres sufridas

Nuestro organismo genera reacciones emocionales espontáneas ante los sucesos de la vida con el propósito de valorarlos de manera intuitiva (Pribram). Sentimos gusto o disgusto, rechazo o atracción, placer o displacer en respuesta al modo como nos afectan las personas y las situaciones que vivimos. Mediante la intuición sabemos que nos conviene evitar a las personas peligrosas que nos pueden dañar. Por el contrario, depositamos nuestra confianza en las que nos estiman. Podemos entender las intenciones de los demás, hasta cierto punto, cuando utilizamos la empatía y tratamos de ponernos en sus zapatos.

Las emociones producen notables cambios fisiológicos que por lo común son transitorios. La mayoría de las veces, brotan ante ciertos estímulos externos que podemos identificar, y en otras ocasiones los recuerdos y las fantasías se encargan de activarlas. Aceleran o lentifican la respiración, la digestión y el ritmo cardiaco. Realizan cambios en el alertamiento y en el enfoque sensorial. Nos preparan para actuar de manera inmediata, huyendo o enfrentando el peligro. Son aliadas muy importantes en la lucha por la supervivencia porque activan las funciones fisiológicas y mentales de nuestro organismo y lo preparan para afrontar mejor las emergencias.

Respecto a los sentimientos, éstos son reacciones moderadas que forman parte de nuestro clima interior ordinario. Tenemos sentimientos hacia los demás, por ejemplo de simpatía, o hacia nosotros mismos, como aprecio. Algunos de ellos son más nobles y elevados que otros.

Los sentimientos y las emociones son los vehículos que tenemos para navegar en el tiempo y en el espacio subjetivos. Cambian nuestra manera de percibir las personas y cosas, como si fueran lentes de distintos colores. Podemos contemplar el universo y vernos a nosotros mismos con entusiasmo, tristeza o enojo. Los mejores estados de ánimo nos hacen sentir jóvenes, vivos y valiosos. El tiempo vuela cuando estamos alegres o enamorados.

Mehrabian sugiere que cualquier emoción (enojo, alegría, amor, tristeza, miedo, etcétera) contiene una mezcla distinta de tres elementos: alertamiento, placer y dominio. Algunas emociones nos alertan, mientras que otras nos lentifican. Las hay placenteras y desagradables. El placer se muestra cuando alguien está alegre, satisfecho y se siente bien. Sonríe, usa palabras amables, está relajado y su voz es cálida. La emoción no es placentera cuando una persona está descontenta e infeliz.

Las emociones positivas nos hacen sentir espontáneos, importantes y dueños de la situación. Por el contrario, las negativas, como la culpa, el miedo y la tristeza, nos hacen sentir inseguros, paralizados y observados por los demás. Cuando la emoción es grata procuramos continuarla y aumentamos su estimulación. Tratamos de evitar las situaciones –y las personas– que nos producen emociones desagradables.

Darwin describió las expresiones faciales que corresponden a las principales emociones del ser humano. Señaló algunos mecanismos que utilizamos para controlar las emociones que juzgamos inconvenientes. Por ejemplo, podemos frenar el llanto tensando los músculos de la frente. También podemos contraer con fuerza los músculos orbiculares de la boca, lo cual impide que otros músculos tiren de los labios hacia arriba.

El mismo autor advierte que la represión de las expresiones externas de las emociones las debilita. Por el contrario, éstas se intensifican si permitimos la expresión libre de sus gestos y movimientos. Así, el hombre machista enojado que grita y manotea se enfurece cada vez más, hasta que pierde el control.

Plutchick opina que el control emocional consiste en el uso de patrones musculares. Para modificar o reducir la emoción primitiva contraponemos el patrón muscular de la emoción contraria. Por ejemplo, algunos japoneses sonríen más a medida que se van enojando. De modo parecido, las mujeres sufridas lucen una sonrisa valiente que pretende disfrazar sus penas.

También podemos controlar el enojo anticipando imaginativamente las consecuencias drásticas de alguna acción violenta; si es lo suficientemente viva, la mera imaginación puede activar los patrones musculares del miedo, por lo que llegamos a sentir esa emoción.

Cada persona tiene la dignidad fundamental de estar viva, cualquiera que sea su género, raza o creencias. Todos contamos con capacidades ilimitadas para seguir aprendiendo, progresar y ser felices. Sin embargo, las mujeres sufridas mexicanas se sienten cansadas, devaluadas e inútiles debido al maltrato, traumas y cicatrices emocionales que arrastran. Debido a esas alteraciones, todo les parece lento, doloroso y gris.

Las cicatrices emocionales son huellas profundas que las experiencias negativas han dejado en el sistema nervioso autónomo, en las vísceras y en la postura corporal de las mujeres maltratadas. A diferencia de las físicas, las cicatrices emocionales no son visibles al exterior, pero su existencia tiene efectos devastadores: causan dolorosas tensiones musculares, problemas digestivos, angustia, ataques al corazón e insomnio. En la actualidad se trata de buscar una relación entre los conflictos emocionales y la aparición de algunos tumores cancerosos.

Las mujeres sufridas de México (y del mundo) llevan en su interior una confusa mezcla de emociones alteradas: miedos, rencores, angustias, obsesiones y depresiones. Junto con el desajuste emocional crónico, mantienen una visión devaluada de sí mismas y perciben de manera dolorosa y resentida las circunstancias que las rodean. Lo que es peor: no se atreven a tomar las importantes decisiones que podrían mejorar sus estilos de vida.

La sumisión masoquista de las mujeres está demasiado extendida en nuestro país. Constituye un grave y duradero contagio emocional, generado y mantenido por las presiones sociales y familiares de los segmentos tradicionales machistas de nuestro país, apoyados por los medios de comunicación masiva. Por otra parte, las mismas madres sufridas, con su "educación" y sus ejemplos moldean a sus hijas para que se sometan ante los hombres machistas. También solapan a sus maridos alcohólicos y dan alas a sus prepotentes hijos.

Un grave problema social es que muchas de ellas dependen de algún hombre en su economía personal y en la mayor parte de las actividades que realizan. Han desarrollado profundos sentimientos de impotencia ante un mundo opresor y tratan de encontrar alguna seguridad sometiéndose a la autoridad de sus padres o de su pareja.

La opresión de las mujeres mexicanas

Los padres brindan cuidado, amor, afecto y protección en los primeros meses de vida a la mayoría de las niñas; sin embargo, todo esto cambia mucho a medida que van creciendo. En la raíz de cualquier neurosis de tipo masoquista encontramos una desigual batalla de las voluntades.

Como dijimos, las niñas adoptan gestos y actitudes "simpáticas" para conseguir lo que desean. En sus familias se da gran importancia al manejo afectivo de todas sus relaciones. Ellas deben ser cariñosas y buenas para conseguir afecto, dulces y regalo: "Qué linda eres, te portas tan bien". "No seas malita, hazme un favor". Les repiten que las mujeres, en particular las que son madres, están obligadas a amar de modo absoluto y desinteresado, aunque los demás abusen de ellas.

Los adultos exigen a las niñas un sometimiento absoluto e indiscutible: "Tú tienes que hacer lo que yo diga". Suponen que la mejor educación que pueden darles es la misma que ellos recibieron. Creen que de este modo cumplen con su deber. No parecen darse cuenta del terrible mal que les causan mediante los maltratos y las presiones indebidas. La comunicación familiar se bloquea de manera radical porque a los niños se les prohíbe expresar y defender sus propios puntos de vista.

Según Cardoso, la violencia contra las mujeres es un verdadero cáncer social que se extiende por todos los estratos sociales y edades. Se define como todo acto en contra de alguna persona que tenga como resultado posible o real un daño físico, sexual o psicológico. Incluye las amenazas, la coerción y la privación arbitraria de la libertad, tanto en la vida laboral como en la educativa y familiar.

Los padres, y otros adultos retiran el afecto y el aprecio a las niñas que no se conforman, las ridiculizan, regañan y golpean para que vayan sometiéndose a los papeles tradicionales que corresponden a las mujeres: dulces, limpias, cariñosas y abnegadas. Tienen que cumplir bien con las labores domésticas que les encomienden. Deben cuidar a sus hermanos menores y a sus padres enfermos. Los sacerdotes tradicionales opinan que Dios quiere que las mujeres sean sufridas y resignadas para alcanzar el paraíso después de esta vida.

Las adolescentes que se doblegan ante el maltrato y soportan todo sin protestar intentan satisfacer así su gran vacío de afecto, esperan recibir algún respeto familiar y hasta cierta admiración más o menos fingida. Sin embargo, reciben muy poco de eso; aunque se desviven por los demás y tratan de olvidarse de ellas mismas, siempre hay nuevas tareas por hacer y nuevos problemas por resolver.

Según la Comisión Nacional para la Defensa de los Derechos Humanos, 85% de la violencia mundial es contra las mujeres. Al menos 60% de las mujeres mexicanas sufren discriminación y maltrato desde niñas. A nivel mundial, una de cada cuatro mujeres padece violencia doméstica o las acosan sexualmente, en lugares públicos y espacios de trabajo.

En la ciudad de México se estima que uno de cada tres hogares sufre violencia familiar, según datos del INEGI. La mayoría de estas personas nunca denuncia al agresor, a pesar de que la violencia podría cesar si se enfrentaran al agresor o si se fueran de la casa.

Según investigaciones de la UNICEF, entre 25 y 50% de las mujeres de América Latina y el Caribe son víctimas del maltrato por parte de sus esposos o concubinos. En el mundo, aproximadamente 80 000 niños mueren al año, víctimas de la violencia familiar. Reciben golpes, quemaduras de cigarro, etcétera. Se calcula que al menos 37% de las mujeres ha tenido una experiencia significativa de abuso sexual o físico antes de llegar a los 21 años, aunque algunos expertos opinan que la proporción real puede ser mayor debido a las crecientes demandas de pornografía infantil diseminada por Internet.

Además, según datos de la ONU, al menos una cuarta parte de las mujeres del mundo son responsables de procurar los alimentos para el hogar. Por otro lado, se estima que en México el padre no está presente en la tercera parte de los hogares con niños, sino sólo la madre y la abuela, junto con otros familiares.

Todo esto es el producto del dominio machista, asociado a la pasividad de las mujeres sufridas, la herencia desde siglos atrás, que permite a los hombres hacer lo que quieran con las mujeres. El gran dilema es que esas mujeres han desarrollado profundos sentimientos de impotencia ante el mundo opresor.

Es muy humillante para cualquier persona verse forzada a someterse, en particular cuando también la avergüenzan en público. Por si eso fuera poco, les dicen: "si lloras, la gente se reirá de ti", "eres fea, te voy a pegar más hasta que dejes de llorar", "si no estudias te pego", "te va a ir muy mal porque eres mala". Aunque algunas de estas mujeres ya no reciben golpes de sus padres cuando llegan a la adolescencia, continúan las amenazas, los regaños, los insultos y los castigos cuando tratan de independizarse e intentan ser ellas mismas.

Las interacciones familiares y sociales que se utilizan para someter a las mujeres mexicanas no sólo incluyen violencia y maltratos, sino también influyen mucho los procesos naturales de imitación: las niñas desean parecerse a sus madres, sobre todo en los primeros años de vida. En muchos de sus juegos, se visten, hablan y se comportan como ellas, por ejemplo: cuando juegan a las muñecas con sus amigas, se maquillan frente al espejo o la acompañan en la cocina.

Las madres eligen a alguna de sus hijas, de ordinario la mayor (y al hijo consentido) para que sea su paño de lágrimas. La confidenta absorbe las preocupaciones y quejas del abandono, los maltratos y las carencias que su madre recibe de su pareja y de otras personas. Esa hija aprende a sintonizarse con su dolor e intenta ayudarla, pero vive con el terror de que su madre se enferme o muera de tanto sufrir y aguantar.

Además, las hijas "buenas" tratan de dar ejemplo a sus hermanos y se encargan de castigarlos por cualquier falta. En las familias tradicionales mexicanas se espera que las jóvenes sean cariñosas, aguantadoras, calladas y estoicas. Igual que su madre, ellas cargan en su interior frustración, derrotismo y resentimiento.

En cuanto las niñas empiezan a mostrar los primeros cambios corporales de la pubertad enfrentan otra etapa de represión, específicamente sexual, diseñada para ahogar cualquier tendencia natural hacia la sensualidad y la coquetería, lo mismo que la excitación sexual espontánea y las sensaciones genitales placenteras.

Sus padres y sus hermanos mayores las acusan de que caminan, bailan y se visten de manera provocativa (y por eso incitan a los hombres a que las violen). Como parte de la represión sexual, les dicen que lo único que quieren es acostarse con cualquiera, que son perdidas, impulsivas y locas. Por eso se van a meter en problemas (van a quedar embarazadas). Los hombres machistas creen que las mujeres no son capaces de calcular las consecuencias de sus actos.

Los padres tradicionales no dan a sus hijas instrucción sexual adecuada ni discuten con ellas el tema de los anticonceptivos. La violación de niñas y adolescentes por sus padres, padrastros o por otros familiares cercanos es demasiado conocida. En caso de que la niña o adolescente haya sido violada, su madre le dice que es una mentirosa, porque en realidad eso no pudo haber sucedido; en todo caso, ella misma lo provocó todo. En lugar de apoyo, recibe golpes, maltratos y desprecios; para todos sus familiares, ella es la sucia y la culpable.

Según Knudson, la mujer sin sostén económico independiente se percibe como impotente ante la situación incestuosa. Suele tener carácter pasivo, poca escolaridad, es ama de casa y tolera los comportamientos agresivos y las relaciones extramaritales del hombre. Esto contribuye a la baja autoestima de ella, y es el ejemplo (modelo) ante sus hijas que perpetúa la supremacía del hombre a través de las generaciones.

Debido al intolerable maltrato que reciben de sus padres, padrastros o hasta de sus propias madres, muchas niñas y adolescentes se rebelan y deciden escapar de su casa para vivir en la calle. Forman pequeños grupos en ambientes de miseria, desnutrición, drogas y prostitución, o son explotadas por algunos adultos. Entre ellas es común el embarazo en edades demasiado tempranas y algunas de ellas mueren muy jóvenes.

Uno de los más graves problemas sociales de las grandes ciudades son los niños y adolescentes que viven en las calles. Este problema se relaciona íntimamente con los problemas de la violencia familiar y el alcoholismo de los padres o padrastros, con el abuso sexual y la violación de menores, con la miseria y la ignorancia.

Sin embargo, la mayoría de las adolescentes mexicanas se ven forzadas a permanecer en sus hogares, y pasada la adolescencia ya se han resignado a adoptar el conocido papel social de mujeres sumisas y "buenas". Así obtienen un poco de admiración y afecto o al menos cesan las presiones por un tiempo.

A fuerza de amenazas, reproches, castigos y golpes aprenden a frenar sus impulsos, pensamientos y sentimientos espontáneos; agachan la cabeza, bajan la mirada y se callan. No se atreven a generar conductas libres e independientes porque imaginan que serían censuradas y sufrirían peores maltratos. Tienen miedo de seguir estudiando o dedicarse a alguna actividad creativa y productiva. Muchas no se atreven a denunciar ante las autoridades la violencia familiar y el acoso sexual que padecen ellas y sus hijas.

Se convierten en máquinas del trabajo doméstico, ya sea en su propia casa o en una ajena. Desde niñas realizan una serie de pesadas labores: mantienen limpia la casa, la ropa, cuidan a sus hermanos menores y preparan los alimentos. Apenas tuvieron infancia, porque tuvieron pocas oportunidades de jugar y divertirse.

El trabajo de las amas de casa no se remunera, porque se supone que es un deber, una obligación. Algunas adolescentes que trabajan fuera de su casa asumen la responsabilidad de mantener a sus hermanos menores y en ocasiones también a sus padres.

A pesar de todos sus temores, carencias y conflictos, la mayoría de las adolescentes mexicanas sueñan con el matrimonio –o la unión libre– y el embarazo como las alternativas más fáciles para escapar de los maltratos familiares y mejorar sus estilos de vida. Por desgracia, por lo común se meten en peores problemas después que tienen uno o varios hijos.

Las mujeres que se doblegan y se resignan a ser "sufridas" renuncian a gran parte de su vida espiritual y potencialidades humanas. Se convierten en meros apéndices de sus padres, de su pareja y hasta de sus hijos. No aprovechan las oportunidades que la vida les ofrece para su propio desarrollo personal y olvidan el derecho a elegir su propio destino.

El núcleo emocional masoquista

Culpa, dolor, miedo y resentimiento

Los padres y demás familiares generan sentimientos de vergüenza y culpa a esas niñas. Emplean un lenguaje emocional confuso y falso: "deberías estar alegre porque estás enferma y Dios te quiere mucho", "te pego y te castigo porque eres mala, es por tu bien, deberías quererme por eso", "tu papá te quiere mucho, pero te golpea porque está enfermito" [es alcohólico], "como soy tu mamá, me tienes que querer mucho y me tienes que cuidar" [aunque la haga sentir mal y la maltrate], "te portas mal y me vas a enfermar [o matar] de un coraje".

También las obligan a negar algunos sentimientos que ellas tienen: "tú no tienes miedo, a ti no te duele, eso te gusta o te va a gustar" [aunque eso no les guste para nada], "no te debes reír; si te ríes parecerás idiota", "deberías sentir vergüenza, [tal cosa] no es buena para ti, no te conviene, es mala y sucia".

Las niñas pequeñas no pueden imaginar siquiera que se trata de mentiras o insultos injustos. Cuando sus padres, maestros y demás personas les dicen que son malas, sucias y tontas se lo creen. Confían y aman a esas personas y aceptan esas opiniones hirientes y distorsionadas. Su cerebro infantil acepta como verdaderas las mentiras hirientes producto del enojo y la desesperación. Las frases negativas que otros les dirigen pasan a formar parte de los diálogos internos que las mujeres sufridas utilizan para culparse y autoagredirse.

Cualquier mujer que ha sido "educada" de esta manera encuentra difícil saber cuáles sentimientos son debidos o indebidos (según la familia y la sociedad), cuáles tiene en realidad y cuáles le conviene fingir que tiene con tal de agradar a los demás, a pesar de que en realidad no son suyos.

El proceso de sometimiento es un verdadero lavado de cerebro. La tortura mental y física cesa en cuanto la víctima hace lo que el agresor quiere. Según la psicología de la modificación de conducta, el condicionamiento de evitación del castigo y del dolor, mediante el cual la víctima hace todo lo posible para que ya no la sigan castigando, es uno de los más duraderos y difíciles de extinguir (Skinner).

Importa mucho subrayar que la violencia familiar contra las mujeres y los niños representa un grave estrés continuo que produce serias alteraciones en el sistema nervioso autónomo de las víctimas. El rechazo y el odio, así como los gritos, regaños y golpes quedan registrados en el organismo junto con una mezcla de enojo y miedo, es decir, culpa. También como dolor psicológico, que hace que la persona se encoja sobre sí misma y casi no se atreva a moverse.

Esta lucha tan desigual crea en las niñas profundos sentimientos de vergüenza e ira impotente ante el maltrato y las injusticias. Con el tiempo, el enojo y la frustración van cediendo el paso a la resignación, a la depresión y finalmente a la apatía crónica. En breves palabras, ellas aprenden a tragarse la agresividad y volcarla contra sí mismas. Los maltratos les hacen sentir que ellas no valen nada y que su destino está marcado. Tienen miedo a hablar de sus problemas con la gente. Además, nadie las respeta. Tampoco se toman en cuenta sus sentimientos.

Las niñas y adolescentes también padecen cuando alguien maltrata a las personas que ellas quieren. Cuando el padre alcoholizado golpea e insulta a sus madres, ellas se quedan paralizadas, llenas de terror y enojo. Estas escenas traumáticas quedan grabadas para siempre en su memoria, como sucesos terribles, absurdos e incomprensibles. Lo mismo siente la hija mayor, violada por su padre borracho, cuando no pueden dormir por la noche, vigilando para que a sus hermanas menores no les vaya a pasar lo mismo.

Según Edwards (en Boadella) la tortura, sea mental o física (golpes, insultos, amenazas, maltratos o violación sexual), crea en los niños profundos sentimientos de dolor porque los lastiman. Además, sienten profundo miedo y quedan paralizados. Si sus padres los quieren, ¿por qué los castigan tan dolorosa e injustamente? ¿Qué cosa tan malvada llevan dentro para ser el objeto de tanto odio y rencor?

No es verdad que a las mujeres sumisas les guste sufrir. Lo cierto es que aprenden a controlar su ira. La ocultan y se la tragan porque tienen miedo que les iría peor si acaso se rebelaran.

Experimentan una gran desconfianza hacia todo el mundo. En efecto, si no pueden confiar en sus padres que las maltratan, ¿en quién más pueden confiar? Algunas de ellas imaginan que llevan dentro una parte malvada (una especie de bruja, animal o demonio perverso) que atrae sobre ellas toda clase de maltratos, desgracias y desprecios.

A las mujeres sufridas las persigue la dolorosa expectativa generalizada de que van a padecer mayores sufrimientos. Temen la censura social y ven miradas acusatorias, burlas y críticas por todos lados. "¿Qué van a decir mis padres, mis amigas, mi pareja?" Las invaden terrores irracionales a la soledad, a ser inútiles, a la muerte, al juicio final, a enfermarse, a cometer errores, etcétera.

Consideran peligroso que la vida les puede sonreír y les ofrezca momentos de éxito y de amor. Imaginan que si ahora les va bien, después les va a suceder algo terrible. Las mujeres enfermas se preguntan: "¿Qué hice para merecer esto, para que Dios me castigue de esta manera?" Se sienten culpables sin saber por qué.

Llegan a suponer que en realidad hicieron algo malo e indebido que causa sus malestares y provoca los continuos maltratos de sus agresores. Creen que son inferiores a los hombres y hasta se sienten mal por el mero hecho de haber nacido mujeres.

Las mujeres oprimidas acumulan resentimientos, amargura y fantasías de venganza hacia los atacantes injustos. Les duele sentir la muerte del cariño hacia los padres. También arrastran una sensación continua de frialdad y enojo congelado hacia sus parejas. No se permiten la excitación sexual plena. Tampoco se atreven a entregarse sexualmente con espontaneidad, porque anticipan las burlas y los maltratos de los hombres.

A la vez temen y desprecian a los hombres, empezando por sus padres, tan autoritarios, poco cariñosos, agresivos, lejanos, desconocidos y ausentes. Arrastran graves dudas acerca de su propia identidad sexual. ¿Acaso sus impulsos sexuales son tan peligrosos, malvados y sucios que merecen una represión familiar y social tan irracional e intensa?

Es una desgracia que una mujer no sea atractiva, porque entonces le dicen que no va a encontrar tan fácilmente una pareja. Por otra parte, ¿es bueno no ser atractiva, o es peor que lo seas, porque entonces los hombres te ven como un mero objeto sexual o una posesión valiosa y decorativa?

Debido a sus conflictos emocionales, experimentan mezclas de cariño y rencor, o de miedo, cariño y enojo, hacia sus padres y hacia sus hijos. También arrastran frustración, depresión y falta de motivación crónicas. No recibieron de los demás el trato cariñoso que merecen, ni tuvieron las oportunidades económicas y educativas que las harían sentirse bien con lo que son y con lo que hacen.

Como advierte Plutchick, a fuerza de experimentarse una y otra vez, las emociones negativas se transforman en rasgos bien establecidos de la personalidad (masoquista). Por eso, las mujeres sufridas tienen pocas probabilidades de disfrutar una vida digna y alegre. Paralizadas por el miedo, el dolor y la culpa, se dejan oprimir y maltratar por el hombre con quien comparten las relaciones sexuales y que es el padre (o padrastro) de sus hijos. También por sus hermanos y por sus compañeros de escuela o de trabajo.

En lugar de apreciar lo que les conviene a ellas mismas, las mujeres masoquistas se sienten culpables cuando les sucede algo grato. Suponen que se trata de una ilusión pasajera. Lo mismo pasa cuando alguien las juzga atractivas o les muestra señales de afecto. Tienen radicalmente alterado el sistema de reacciones emocionales espontáneas que permite una sana valoración de la realidad.

La movilización emocional demasiado intensa va acompañada de ansiedad persistente, como advierte Surendra. Los seres humanos no sentimos ansiedad cuando estamos enojados con razón y no hay peligro de que manifestemos esta emoción. Al contrario, surge un conflicto interior cuando el enojo no se justifica o es peligroso manifestarlo. Calculamos que nos iría peor o que lastimaríamos a las personas que apreciamos.

Terminamos por sentir angustia porque frenamos las expresiones de ira –junto con otras emociones– y volcamos estas energías hacia nuestro interior, lo que supone un exceso de adrenalina (potente inhibidor bronquial) y la actividad acelerada del sistema nervioso autónomo. La energía del organismo cerrado sobre sí mismo se acumula en los músculos y en las vísceras. El organismo se mantiene en perpetuo estado de alerta, pero están bloqueadas las rutas hacia el movimiento, el cambio y la acción.

Los complejos y las cicatrices emocionales que lleva en su interior cada mujer sufrida mexicana difieren en su estilo e intensidad según fueron (o son) sus presiones y traumas familiares y sociales particulares. Las niñas y adolescentes más impulsivas se enojan y rehúsan someterse, por lo que acaban siendo las más maltratadas. Lo mismo les pasa a las que son más despiertas e inteligentes. Sus padres se molestan mucho cuando ellas se atreven a denunciar las injusticias y no encuentran ningún sentido al sexismo ni a la destructiva violencia familiar.

La figura 2 ilustra las principales alteraciones de la personalidad que presentan las mujeres masoquistas y algunas relaciones entre ellas.

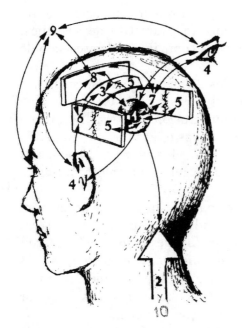

1. Núcleo emocional alterado
2. Postura corporal masoquista
3. Autoimagen devaluada
4. Sensopercepción vigilante
5. Recuerdos traumáticos
6. Diálogos internos culpativos
7. Fantasías de terror
8. Limitada visión del futuro
9. Interacciones sociales sumisas
10. Malestares somáticos
    y represiones sexuales

Figura 2 Principales alteraciones psicocorporales que presentan las mujeres masoquistas y algunas relaciones entre ellas.

Depresión

Todos nos sentimos tristes de vez en cuando, en relación con los eventos lamentables que nos afectan y los que padecen nuestros familiares y amigos. Por lo común, los sentimientos depresivos son pasajeros, sobre todo cuando tratamos de mejorar nuestro estado de ánimo (salimos con amigos, leemos un buen libro, vamos al cine, al teatro, a bailar, hacemos ejercicio). Sin embargo, las depresiones más severas pueden durar semanas o incluso se tornan crónicas y pueden conducir al suicidio. Cualquier persona que tiene pensamientos recurrentes acerca del suicidio necesita ayuda psicológica profesional de inmediato.

Según el informe del Comité de la APA (Asociación Americana de Psicología) acerca de la depresión en las mujeres, éstas corren mayor riesgo que los hombres de padecer una depresión severa. Es probable que una de cada cuatro mujeres experimente depresión severa; sin embargo, solamente la quinta parte de las mujeres deprimidas de EUA logra conseguir el tratamiento adecuado para salir de ese trastorno emocional.

Según McGrath, cerca de 50% de las mujeres sufre de abuso físico o sexual antes de cumplir 21 años y a otro 25% le ocurre lo mismo en relaciones posteriores. Las mujeres y los niños abarcan 75% de las personas que viven en la pobreza; a su vez, 25% de las mujeres muestra síntomas depresivos, mientras que a sólo 10% de los hombres les pasa lo mismo. Es natural que las víctimas se sientan deprimidas en una sociedad que valora y recompensa el individualismo egocéntrico de los hombres y presiona a las mujeres para que se conformen, sirvan y agraden a los demás.

Por otra parte, las adolescentes están expuestas a presiones culturales que les producen depresión y baja estima. Muchas de ellas se sienten insatisfechas porque tienen poco busto, por el color de su piel, porque están gordas o delgadas, porque sus compañeros abusan sexualmente y se burlan de ellas, etcétera. Los entornos familiares, las revistas y los medios de comunicación masiva valoran la belleza y el atractivo de las mujeres mucho más que su inteligencia, sus estudios y su preparación personal para la vida.

Más adelante, ellas tienen que combinar muchas actividades: amas de casa, parejas, madres, trabajadoras, amigas, etcétera. Aunque tener hijos es una experiencia bella, también lleva consigo temores y preocupaciones. Cerca de 50% de las mujeres se sienten deprimidas después de haber dado a luz. Además, a las mujeres les pagan menos por hacer el mismo trabajo que a los hombres. Las mujeres son víctimas de la discriminación y por eso se sienten deprimidas y resentidas (Nolen-Hoeksana y Girgus).

Por lo general, ni la menstruación ni el embarazo provocan una depresión en las mujeres. Al contrario, muchas de ellas se sienten felices cuando están embarazadas, sobre todo si ellas lo deseaban y reciben apoyo de su pareja. Por otra parte, la esterilidad puede ser una fuente de depresión para las mujeres que deseaban tener niños. Además, los abortos, las operaciones para cáncer de mama y la menopausia quirúrgica por lo común causan síntomas depresivos más o menos severos.

Las madres que tienen niños menores son vulnerables a la depresión: duermen poco y trabajan demasiado. Las mujeres que han tenido muchos hijos corren el riesgo de quedar desgastadas y deprimidas. Desde luego que en esto influyen los factores económicos y sociales que hemos mencionado. Las mujeres pobres y las que pertenecen a minorías étnicas experimentan más carencias y padecen mayor opresión y maltrato que las que viven en las grandes ciudades.

Las mujeres pasivas, dependientes y pesimistas tienden a deprimirse con mayor frecuencia que las demás: ellas mismas activan sus emociones negativas mediante fantasías terroríficas y preocupaciones descontroladas. A su vez, la depresión favorece la aparición de toda clase de síntomas y malestares psicosomáticos.

A continuación se presentan brevemente las principales señales que indican la presencia de una depresión (ver Navarro 1990):

- Sentimientos de impotencia y pesimismo.
- Trastornos del sueño (dificultades para dormir o duerme demasiado tiempo).
- Alteraciones del apetito (come mucho más o mucho menos de lo que acostumbra).
- Aislamiento social (no tiene ganas de salir de la casa ni de ver a los amigos).
- Sentimientos de poca valía y culpa por los problemas y fracasos.
- Falta de concentración en sus rutinas de trabajo.
- Abuso del alcohol o de las drogas.
- Cansancio habitual.

Las personas que han sido expuestas a la violencia excesiva experimentan síntomas parecidos a los de una depresión, tienen pesadillas y las atormentan imágenes retrospectivas relacionadas con los eventos que les sucedieron. También muestran apatía y embotamiento emocional, se desconectan del mundo y olvidan los detalles de los eventos traumáticos. Por otra parte, a veces aumenta su agresividad y experimentan sentimientos de enojo ingobernable.

Cosa parecida les sucede a las mujeres que fueron violadas: sienten que su cuerpo está adormecido y les parece que todo lo sucedido es irreal. Quedan en estado de shock, sin poder entender nada. Las mujeres que han padecido violencia familiar o violación muestran alteraciones nerviosas que corresponden al síndrome postraumático. Si no se maneja este trastorno, mediante la psicoterapia adecuada, puede originar síntomas depresivos (Dowdeswell).

Como sugiere Demetrakopoulos, las mujeres reverencian su cuerpo y en él perciben conexiones espirituales profundas. Por eso, las que son víctimas de violación o abuso incestuoso experimentan profunda repugnancia y náusea existencial. Desde el punto de vista femenino, se trata de una desacralización que niega su potencial de dar a luz y contradice la visión de la unión sexual como una cumbre espiritual y mística.

Mientras que para los hombres se trata de experiencias desagradables que hay que olvidar, para las mujeres "su cuerpo es sagrado, como un templo". La violación es un ataque metafísico y una terrible experiencia de nihilismo que nunca se puede comprender ni aceptar como parte de la vida humana (Hillman).

Izcoa señala que de 60 a 80 por ciento de los casos de personalidad múltiple reflejan que la paciente fue violada por un familiar, usualmente antes de entrar en la pubertad; la víctima de incesto suele sufrir sentimientos de coraje, culpa y depresión que pueden culminar en el suicidio.

Las mujeres lesbianas, las alcohólicas, las que abusan de las drogas y las adolescentes corren riesgo de padecer depresión. Las adolescentes tienen una conciencia muy aguda de las reacciones que su apariencia física provoca en las demás personas. Es común que experimenten timidez y miedo al rechazo.

Antes se creía que la depresión era más frecuente en las mujeres que en los hombres debido a causas biológicas relacionadas con el sexo y la herencia. La opinión más reciente es que esto se debe a una variedad de causas: biológicas, sociales, psicológicas y económicas, como ya lo explicamos.

Conviene subrayar que la depresión se hace mucho más difícil de superar cuando la persona se da por vencida y ya no hace nada por mejorar su situación. La resignación ancestral ante la opresión social y familiar es una actitud derrotista que agrava mucho la condición de las mujeres sufridas mexicanas.

Es muy diferente el estado de ánimo de una viuda que se lamenta y paraliza porque perdió a su esposo, que el de otra mujer que en condiciones semejantes se empeña por sacar a sus hijos adelante, busca el apoyo de sus amigos o intenta divertirse.

Miedo a la soledad

Las mujeres sumisas arrastran profundas inseguridades y una dependencia neurótica que les dificulta, y a veces les hace imposible, separarse de las personas que las maltratan. La típica mujer masoquista le llega a decir a su pareja: "pégame, castígame, ten otras mujeres, pero no te vayas, no me dejes, no puedo vivir sola".

Parece ignorar que lleva en su interior toda clase de características valiosas, y no sabe qué hacer sin un hombre cerca, aunque sea machista, alcohólico y golpeador, sea éste el padre, la pareja o alguno de sus hijos.

La falta temprana del cariño de sus padres, especialmente el de la madre, que no le dio apoyo sino que fueron un verdugo o una competidora en vez de aliados o amigos, genera un intenso vacío interior y un tremendo miedo a la soledad. Con demasiada frecuencia estas mujeres tratan de apaciguar las molestas sensaciones viscerales, que acompañan sus frustraciones y carencias emocionales, comiendo de manera compulsiva.

A las personas tímidas se les dificulta mucho expresar sus deseos y sentimientos. No toman la iniciativa en los intercambios sociales y son muy "sentidas", porque mantienen una imagen negativa acerca de ellas mismas. Muchas de ellas arrastran profundos y dolorosos sentimientos de soledad, junto con una depresión. No es lo mismo estar solas que sentirse solas.

Según Weiss, hay dos clases de soledad. La primera es la soledad emocional, originada por la ausencia de una persona íntima y cercana. Los que sufren la muerte o la separación de algún familiar cercano o un amigo íntimo y los que terminan una relación amorosa padecen este tipo de soledad.

La segunda clase –la soledad social– se debe a la falta de un grupo de personas con quienes compartir sus aficiones e intereses. La experimentan los que cambian de estado civil, pierden su trabajo o tienen que residir en otra población. Las mujeres sufri-das que se ven forzadas a permanecer en su casa (sin ver a sus familiares y amigas) o sin oportunidades de trabajo ni diversio-nes experimentan esta soledad.

También existe la "soledad en compañía", que es mucho más cotidiana y –en mi opinión– más dolorosa: las mujeres sufri-das que soportan los maltratos y desprecios de los machos expe-rimentan un profundo vacío emocional. Siguen viviendo por meses y años con su pareja, aunque no reciben comprensión ni respeto ni cariño. Tampoco disfrutan la vida sexual ni conocen el orgasmo. Por su parte, los hombres machistas, celosos y posesivos prohíben a su pareja las amistades con otras personas. La controlan en todo y limitan los contactos de la mujer con sus familiares.

Las relaciones humanas cubren una amplia gama de necesi-dades emocionales e interpersonales. La intensidad de los sen-timientos de pérdida, que padece alguien en particular, depende del número y tipo de necesidades antes cubiertas por las personas (y los grupos) que ahora no están disponibles. Además, varía mucho la calidad de los apoyos con los que se puede contar en un momento dado.

Hablando en general, las relaciones humanas nos propor-cionan:

- Apoyo, cuando a partir de ellas recibimos sensaciones de confianza y seguridad.
- Integración social, obtenida a través de un grupo de gente que comparte las mismas inquietudes, actividades e intereses.
- Seguridad de nuestro propio valor, dada por los que reco-nocen nuestros talentos y habilidades.
- Nutrición emocional, proporcionada por quienes se sienten responsables de nuestro bienestar y nos dan ternura y afecto.
- Alianzas firmes, aseguradas por ciertas personas que nos ayudan ante las circunstancias difíciles.
- Dirección, brindada por algunas personas confiables y co-nocedoras que nos pueden ofrecer consejos y asistencia.

No existe un esquema fijo que ilustre las necesidades que cubre una relación específica, porque cualquier comunicación humana concreta (individual o en grupo) brinda diferentes oportunidades por su calidad, intensidad, intimidad, calidez, duración, etcéte-ra. Sin embargo, la pareja comprensiva de una relación román-tica, al igual que algún amigo o amiga muy especial, acostumbran brindarnos afecto y apoyo incondicional. Por su parte, los compañeros y amigos nos proporcionan la integración social, mientras que los padres brindan a sus hijos la primera nutrición emocional.

Cuando son positivos, los jefes y compañeros reconocen nuestro valor personal. Solemos buscar alianzas firmes con algunos familiares cercanos, mientras que solicitamos la dirección de algunos maestros, jefes, expertos y otras autoridades, tanto cercanas como lejanas.

La soledad emocional incluye la necesidad de contar con alguien que nos conozca bien, mediante una relación de suficiente aprecio e intimidad. Las personas que padecen soledad emocional intensa buscan continuamente a los demás y los evalúan en términos de sus necesidades de apoyo, como si fueran perritos sin dueño. Resulta indispensable que encuentren otra pareja –o una nueva relación íntima que satisfaga sus necesidades emocionales– y que se apeguen a esa persona.

Por su parte, la soledad social incluye sentimientos de marginalidad, aburrimiento y falta de sentido en lo que uno hace. Se relaciona con la necesidad de tener buenos amigos para compartir con ellos intereses y actividades comunes. Quienes la padecen necesitan iniciar una serie de actividades sociales y encontrar algún grupo afín que los acepte como miembros.

La personalidad y las vivencias subjetivas de cada persona solitaria son muy diferentes. Varían mucho los apoyos con los que alguien puede contar en un momento dado. Por eso, a cada persona, sea hombre o mujer, le toca encontrar sus propios caminos y trabajar para solucionar su soledad particular.

Las sensaciones negativas que acompañan ambas soledades son parecidas: depresión, ansiedad, aburrimiento y vacío. Sin embargo, las personas que experimentan soledad social manifiestan su ansiedad de modo mucho más abierto, mientras que las personas que arrastran serios vacíos emocionales –como sucede con las mujeres sufridas mexicanas– muestran niveles más elevados de depresión y mayor número de trastornos psicosomáticos.

La mayoría de las mujeres sufridas están llenas de miedo y en estado de perpetua alarma, defendiéndose de las agresiones machistas y de las miradas acusatorias de un Dios sádico imaginario que las obligan a resignarse y seguir sufriendo. La opresión estresante que padecen estas mujeres las deprime y desalienta. Como explicaremos más adelante, acumulan tensiones e insatisfacciones y padecen un sinnúmero de "enfermedades".

¿Cómo se ven a sí mismas las mujeres sufridas?

Cierre los ojos y dirija la atención a su propio interior por algunos minutos. Podrá advertir un río inagotable de impulsos, deseos, sentimientos, sensaciones, pensamientos, fantasías, recuerdos e intenciones. El hemisferio derecho del cerebro elabora el lenguaje imaginativo y simbólico de los sueños, los ensueños y las fantasías. Se encarga de interpretar, de manera intuitiva, los mensajes que provienen del propio organismo, igual que los estímulos perceptibles del mundo que nos rodea. Este lenguaje analógico es paralelo al de las palabras y los pensamientos, nos dice Ornstein.

El hemisferio derecho también elabora la imagen motriz y psicocorporal de nosotros mismos. La propia imagen es el centro de nuestra vida consciente. Reúne todos los aspectos individuales: estatura, edad, sexo (género), apariencia física, sentimientos, pensamientos, gustos y disgustos, estudios, empleos, contactos sociales, relaciones con la pareja, etcétera. En este modo de vernos influyen, de manera importante, los primeros contactos con nuestros padres, los juegos infantiles y las experiencias escolares.

Los temores y las alegrías, lo mismo que los valores y los prejuicios, quedan asociados a la visión holográfica de nuestro propio yo y también las frases de apoyo o desaprobación que nos dirigen las demás personas y sus reacciones emocionales ante lo que hacemos. La propia imagen puede estar rodeada de poca o mucha estima. Algunos de sus aspectos permanecen estables, pero otros van cambiando debido a las experiencias e interacciones sociales que ocurren a lo largo de la vida.

Como ejemplo de cambio, una mujer se creía poco atractiva porque su pareja la despreciaba, la insultaba y la golpeaba con frecuencia. Sin embargo, después de su divorcio se siente muy atractiva porque está con un hombre que la ama profundamente y le da continuas muestras de ternura y afecto.

Los aspectos personales que aceptamos y apreciamos forman parte de nuestro yo consciente, pero no sucede lo mismo con los que negamos, reprimimos y disociamos.

Según la manera de vernos a nosotros, podemos imaginar como posibles algunas metas y realizar ciertas actividades, mientras que otras nos parecerán indebidas o imposibles. Hay personas que se consideran poco inteligentes, no se atreven a hacer preguntas en clase ni alcanzan a terminar sus estudios de preparatoria. Sin embargo, muchas de ellas en realidad son muy inteligentes e intuitivas, en virtud de las aptitudes genéticas con las que fueron dotadas desde su nacimiento.

Hablando de genética, cualquiera de nosotros es una persona distinta, aunque nos parecemos a los demás en algunos aspectos. Somos únicos e irrepetibles, hombres o mujeres, ricos o pobres, altos o bajos, morenos o blancos, sensibles, inteligentes, etcétera. Las experiencias que hemos vivido también son muy diferentes. De cualquier manera, cada persona tiene potencialidades humanas que le conviene seguir desarrollando.

Las mujeres sufridas fabrican una imagen devaluada, fragmentada y distorsionada acerca de sí mismas. La mayoría de sus conflictos internos y las molestas sensaciones por la baja estima que padecen se deben a los mecanismos defensivos que ellas utilizan.

Mecanismos defensivos de la neurosis

Las personas sumisas, lo mismo que otros tipos de neuróticos, tratan de convertirse en lo que los demás quieren que sean con el fin de escapar a los castigos y la censura social. Apartan de su imagen consciente, del propio yo que ellas aceptan y aprecian, los rasgos de su personalidad que disgustan a los demás. Se sentirían muy extrañas, como si estuvieran locas, si se atrevieran a ser lo que son en realidad. Como advierte Fromm, los neuróticos tienen miedo a la libertad y por eso no se atreven a generar conductas propias.

Las mujeres sufridas utilizan los mecanismos defensivos como los que vimos en la figura 2 (pág. 38). Los primeros seis: proyección, introyección, racionalización, escape a la fantasía, ten-

lares y alteraciones viscerales forman parte de un mecanismo más amplio: la disociación. Estos mecanismos contribuyen a mantener sus alteraciones emocionales.

Proyección

Mediante la proyección, las mujeres sumisas alejan de su propia imagen las conductas, los pensamientos, los impulsos y los deseos que fueron prohibidos y censurados. Este mecanismo les impide verlos como propios, a pesar de que en realidad son aspectos importantes de su propia personalidad. Erróneamente los ven afuera, en las demás personas. Por ejemplo, suponen que su sensualidad, su placer, su atractivo o su belleza no son propios, sino que esas características sólo corresponden a "las mujeres malas". Tampoco pueden enojarse, sino que los demás siempre están enojados en contra suya. Los otros individuos son muy inteligentes, mientras que ellas son demasiado tontas. Los hombres pueden aspirar a la felicidad, pero ellas no. Todos los hombres son agresivos, egoístas y sexuales, pero ellas no tienen nada que ver con eso.

Introyección

Las mujeres sacrificadas emplean la introyección para incorporar a su personalidad algunas características de los demás que son ajenas y destructivas. Cuando alguien se traga ciegamente las opiniones, sentimientos y actitudes nocivas de otras personas, aunque no sean compatibles con su propia esencia, los introyecta. Así, las niñas sumisas se sintonizan con los sentimientos de sus madres sufridas e imitan sus posturas corporales agachadas, aunque en el fondo desean y sienten otras cosas. De igual manera, abrazan una serie de "valores" familiares, culturales y religiosos. Llevan en su interior las motivaciones neuróticas de otras personas como trozos de materia ajena y muerta.

El origen de la introyección es el lazo emocional temprano, intenso, que los niños de ambos sexos forman con sus padres. Se apegan a ellos de una manera que al principio es casi simbiótica. Los imitan, conocen y reconocen. En particular, absorben los estados emocionales de la madre que los amamanta. Más adelante, las niñas se identifican con sus penas, sus gestos, sus gustos y sus palabras. Además, las mujeres sufridas se empeñan en encarnar las fantasías masoquistas que les propone la religión tradicional, lo mismo que la propaganda de las sociedades mercantilistas de consumo.

En vez de introyectar, sería mejor que pudiéramos asimilar, de manera libre y bien pensada, los ejemplos y valores sanos que nos brindan nuestros padres y la sociedad en la que vivimos. Nos conviene estar abiertos al cambio y a las nuevas oportunidades que se ofrecen a las mujeres, en lugar de mantener las actitudes opresivas. También es necesario que sepamos ir descartando lo que va en contra de nuestra propia personalidad y no es congruente con nuestros mejores sentimientos y pensamientos.

La adolescencia podría ser un intenso y provechoso período de revalorización y de asimilación personal. A cada mujer joven le corresponde rechazar los aspectos absurdos de su educación familiar y apropiarse de los que mejoran su personalidad, en el contexto de la propia época. Por desgracia, para la mayoría de las mujeres, la adolescencia es una época de rebeldía impotente que termina con la adopción del sometimiento. Lo mismo hicieron sus madres y sus abuelas.

Presentamos a continuación una lista de los síntomas psicológicos que demuestran la presencia del mecanismo de la introyección. Si usted experimenta habitualmente algunos de ellos, será probable que necesite la ayuda de un psicoterapeuta:

- Tiene la molesta sensación de que los demás la vigilan y de que el mismo Dios la persigue y castiga continuamente.
- Siente una compulsión por hacer lo que los demás le piden, aunque no le corresponda.
- Teme manifestar sus propias opiniones y se siente incapaz de tomar sus propias decisiones.
- Aguanta los maltratos de su pareja y su alcoholismo, porque eso es lo que le toca.
- Fabrica diálogos internos obsesivos de contenido acusatorio y derogatorio: "tú no vales nada, eres mala, horrible, no sirves para nada", que escuchó de los demás en su niñez y ahora repite frente al espejo.
- Padece dolores musculares crónicos o una serie de malestares psicosomáticos como consecuencia de que se olvida de sí y se sacrifica por los demás.
- A pesar de que se siente obligada a querer a sus hijos con amor incondicional, los regaña y maltrata, igual que sus padres hicieron antes con usted.

- Por temor, no se atreve a denunciar las agresiones (y la violación) que padece o la de sus hijas (hijos).
- Su vida sexual es insatisfactoria y no puede alcanzar el orgasmo. De cualquier manera se calla para que su pareja sea feliz y no la deje por otra persona.

Racionalización

El pensamiento no es lo mismo que la racionalización. Racionalizar es buscar razones falsas y aparentes (palabrería interna, vacía e inútil) para justificar las conductas y manipulaciones neuróticas. Por ejemplo, una mujer sufrida supone que si se queja continuamente va a obtener afecto y cariño de los demás, cuando en realidad los irrita y les arranca algo de lástima. En lugar de generar pensamientos certeros y lógicos que reflejan las propias opiniones, las mujeres sufridas se dejan arrastrar por su neurosis cuando se repiten las frases hirientes y culpativas con las que sus padres las sometían cuando eran niñas.

Por ejemplo: "Las mujeres somos así", "Mantenemos a la familia unida con nuestros sacrificios", "Tenemos que soportarlo todo", "Tenemos que callarnos y aguantarnos", "Los hombres pueden hacer lo que quieran", "Ellos sí tienen derecho a divertirse", "Las mujeres vinimos a sufrir a este valle de lágrimas", "Tus cosas (radio, televisión, computadora, carro, el dinero que ganas) no son tuyas, pues tu padre y tus hermanos las necesitan". Las afirmaciones infundadas se organizan en sistemas de falsas creencias y falsos valores. También se enredan con las fantasías como parte de los mitos e ilusiones. Con esto, las mujeres sacrificadas se encargan de agredirse y denigrarse continuamente. Sus diálogos internos les generan sentimientos indebidos de vergüenza y culpa. Además, ellas suponen, falsamente, que los negocios, la política, el éxito y las matemáticas (los estudios en general) son cosas de hombres. Renuncian a la búsqueda de la propia felicidad mediante una sana autonomía del pensamiento que incluye la confianza en sí mismas. Les resulta impensable que su pareja las pueda tratar en un plan de cariño e igualdad. No comprenden lo que en realidad son como personas individuales, ni saben lo que quieren (y pueden) hacer con sus propias vidas.

Escape a la fantasía

Con las cicatrices emocionales provocadas por los regaños y maltratos, estas mujeres almacenan en su memoria una confusa maraña de rostros amenazadores y frases violentas. Cuando se avivan estos recuerdos, se llenan de temor y se paralizan, se sienten culpables sin saber por qué. Debido a la introyección, las mujeres sufridas mexicanas siguen manteniendo vivos a sus agresores y se identifican con ellos. Es como si vivieran dormidas o hipnotizadas. Necesitan despertar.

Según Perls, la capa esquizoide de la neurosis es la parte de la personalidad donde habitan los rostros enojados y las voces acusatorias de los padres, junto con una maraña de otros recuerdos dolorosos y tristes. Estos recuerdos, que funcionan en el ámbito subliminal, son la explicación de algunos cambios súbitos en los estados de ánimo. Cuando se agitan los rostros acusatorios cobra vida la parte oscura, dolida y neurótica de la personalidad. Nos sentimos desgastados, cansados y deprimidos.

Muchas personas creen que las fantasías, mitos y cuentos que la sociedad les vende y las que ellas mismas fabrican son una realidad. También están convencidas de que si se imaginan algún accidente o una tragedia, inevitablemente, eso va a suceder. A diferencia de los niños, los adultos necesitamos someter los ensueños al control de la lógica racional, para descartar los que nos dañan, e identificar como ilusiones a los que solamente son eso.

Tensiones musculares crónicas

Con frecuencia usamos mal nuestro cuerpo, lo ignoramos y lo maltratamos. Por las tensiones y los conflictos emocionales acumulados, el cuerpo va perdiendo su elasticidad y se transforma en una pesada masa, cada vez más difícil de mover. Las maneras represivas de utilizar el cuerpo deforman la postura de modo permanente. Además, las preocupaciones y la indecisión contribuyen a perpetuar los estados de ánimo negativos.

Las mujeres sumisas encogen su cuerpo y acumulan dolorosas heridas emocionales; inhiben desde el inicio las gratas sensaciones que acompañan a la excitación sexual. No se atreven a permitir que la placentera excitación sexual se intensifique y haga vibrar todo el cuerpo. Para ello utilizan fantasías represivas junto con severas tensiones corporales. Como es obvio, la experiencia de una vida sexual alegre y grata, acompañadas de orgasmos con su pareja, les resulta punto menos que inalcanzable.

Alteraciones viscerales

Las mujeres sufridas experimentan sensaciones de vacío interno y disgusto que ellas interpretan como miedo a la soledad, depresión, angustia, minusvalía, hambre compulsiva, baja estima, etcétera, las cuales se deben a que sus intestinos están habitualmente oprimidos, congestionados y lentificados debido al miedo y al enojo que ellas acumulan dentro de sí mismas. En palabras más técnicas, ciertas funciones de su organismo han sido condicionadas para funcionar mal. Entre otras cosas, tampoco se atreven a respirar profundamente.

Gran número de mujeres presentan malestares crónicos relacionados directamente con la opresión, la violencia y las demás conflictos y carencias emocionales que padecen debido al machismo. Ejemplos muy conocidos son la colitis nerviosa, la ansiedad, las arritmias cardiacas y la úlcera gástrica. En estos trastornos, igual que en otros parecidos, también influyen las presiones cotidianas de vivir en las ciudades aglomeradas, donde la violencia y la inseguridad son cada vez más frecuentes.

Disociación

Los primeros tres mecanismos mencionados son cerebrales. Distorsionan la manera de vernos a nosotros mismos. También alteran el modo como percibimos a las demás personas y las circunstancias que nos rodean. Los otros dos se relacionan directamente con los padecimientos somáticos de las mujeres sufridas. Todos ellos forman parte de un mecanismo más amplio que los engloba: la disociación. En efecto, al utilizarlos, la personalidad de las mujeres sumisas queda dividida, estancada, devaluada y deprimida. La parte neurótica cobra autonomía y se empeña en atormentar a la parte sana de la personalidad.

La sumisión y la imagen femenina fragmentada

Tenemos una imagen positiva o negativa acerca de nosotros mismos, disminuida o agrandada, triste o alegre, rica o empobrecida, etcétera, según la propia genética, la educación y las experiencias que hayamos vivido, junto con los mecanismos defensivos que utilicemos.

Como sabemos, las mujeres sufridas fueron –y son– víctimas de intensas presiones y agresiones familiares y sociales. Renuncian a gran parte de sus aspiraciones personales para evitar la censura social y los dolorosos castigos. Desconocen o reprimen aspectos muy importantes de su propia realidad mente-cuerpo, en vez de disfrutarlos y aprovecharlos, y tienen muy baja su autoestima.

Inhiben sus deseos, impulsos y sensaciones libres y placenteras. Consideran que estas energías vitales son un aviso previo de que los castigos y las desgracias inevitables están por llegar. Se les dificulta manifestar sus propias opiniones. No se arriesgan a tomar las importantes decisiones personales que les corresponden. Descuidan su propia salud emocional y carecen de la paz interna más elemental.

Se empeñan en cumplir, lo mejor que pueden, las demandas continuas de los demás. Tratan de evitarse problemas confundiéndose con el montón. Dentro de su particular nivel socioeconómico y de la zona rural o urbana donde viven se comportan como el resto de las mujeres sumisas mexicanas comunes y corrientes.

Desperdician gran parte de su energía vital tratando de agradar a todo el mundo. Sin embargo, pocas veces logran esto, porque las obligaciones y preocupaciones que los demás les imponen (y las que ellas mismas inventan para aplacar sus culpas) nunca terminan. Sienten un agujero en el alma, un perpetuo vacío interno que las empuja a muchas adicciones y compulsiones (Bradshw): trabajan siempre, comen o beben demasiado, abrazan el fanatismo religioso, etcétera.

Fromm habla de la *alienación*, como una experiencia neurótica demasiado común y corriente. La persona alienada se percibe a sí misma con extrañeza. No es su propio centro ni la creadora de sus actos. Se siente esclava de los actos automáticos que genera y de las consecuencias de ellos. No siente que es la portadora activa de sus propias capacidades, sino que se considera una "cosa" empobrecida que depende de poderes (y per-sonas) exteriores a ella, en los cuales ha proyectado su sustancia vital.

Los neuróticos nunca disfrutan la experiencia de unidad interior porque su personalidad está dividida. Debido a los mecanismos defensivos que utilizan, desarrollan una parte fuerte –acusatoria– y otra débil y quejumbrosa. La parte débil desea

hacer muchas cosas, mientras que la otra se empeña en parali-
zarlos y llenarlos de vergüenzas y culpas (Perls).

Esas dos partes luchan entre sí, sin llegar a ponerse de acuerdo nunca. Estos conflictos generan un desperdicio inútil de gran
parte de las energías mentales y corporales. Como resultado, las
mujeres sufridas mexicanas experimentan cansancio infinito,
depresión e insatisfacción continuas.

Mientras que la parte neurótica se hace cada vez más fuerte
y demandante, el propio yo, la parte saludable, queda más disminuido. Las mujeres sufridas no pueden alcanzar el pleno desarrollo humano de sus potencialidades. Tampoco se atreven a comportarse de modo abierto, alegre, libre y espontáneo.

Algunas veces, la intensa agresividad volcada contra ellas
mismas estalla en contra de los más débiles. Entonces, las abnegadas madres mexicanas son tan sádicas como cualquier hombre
machista: utilizan contra sus hijos las mismas amenazas, castigos, golpes, presiones e insultos que sus padres les aplicaban
cuando eran niñas.

En particular, se sienten obligadas a presionar y moldear a
sus hijas para que más adelante sean las sumisas parejas de
algún hombre autoritario y agresivo. De esta manera se transforman en hábiles cómplices de los machos.

Hay mujeres que se han librado de su papel de esposas sumisas para vivir por su cuenta. Sin embargo, de manera contra-
dictoria, reprochan a sus hijas casadas cuando intentan salir de
una relación infeliz y opresiva. Les dicen que deben aguantar
cualquier cosa por el bien de sus hijos; se ponen del lado del
yerno y le dan la razón en todo. Lo solapan e incluso lo miman,
aunque sea un hombre inútil, alcohólico y golpeador.

A los estallidos emocionales inútiles de las mujeres oprimidas
sigue otro ciclo de sometimiento y represión. Se deprimen y se
identifican otra vez con la madre o la abuela abnegadas, llenas
de inhibiciones, represiones y miedos. Como podemos entender,
la verdadera personalidad de cualquier mujer no se debería ubicar en ningún extremo neurótico: ni en el sádico machista ni en
el masoquista.

Posturas corporales sumisas
y malestares somáticos

Mediante su propio lenguaje dinámico, la postura corporal manifiesta a los demás lo que somos, con mayor transparencia que las palabras: nuestras emociones, deseos, inseguridades e intenciones. Es la manera habitual de manejar el cuerpo para movernos y trasladarnos en el espacio. Incluye los ademanes, los gestos y demás expresiones no verbales que empleamos para comunicarnos con las personas.

Las posturas corporales reflejan la educación, el temperamento, la alimentación, la ocupación y las experiencias particulares de cada individuo. Cuando son flexibles y abiertas, facilitan los sentimientos y las conductas espontáneas y son un importante componente del bienestar emocional y físico. Muestran gracia, belleza y atractivo físico. Por el contrario, conocemos personas que son demasiado rígidas, tanto en su apariencia corporal como en su manera de pensar y actuar.

Si nos sentamos en un parque o en un centro comercial, podremos observar posturas abiertas o cerradas ante la vida, defensivas o relajadas, alegres o tristes, cansadas, etcétera. Advertimos desigualdades en los niveles socioeconómicos que se manifiestan en la calidad de la ropa, el maquillaje y los adornos, entre otros. Además, existen grandes diferencias individuales relacionadas con el sexo, la dotación genética (el somatotipo), la edad y la educación de cada persona.

Los modos de utilizar el cuerpo, tanto en situaciones públicas como privadas, van moldeando sus estructuras. Llegan a modificar el funcionamiento de los músculos, las vísceras y el sistema nervioso autónomo. Debido a eso, las posturas corporales propician, dificultan e incluso perpetúan algunos estados de ánimo. Contribuyen de manera importante a conservar la salud y también propician algunas enfermedades. Muestran la poca o mucha estima que nos tenemos a nosotros mismos.

Dentro de sus hogares, las mujeres ocupan menos espacio físico y tienen un territorio personal más reducido que los hombres. En la clase media, el hombre suele tener un cuarto especial dentro de la casa, o al menos un sillón favorito, mientras que las mujeres no tienen nada de esto. En general, los gestos de las mujeres son menos expansivos que los de los hombres. Algunas posturas, como mantener las piernas abiertas cuando la persona está sentada, son exclusivamente masculinas.

Lo anterior es una consecuencia más del estereotipo social y sexual de inferioridad que se aplica a las mujeres y que ellas mismas adoptan. Por desgracia, los hombres machistas interpretan sus mensajes de timidez y subordinación como una invitación para que ellos se comporten de modo dominante y agresivo, por lo que abusan de ellas.

Las mujeres sumisas necesitan salir de sus posturas encogidas y torturadas (y emplear gestos más expansivos y naturales) para no trasmitir a los demás el mensaje no verbal de supuesta inferioridad.

Posturas dolidas y torturadas

Según los hombres machistas, a las mujeres les corresponde brindarles, de manera unilateral, amor incondicional y tener un alma bondadosa. Su cuerpo no es tan importante, ya que ellas deben convertirse en las abnegadas madres de sus hijos. En abierta contradicción con esto valoran la belleza del cuerpo femenino, sobre todo en las modelos, las coristas y las artistas de cine y televisión.

Desde niñas, las mujeres sufridas –y los hombres sumisos– aprenden a mirarse con desprecio, enojo y lástima: encarnan el arquetipo del mártir. Adoptan posturas torturadas, dolidas y fragmentadas paralelas a la pobre imagen de sí mismas que contribuyen a sustentar. Sus estilos de llevar el cuerpo, junto con sus ademanes y expresiones faciales, son coherentes con el severo daño emocional que arrastran y con su devaluada autoestima.

Estas mujeres mantienen los brazos más pegados al cuerpo y las piernas más juntas que los hombres. La violación del territorio personal y del espacio físico por algún extraño suele provocar rechazo y castigo. Sin embargo, numerosos estudios demuestran que el territorio personal de las mujeres se invade con mayor frecuencia que el de los hombres.

Ellas intentan pasar desapercibidas para evitarse mayores problemas. Su cuerpo está colapsado y la expresión de su rostro exhibe preocupaciones, dolores y penas. Envían a los demás continuos mensajes acerca del maltrato que han recibido y esperan seguir recibiendo. Con esto, a veces obtienen un poco de compasión o de admiración enfermiza.

Sus gestos de timidez las colocan en una posición de subordinación automática ante cualquier hombre. Una mujer sumisa le dice a su amiga: "¿Acaso no te enseñaron que las mujeres caminan dos pasos detrás de cualquier hombre?" El mal uso del cuerpo contribuye a que las emociones negativas se mantengan activas y genera una serie de fantasías y preocupaciones paralizantes.

Edwards (citado en Boadella) advierte que los músculos (y tendones) de todo el cuerpo se tensan y petrifican con el propósito de aguantar los golpes y ahogar el miedo. Por otra parte, algunas de estas personas casi no perciben sus molestias y dolores porque se han acostumbrado a vivir de esta manera.

Las mujeres sumisas anticipan con angustia los reproches, las miradas acusatorias, los castigos y los golpes. Suponen, con o sin razón, que todo les va a salir mal y tratan de hacerse invisibles para no estorbar. Comprimen los espacios de su cuerpo, reprimen la sexualidad y procuran emplear sus energías en servir a los demás.

Su cuerpo se torna denso y pesado y se colapsa sobre sí mismo. Estas mujeres lo experimentan como algo ajeno, que demanda cada vez mayor esfuerzo voluntario para moverse. Genera una serie de sensaciones molestas y dolorosas que se interpretan como enfermedades físicas más o menos graves, en lugar de verlas como el resultado de las cicatrices emocionales y de las alteraciones posturales crónicas.

Pareciera que tratan de salvar el alma abandonando el cuerpo, motivadas por su neurosis. Sin embargo, por este camino se desaniman y se deprimen. El sobrepeso contribuye a deformar todavía más las estructuras corporales. Kelleman ilustra las graves alteraciones originadas por el terror, la depresión y la angustia en las distintas partes anatómicas del cuerpo.

Las mujeres sufridas acostumbran mantener la cabeza agachada y el rostro triste, resignado, impasible y duro. Las mujeres de las etnias indígenas y las que viven en pequeñas poblaciones del país no acostumbran mirar directamente a los ojos, sino que sus miradas son sumisas, huidizas y blandas. Sin embargo, siempre están muy pendientes de las reacciones de los demás.

Las tensiones y los bloqueos perceptivos envían al cerebro continuos mensajes de miedo y peligro. Cuando una de esas mujeres mira a los ojos de un hombre machista, éste le dice: "Me impacientas, me retas, me provocas, me buscas pleitos, te voy a golpear", "¡Cállate!" Ellas acostumbran tener la boca cerrada con fuerza, mientras que su quijada queda trabada como consecuencia de los regaños.

Estas mujeres cargan en sus hombros y en su espalda el aplastante peso de sus preocupaciones y culpas neuróticas. El cuello está muy acortado y los hombros levantados como esperando regaños y golpes.

Una mujer de 40 años, muy tensa y encogida recuerda: "Los pellizcos de mi madre, sus golpes. Mi madre me pega y yo no me muevo. Me quedo allí hasta que termina. Tengo que aguantarme, sin saber por qué. El enojo es completamente contra mí, porque yo me repito que todo lo hago mal. Busco muchas maneras de castigarme".

Esta mujer tiene los brazos pegados al cuerpo y sus articulaciones tienen poca movilidad. La musculatura es tendinosa y dura. Sus ademanes son lentos y solemnes. Se queja de continuos dolores artríticos de tipo reumático. Con orgullo, dice que se considera muy valiente. Se repite una y otra vez al dar cada paso: "Tú sí puedes, tú sí puedes caminar". Trata de mantenerse activa a pesar de sus dolores, aunque tiene que quedarse en cama algunos días.

Está llena de amargura y resentimiento. Relata que sus padres y maestros la golpeaban mucho desde que era pequeña. Podemos entender que por estos motivos encogió su cuerpo y lo endureció, razón por la cual mantiene oprimidos algunos nervios de su cuerpo. Nunca deja de culparse y de preocuparse por todo. Menciona que es muy sensible y se queja de que su pareja nunca la ha comprendido, ni tampoco sus hijos, a pesar de que "se mata" por ellos. Se ve a sí misma como una mujer triunfadora, porque trabaja como profesionista y cuida bien a sus hijos. Tiene graves problemas en su trabajo "por su mal carácter". Sufrida y masoquista, nunca aprendió a descansar ni a relajarse.

Malestares psicosomáticos

Algunas mujeres sumisas reducen la circulación periférica de la sangre a su piel por el terror crónico que las invade. La piel está reseca, escamosa y fría; tienen psoriasis en manos, brazos, pecho, muslos y genitales. Experimentan una necesidad apremiante de rascarse para aliviar la comezón y para sentir algún calor en su piel. Algunas presentan sudor en las manos, que aumenta debido a la ansiedad, mientras que otras personas palidecen cuando tienen miedo.

Una mujer de 25 años dice: "Yo no me daba cuenta de lo miedosos que son los hombres agresivos y de la gran necesidad de protección que yo tengo. De niña tenía terror a mi padre. Tenía miedo de que me tocara. Siento un frío eterno, tengo la piel seca y escamosa, como de cartón. Me aplico toda clase de cremas. Me siento indigna de ser tocada. Siento la mirada de mi madre clavada, que me reprocha siempre, como si yo fuera una perdida. Tengo la sensación de que también Dios me vigila en cada momento".

A continuación presentamos algunas actualizaciones psiquiátricas. En el ámbito mundial, una de cada cinco mujeres ha sido maltratada –física o sexualmente– por uno o varios hombres en algún momento de su vida. La violencia se extiende al abuso sexual, la violación, la prostitución forzada y al tráfico de mujeres y niñas.

Las consecuencias físicas de la violencia contra las mujeres van desde los moretones y heridas leves hasta las discapacidades crónicas. Trae consigo serias consecuencias negativas para la salud, aun cuando las situaciones de abuso ya han finalizado. El maltrato físico también puede tener consecuencias mortales, como homicidio intencional, lesiones permanentes o sida.

El miedo, las lesiones y el estrés asociados con la violencia familiar se pueden convertir en problemas crónicos de salud, como dolores de cabeza o espalda y desmayos. Las mujeres maltratadas presentan mayor número de trastornos gastrointestinales y síntomas cardiacos, como hipertensión o dolor en el pecho.

Un número considerable de mujeres maltratadas padecen violencia sexual. Entre los problemas ginecológicos resultantes están infecciones y sangrados vaginales, enfermedades de trasmisión sexual, deseo sexual disminuido, irritación genital, dolor pélvico crónico e infecciones urinarias. Además, la vergüenza y el estrés reportados en estos casos pueden inducir la depresión del sistema inmunológico.

Estas mujeres opinan que el peor aspecto de los malos tratos no es la violencia misma, sino la tortura mental de vivir siempre aterrorizadas. Tienen pesadillas y están fatigadas en forma crónica. También recurren al alcohol y a las drogas para aislarse y aliviar su dolor. Manifiestan depresión y ansiedad graves, o síntomas de estrés postraumático. El agotamiento emocional y físico conduce a algunas de ellas al suicidio.

Los malestares psicosomáticos apartan la atención de los problemas neuróticos. Para estas mujeres se trata de "enfermedades" y no de una demanda de cambios importantes en su estilo de vida y en el manejo de sus impulsos y sentimientos. Por eso, acuden a los médicos en busca de ayuda. Los médicos familiares del Seguro Social están acostumbrados a ver personas que solicitan medicamentos una y otra vez sin obtener mejoría. Estos pacientes no tienen la menor idea de cómo solucionar sus graves problemas emocionales y familiares.

Como advierte Schilder, los síntomas no solamente hacen sufrir al paciente, sino también activan y satisfacen sus tendencias masoquistas. Además, algunas enfermedades sirven para que las mujeres sacrificadas puedan descansar. Algunas de ellas se alegran cuando sus malestares se agudizan o se tornan crónicos.

Al fin les toca a otras personas hacerse cargo de las molestas labores que ellas desempeñaron a regañadientes durante tantos años. Dicen a sus hijos: "Es tiempo de que ustedes me paguen todos mis sacrificios, porque yo ya estoy muy enferma. Ahora les toca a ustedes cuidarme y devolverme lo mucho que yo les di. Es tiempo de cobrarles todos mis desvelos. Es tiempo de que ustedes me cumplan mis antojos". Sin embargo, no siempre les sucede así.

En un programa de televisión, una mujer de 50 años comenta: "Los corajes con mi pareja me provocaron la diabetes. Finalmente me separé. Estoy enferma y ya no sirvo para nada. Ahora lo único que quieren mis ocho hijos es que yo clave el pico para quedarse con mi casa. La semana pasada fue mi cumpleaños y nadie me felicitó. Mis hijos me dicen que guarde dinero para mi vejez. Casi no me visitan aunque yo me maté por ellos. Son una bola de egoístas malagradecidos".

Ella respira resentimiento tras un rostro controlado y digno. Las oyentes la compadecen y algunas lloran. Todos se preguntan por qué aguantó tanto. También condenan a los desnaturalizados hijos porque no cuidan a su madre ahora que está enferma.

La mayoría de las mujeres sufridas lleva la caja torácica colapsada en posición de espiración. Apenas se atreven a respirar. Por lo mismo, les falta ánimo y están deprimidas. El diafragma, que apenas se mueve, contribuye a frenar las pulsaciones viscerales y genitales. Las áreas abajo de la cintura permanecen alejadas de la conciencia corporal plena.

En general, los hombres se empeñan en fortalecer sus músculos debido a las necesidades de movimiento y de acción. La identidad femenina es mucho más íntima y visceral. En su vientre, las mujeres llevan la capacidad de ser dadoras de vida. Cuentan con gran número de terminales nerviosas y abundante circulación sanguínea, todo esto relacionado con la gestación.

Las sensaciones viscerales constituyen un núcleo íntimo de conciencia personal en el que se ubica la incorporación temprana de los valores y las actitudes familiares. En ese espacio podemos experimentar gratas sensaciones de plenitud cuando estamos en paz con nosotros mismos y disfrutamos los placeres más elementales de la vida.

Además, en el centro abdominal (*hara*) cobramos conciencia de la unión y hermandad que tenemos con los demás seres vivos. También comprendemos que, a nivel muy primitivo, somos una primordial y agradable pulsación de energía. Allí podemos tener una conciencia visceral (intuitiva) intensa y clara de lo que nos sucede y de lo que les sucede a otras personas.

Por el contrario, debido a sus malestares emocionales, las mujeres sufridas no se pueden imaginar siquiera que su vientre puede ser un espacio placentero lleno de vibraciones cálidas, en el que pueden experimentar la alegría de estar vivas. Desde la niñez acumularon allí falsos valores y traumas, junto con dolor, enojo impotente y vacío interno. Sus funciones intestinales se lentifican de manera crónica, aunque a veces también experimentan episodios de diarrea. Esto representa un ataque directo a su identidad personal vital, impulsiva y emocional. En un libro anterior comenté que este trastorno es muy común –y distintivo– en las personalidades masoquistas.

Debido a la constipación crónica, el organismo absorbe sustancias tóxicas. La intoxicación habitual se manifiesta en un tono parduzco en el color de la piel, cansancio habitual y embotamiento intelectual. Además, esas mujeres padecen otras alteraciones psicosomáticas de las funciones asimilativas: colitis nerviosa, gastritis, trastornos biliares, etcétera.

Junto con esto, las personas tímidas y sumisas experimentan gran vacío, miedo a la soledad y hambre continua. Muchas de ellas intentan apaciguar estas molestas sensaciones viscerales comiendo de manera compulsiva, por lo que se tornan obesas. Es común que las mujeres sufridas, igual que los hombres masoquistas, padezcan hemorroides debido a las tensiones habituales del esfínter anal y a la constipación crónica que endurece la materia fecal.

Por otra parte, las mujeres sufridas intentan frenar los movimientos sensuales —supuestamente provocativos— de sus caderas, muslos y piernas. Mantienen la pelvis trabada mediante un conjunto de dolorosas tensiones en las nalgas y la espalda baja. Cuanto caminan, sus nalgas casi no se mueven hacia arriba y hacia abajo, ni hacia los lados. Los músculos del piso pélvico, el recto y los músculos vaginales están muy contraídos.

También juntan la cara interna de los muslos para ocultar y proteger los genitales. La grasa tiende a acumularse en la parte superior de las caderas y en los muslos, debido a que estas áreas se mantienen demasiado contraídas e inmovilizadas.

En los colegios de monjas les enseñan a las niñas a tener los muslos juntos mientras permanecen sentadas, también les dicen que es "indecente" sacar las nalgas y que si caminan como las mujeres "malas" "provocan" a los hombres y se arriesgan a que las violen. Por si eso fuera poco, se supone que el sexo es sucio y que las mujeres "decentes" no lo disfrutan. Las adolescentes intentan ocultar los senos y las demás partes de su cuerpo que consideran ofensivas, por miedo de incitar a los hombres.

Sus piernas son rígidas y carentes de sensualidad. Las rodillas están trabadas y rotadas hacia el centro del cuerpo. Debido a eso, los tobillos quedan débiles y resentidos, y con frecuencia, el arco de los pies disminuye o desaparece.

Las posturas atormentadas que adoptan las mujeres sufridas oprimen de manera dolorosa algunos nervios, como el ciático. También deforman los conductos de la laringe, el esófago y la tráquea. Se limitan los movimientos respiratorios. Aparecen algunos síntomas y trastornos psicosomáticos que se tornan más molestos con el paso del tiempo, como la presión arterial elevada y la colitis nerviosa.

El cuerpo de las mujeres sufridas pierde la flexibilidad y la sensualidad placentera por las tensiones musculares que hemos mencionado.

A las mujeres sumisas se les dificulta saber qué les gusta y qué quieren. Están paralizadas de miedo y angustia; por eso, su intuición no funciona de manera certera. Contemplan las circunstancias a través de un confuso velo de emociones estancadas y vísceras contraídas. Tampoco pueden generar emociones frescas y espontáneas frente a los sucesos cotidianos.

La armadura del carácter

Según Reich, las tensiones musculares generalizadas forman una coraza o armadura del carácter. Esta coraza limita los movimientos, impide las manifestaciones emocionales espontáneas y contribuye a mantener las ideologías políticas y religiosas de tipo inflexible y fanático. También dificulta el funcionamiento sexual e impide la capacidad orgásmica de muchas personas. Reich opina que la psicoterapia no sirve para que los individuos fanáticos salgan de sus orientaciones destructivas.

Carácter es el modo relativamente habitual de comportarse, defenderse y adaptarse al medio que presenta algún individuo. Se adquiere a lo largo del proceso de socialización, aunque influyen de manera especial los siete primeros años de vida.

En la psicología actual, se prefiere utilizar el término *personalidad*, en vez de carácter, para englobar lo que somos por temperamento, educación, socialización, vivencias personales y decisiones propias. Cada individuo es único y distinto de los demás debido a los rasgos que conforman su personalidad. Tiene la capacidad de comportarse de modo autónomo, como él o ella quiere y no como nosotros desearíamos que lo hiciera.

Como Reich advierte, la armadura corporal está compuesta por siete anillos de tensiones que bloquean, en sentido transversal, las energías vitales del organismo e impiden su camino ascendente hacia la cabeza. Descargamos naturalmente parte de esta energía mediante el orgasmo. Los segmentos de la coraza muscular son:

- El ocular, cuyas tensiones suelen almacenar las expresiones emocionales congeladas de terror, rabia y llanto. También comprende las tensiones musculares en áreas cercanas a los ojos. Por ejemplo, la frente puede estar arrugada debido al exceso de preocupaciones.

- El oral, que incluye las tensiones de la mandíbula y contiene los impulsos frenados de morder, chupar, etcétera.
- El del cuello, que abarca también a los hombros. Acumula diferentes tensiones que frenan algunas funciones, así como ciertas manifestaciones emocionales, como tragar, vomitar, sollozar y gritar. Además, se oprime la tráquea y la laringe, con lo que se ahoga la voz.
- El del tórax, que se relaciona con los músculos intercostales y la función respiratoria. En la neurosis suele estar disminuida la capacidad respiratoria, que contribuye a una baja general de la vitalidad.
- El diafragmático: cuando el músculo del diafragma está habitualmente contraído, se interrumpe el componente abdominal de los movimientos respiratorios. Algunos neuróticos tienen muy poca conciencia de los impulsos que se originan debajo de la cintura.
- El abdominal, que comprende las funciones de asimilación, muy relacionadas con los orígenes de la energía bioeléctrica. Los bloqueos de estas funciones suelen ir acompañados por la contracción crónica de los músculos rectos del abdomen.
- Finalmente, el pélvico, que incluye las tensiones del área genital, del esfínter urinario y de la región anal. Éstas se relacionan con ciertos trastornos de las funciones reproductivas y las dificultades para obtener el orgasmo o la erección.

Reich advierte que existen notables diferencias en la manera como se forman las tensiones de cada neurótico. Propone seis tipos de estructura neurótica del carácter: fálico-narcisista, pasivo-femenino, masculino-agresivo, histérico, compulsivo y masoquista. Cada uno de ellos se relaciona con severos conflictos familiares tempranos, principalmente la ausencia del padre o de la madre.

Lowen propone una clasificación parecida y describe las tensiones corporales que, en su opinión, distinguen a cada uno de los caracteres neuróticos. También señala cinco quebraduras posturales básicas que sugieren dificultades en la integración temprana de la personalidad.

La primera de ellas (lado izquierdo contra lado derecho) está presente cuando uno de los dos lados del cuerpo difiere notablemente en su apariencia y tensiones musculares del otro lado. Se considera que el lado izquierdo refleja los sentimientos y la relación con la madre, mientras que el lado derecho refleja la lógica y la relación paterna. Alguno de estos dos lados puede estar más tenso e inhibido.

La segunda quebradura separa al frente del cuerpo contra la espalda. La espalda contiene la fuerza, la dureza y la agresividad; a veces, está demasiado rígida. Por el contrario, el pecho es la parte blanda, particularmente en las mujeres: representa la ternura. Según sus tensiones, algunas personas frenan su ternura o su agresividad.

La tercera divide la parte del contacto social, arriba de la cintura (rostro, manos, brazos y tórax), de la parte impulsiva que está abajo. Ciertos individuos desarrollan más una de ellas, mientras que mantienen a la otra parte habitualmente tensa. Supuestamente las mujeres deben habitar arriba de la cintura –en su corazón y en sus sentimientos–, mientras que a los hombres solamente les interesa el sexo.

La cuarta corta la energía vital que sube del abdomen y los genitales hacia la cabeza (mediante tensiones del cuello), por lo que el individuo vive fabricando pensamientos y fantasías, con lo que olvida el resto del cuerpo. En algunos casos, la persona mantiene la cabeza notablemente ladeada, como si tuviera una soga que lo ahorca.

La quinta ruptura frena la energía que va del resto del cuerpo hacia las extremidades. En ocasiones, debido a tensiones en las articulaciones, los brazos y piernas están demasiado tensos, débiles y acortados. Lo anterior sugiere que se limitaron severamente los movimientos de los brazos y piernas durante la niñez. Otras veces son delgados y largos, pero sin mucha energía.

Rasgos y personalidades masoquistas

En nuestro país están arraigadas ciertas actitudes derrotistas y fatalistas. La mayoría de los oprimidos se muestran estoicos y aguantadores. Prefieren el "mañana", "ahí se va" y "sea por Dios". Tradicionalmente, la resignación y la sumisión les corresponden a las mujeres sufridas y a los hombres débiles. Todo esto se relaciona con algunos rasgos masoquistas de la personalidad.

Se denomina "rasgos" a las estructuras neuropsicológicas básicas que constituyen nuestra personalidad (Allport). Estos elementos se activan frente a una gama de estímulos que tienen características similares. Ante ellos, generan conductas equivalentes que reflejan el modo de ser particular y el estilo propio de cada individuo. Los rasgos de la personalidad incluyen los pensamientos y las fantasías personales que utilizamos para dar sentido a las circunstancias que nos rodean.

Los rasgos que constituyen nuestro ser más auténtico, el propio yo, son las emociones espontáneas y los pensamientos originales y creativos que guían las conductas libres, junto con las estructuras pulsantes de nuestro cerebro y de nuestro cuerpo saludable, donde conservamos los mejores aspectos de nuestra educación y cultura. Otros rasgos sanos son las potencialidades genéticas, los mejores deseos y los valores personales más ilustrados.

También tenemos un conjunto –más o menos establecido– de rasgos neuróticos que forman la parte falsa, neurótica y manipuladora de la personalidad. Estos rasgos guardan las vivencias traumáticas comprimidas que no hemos podido asimilar y que la mayoría de las veces preferimos olvidar. Mantienen vivos los aspectos ajenos que hemos introyectado y reprimen los aspectos auténticos que hemos disociado mediante los mecanismos de defensa.

Los rasgos neuróticos contienen mayor cantidad de masa que de energía vital disponible. En las mujeres sufridas observamos las cicatrices emocionales, las inhibiciones sexuales, las tensiones habituales y las alteraciones viscerales que ellas utilizan para frenar los impulsos que desagradan a los demás. También sus maneras absurdas de pensar, las fantasías dolorosas y la visión devaluada de sí mismas.

Por desgracia, los rasgos neuróticos tienen sus propias motivaciones destructivas. Generan conductas automáticas que escapan a los niveles de conciencia más plena. Por ejemplo, las mujeres sufridas se repiten una y otra vez los regaños que escucharon cuando eran niñas. Se dicen: "No valgo nada, todo lo hago mal, vine a este mundo para sufrir, nadie me quiere". También se sienten obligadas a comportarse de modo sumiso, venga o no el caso.

En la medida en que alguien tiene rasgos neuróticos más dominantes, se aleja más de su verdadera personalidad y vive de manera más artificial. Se distorsionan las relaciones con las demás personas, porque la realidad se interpreta a través de prejuicios y percepciones erróneas. En sus intercambios sociales, los neuróticos emplean roles falsos y juegos de manipulación.

Es muy común que se sientan divididas entre los impulsos que provienen de sus partes sanas y los que se originan de las que no son así. Esto les dificulta alcanzar los niveles superiores de conciencia. En las tradiciones orientales se habla de "maya", el velo de ilusiones que impide la visión de la unidad del universo, así como de nuestro origen divino. Para muchos occidentales, esos conflictos y dicotomías internas equivalen a vivir en estado de angustia o pecado.

Sin embargo, cualquier persona, por más neurótica que sea, también posee rasgos saludables que la impulsan a la búsqueda del crecimiento interno, la felicidad y la paz. En sus momentos de lucidez, las mujeres sufridas se dan cuenta de que en el fondo ellas no son así y luchan por mejorar su situación y la de sus hijos.

La vida nos presenta a todos algunas oportunidades de libertad e independencia que conviene saber aprovechar. Este libro intenta iluminar esos momentos, alentar los cambios de rumbo favorables y apoyar a los lectores para que tomen las mejores decisiones posibles para mejorar su situación personal y familiar.

Rasgos y comportamientos masoquistas

En el capítulo anterior explicamos los mecanismos de defensa que sustentan la personalidad (el carácter) masoquista. Entre los rasgos masoquistas más comunes están: voz quejumbrosa, falsa dulzura complaciente, movimientos lentos, preocupaciones continuas, dolores, depresión, cansancio, apatía y represión sexual.

La expresión del rostro de las mujeres sumisas es dolida y resignada; su postura, fragmentada y atormentada. Conviene recordar que las madres tradicionales educan a sus hijas para el sometimiento y a sus hijos para que sean machos.

Como ya explicamos en el capítulo 3, estas mujeres vuelcan la agresividad contra ellas mismas: contra su cuerpo, mente, impulsos, sentimientos y pensamientos. Se sienten obligadas a matar la alegría de vivir, la sensualidad placentera y la expresión espontánea de su propia sexualidad. No aprendieron a divertirse y casi no tuvieron niñez.

Se valoran en muy poco y se atormentan continuamente; con frecuencia lo arreglan todo para salir lastimadas y engañadas. Algunas creen que son horribles por dentro y por fuera. Culpan a circunstancias familiares o a ciertos defectos físicos (reales o fingidos) por los desprecios y maltratos que ellas reciben.

Creen que los demás las vigilan y las critican. Se lamentan de que nadie las quiere, nada vale la pena, la vida no tiene ningún sentido y de que no avanzan en la psicoterapia. Año tras año, mantienen los mismos hábitos, gestos, preocupaciones y síntomas.

Las mujeres de rasgos dolidos se empapan diariamente con los sufrimientos ajenos. Imaginan problemas y tragedias. Buscan y absorben vibraciones semejantes que tienen relación con impresiones parecidas. Sobrecargan sus núcleos dolorosos y a veces estallan. Abrazan a otra persona y se ponen a llorar sin saber por qué. Sus sacudidas emocionales y sus enganches neuróticos les provocan gran confusión interna. Son las ávidas consumidoras de las telenovelas repletas de sentimentalismo morboso y absurdo.

Su neurosis busca la neurosis complementaria en los hombres machistas. Creen que ellos las aman cuando les dicen lo que ellas esperan oír y no parecen darse cuenta de que la mayoría de las veces sólo abusan de ellas. Un hombre más sensible les causa temor porque se comporta de manera inesperada y poco conocida. De cualquier modo, su principal deber es someterse y aguantar todo por sus hijos. Tienen miedo al éxito: piensan que si les va bien después les irá peor que nunca.

Algunas de ellas suponen que el amor consiste en entregarse ciegamente y dejarse arrastrar por la pasión sin pensar en las consecuencias. Buscan a un hombre para quedar embarazadas y más adelante se separan, porque están cansadas de que su pareja las someta y maltrate todos los días. Luego cargan estoicamente con sus hijos y tratan de sacarlos adelante del mejor modo posible.

Adoptan papeles subordinados y pretenden agradar a los demás a toda costa. Cargan en sus hombros pesadas obligaciones que no siempre les corresponden. Intentan arrancar afecto, apoyo, respeto, dinero o sexo mediante diálogos y maniobras que exageran la debilidad. En el siguiente capítulo se describen los estilos de manipulación social que utilizan las mujeres sufridas para sacar ventajas de los demás.

Las mujeres sumisas toleran que sus parejas tengan amantes. Algunas de ellas descansan cuando ya no tienen relaciones sexuales con su pareja. Otras saben que el hombre (el padre o el padrastro) viola a las hijas, pero lo solapan. Se hacen las desentendidas e ignoran esas conductas. Cuando una adolescente acusa a su padre de violador, la madre la insulta y la golpea, le dice que está mintiendo, que eso no es cierto, que en todo caso ella es la que lo incitó, porque es una perdida.

Sienten fascinación por las imágenes sangrientas de Cristo crucificado y de las vírgenes dolorosas. Aguantan cualquier cosa "por sus hijos". Presentan problemas de inhibición sexual, ausencia de orgasmo, culpa, vergüenza y falta de iniciativa sexual. Consideran el sexo como algo sucio, molesto e irritante. Tener éxito y ser felices son cosas que corresponden a los hombres y que a ellas les resultan extrañas e indebidas.

Están convencidas de que un Dios castigador les manda todos sus sufrimientos. Se sienten obligadas a soportar el maltrato sexual, la infidelidad, la violación propia o la de sus hijas, los golpes y el alcoholismo de los hombres machistas. Muchas de ellas pasan toda la vida sin atreverse a hacer nada definitivo para salir de todo esto, a pesar de que a veces se desesperan, gritan y se quejan.

Los rasgos masoquistas se activan ante las censuras y los castigos reales o imaginarios. Sustentan las conductas y los estilos de manipulación sumisa que se explican en el siguiente capítulo. Los rasgos neuróticos mejor establecidos almacenan mayor cantidad de energía negativa; por lo mismo, generan (de manera más compulsiva) mayor número de conductas masoquistas menos conscientes.

Entre algunas opciones autodestructivas con las que estas mujeres pretenden anestesiar el dolor psicológico que llevan dentro encontramos obesidad, alcoholismo y abuso de drogas.

Estructura masoquista de la personalidad

En las mujeres aguantadoras y sufridas de nuestro país observamos rasgos y conductas masoquistas. Desde luego que cada una de ellas, por su genética y educación, es distinta y se comporta de manera diferente –hasta cierto punto– que las demás. Sin embargo, también son parecidas entre sí, porque tuvieron un moldeamiento familiar y social semejante.

El masoquismo incluye la búsqueda de la seguridad y la evitación del castigo mediante el sometimiento a supuestas autoridades. El cuerpo vivo de cada individuo contiene y refleja la historia de todas las presiones familiares y sociales particulares que ha padecido. La parte neurótica de una persona es su parte lastimada y enferma.

No todas las mujeres mexicanas son sufridas, ni todas las mujeres sufridas son masoquistas. Una persona (sea mujer u hombre) puede tener algunos rasgos masoquistas sin que el conjunto de su personalidad esté estructurado de manera masoquista.

La personalidad (el carácter) de alguien está integrada de manera masoquista cuando ese trastorno emocional llega a afectar las funciones cerebrales (percepciones, pensamientos, fantasías y toma de decisiones) y también el cuerpo (postura, músculos, articulaciones, piel, sistemas e impulso sexual).

En esto influye la duración, el grado y el tipo de presiones o violencia que padeció cada individuo, también el temperamento particular y la mayor o menor vulnerabilidad del sistema nervioso autónomo y de las funciones de cada organismo. Por otra parte, en las personas de mayor edad se suelen acentuar los rasgos neuróticos.

La neurosis masoquista representa un estado permanente de energía baja del organismo. En las personas masoquistas observamos lenta asimilación de los alimentos, escasa respiración, conformismo, poca iniciativa, sensación de agotamiento crónico e inhibiciones sexuales.

En el ámbito popular se cree que el masoquismo es una desviación del impulso sexual, que el individuo goza combinando la excitación sexual con algún tipo de dolor; se supone que a estas personas les gusta sufrir. Sin embargo, desde el punto de vista psicológico, más técnico, el masoquismo comprende la alteración neurótica de toda la personalidad. Incluye una marcada inhibición de los impulsos sexuales, pero de ningún modo se reduce solamente a eso.

Lowen y otros autores sugieren que estas personas muestran una vitalidad muy disminuida. Tienen una severa incapacidad para soportar cualquier tipo de excitación placentera, junto con las sensaciones agradables que la acompañan. Reich señala que las personalidades masoquistas arrastran cansancio y estancamiento crónicos, como si estuvieran enlodadas, empantanadas y llenas de mierda.

Reich y Baker enumeran las siguientes características (la mayoría de ellas debe estar presente para aplicar a algún individuo el diagnóstico clínico de personalidad o carácter masoquista):

- Gimoteos constantes y quejas continuas que manifiestan al exterior los sentimientos internos de sufrimiento crónico.
- Tendencia a irritar y molestar a los demás para arrancar de ellos una reacción violenta, en forma de insultos e incluso una golpiza. Estas reacciones traen alivio a su tensión interna y a su necesidad de castigo.
- Movimientos y caminar desmañado y torpe, muy rígidos, como consecuencia de las severas tensiones musculares que arrastran.
- Necesidad crónica de dañarse y devaluarse a sí mismos o de callarse y no participar, como defensas de cualquier exhibicionismo (frenan cualquier deseo de sobresalir).
- Una demanda excesiva de amor, que proviene del miedo a ser abandonado. Las necesidades de amor (calidez, ternura) son tan profundas como inalcanzables; esto se refleja físicamente, como hemos comentado, sobre la necesidad del contacto físico. Las personas masoquistas están crónicamente encogidas y sienten frío en todo el cuerpo.
- La conducta sexual es de carácter específicamente pregenital. Los masoquistas tienen el piso pélvico contraído, igual que el esfínter anal y el urinario. Los hombres muestran renuencia a mover el pene dentro de la vagina. Presentan impotencia y masturbación prolongada, pero evitan el orgasmo.

Conviene advertir que la mayoría de los individuos masoquistas no tienen las alteraciones sexuales que se consideran típicas, a nivel popular, de esta neurosis: sentir placer cuando les causan dolor. Es más correcto decir que se les dificulta mucho sentir placer. Por otra parte, Lowen observa que por alguna razón desconocida, en algunas personas masoquistas hay un aumento de vello en la espalda, de la cintura para abajo.

Según Reich, son personalidades pregenitales. En palabras más sencillas, estas personas intentan verse a sí mismas como niñas y niños buenos, que no desean crecer nunca. No pudieron sentirse cómodos con las características sexuales que tiene su cuerpo, debido a los cambios hormonales de la pubertad. Quedaron estacionadas en su crecimiento psicológico.

Las mujeres masoquistas se sienten por dentro como niñas castigadas demasiado débiles, como si fueran huérfanas por dentro. No están conscientes de su propio atractivo, ni sienten agrado (sienten angustia) cuando experimentan sus impulsos y deseos sensuales y sexuales. Algunas de ellas se empeñan en dar a los demás la ilusión de que el tiempo no pasa por ellas.

El diagnóstico clínico de masoquismo no puede aplicarse a la ligera, pues le corresponde a un profesional competente (psicólogo clínico o psiquiatra) cuando tiene los suficientes datos de observación, historia clínica o tests psicológicos. El diagnóstico se clarifica (y adquiere validez) solamente cuando el especialista ha llegado a conocer bien a la persona a través de un proceso de psicoterapia suficientemente prolongado.

Las mujeres y los hombres masoquistas provocan sentimientos de culpa en los demás para obligarlos a cumplir sus demandas, aunque se trate de caprichos poco razonables. También los provocan e irritan sin cesar con sus quejas y velados ataques. Algunas veces propician la agresión extrema de su pareja y luego se presentan ante los demás como las víctimas indefensas a las que hay que compadecer. Cuando reciben maltratos, descargan en contra de sí mismas algo de su propia agresividad acumulada. Así se sienten menos adormecidas porque generan un poco de calor interno.

Éste es un punto muy importante. Una vez que se ha establecido la neurosis masoquista, el individuo depende de los demás para sentirse menos mal (Baker). Puede liberarse de algunas tensiones y recibir absolución por sus culpas neuróticas propiciando de manera indirecta algún tipo de violencia o maltrato, ya sea verbal o físico. Además, la intensidad del dolor nulifica, al menos por breves instantes, el profundo malestar emocional de la depresión y la soledad.

Según la Asociación Psiquiátrica Americana, la personalidad sacrificada (masoquista) evita las experiencias placenteras y prefiere las situaciones en las que va a resultar lastimada. Elige personas y circunstancias que la conducen al fracaso, la desilusión y el maltrato, a pesar de que cuenta con opciones más exitosas. Cuando las cosas le van bien se siente culpable. Provoca respuestas de enojo y rechazo de los demás, y luego se siente lastimada y humillada. Evita a las personas que la tratan bien y no permite que los demás la ayuden. Se desvive por los demás, aunque las personas que reciben ese sacrificio no se lo hayan pedido. Nunca realiza sus objetivos personales, aunque cuenta con habilidades para ello.

Las mujeres sacrificadas se transforman en mártires. Se revisten de humildad y ayudan a los demás, en vez de ayudarse a sí mismas. Se sienten inferiores y al mismo tiempo demasiado responsables. Según Schaef, muchas de ellas cargan la vergüenza de haber nacido mujeres. Por eso, aceptan fácilmente la culpa cuando no desempeñan a la perfección las labores que les asignan los demás y si no hacen lo que se espera que hagan.

Como ya explicamos en el capítulo 4, mediante el mecanismo de la introyección las mujeres sufridas se identifican con el agresor. La parte sádica introyectada mantiene las inhibiciones, provoca culpas neuróticas y las atormenta sin razón alguna. Con la autoflagelación y el maltrato que reciben de los demás se cierra una vez más el ciclo en que la parte sádica atormenta a la parte débil de manera interminable.

La neurosis masoquista, con su clima emocional depresivo y autoagresivo, impide a las personas conocer el verdadero sentido de sí mismas y de su propia existencia. Ellas utilizan marcos de referencia obsoletos y adoptan valores sociales que son opresivos y esclavizantes, en vez de generar sus propios valores y opiniones en un clima de libertad personal.

Por lo común, frente a la alternativa de salir de una situación de maltrato y abuso por los hombres machistas (separación o divorcio) se activa en estas mujeres un fuerte imperativo "religioso" para convertirse en mártires y seguir aguantando todo "por sus hijos".

Debido a la genética, existen tres tipos corporales principales (somatotipos): musculosas, delgadas y las que tienden a engordar. En general, las musculosas son más propensas a la acción, mientras que las delgadas tienden a cavilar y las obesas tienen buen humor.

A continuación se presenta una breve descripción de la personalidad masoquista, con sus dos variantes. También se describe otra personalidad neurótica parecida, muy común en nuestro país: la complaciente engreída (complaciente). Conviene advertir que algunas mujeres sufridas también presentan algunos rasgos de personalidad que acompañan a otros tipos de neurosis. Por ejemplo, a la personalidad dependiente, la depresiva, la rígida, etcétera.

La personalidad sacrificada (masoquista)

Aunque en nuestro país predominan las mujeres robustas y fuertes, que corresponden a la siguiente descripción, también encontramos mujeres masoquistas que son delgadas. Las figuras 3 y 4 ilustran ambos tipos estilos corporales.

Figura 3. Personalidad sacrificada y robusta.

Figura 4. Personalidad sacrificada delgada (masoquista).

La personalidad sacrificada robusta

Estas mujeres tienen acortado el cuello y llevan la cabeza metida entre los hombros. Acumulan fuertes tensiones en el piso pélvico, los genitales y la parte posterior de los muslos. Mantienen la pelvis empujada hacia adelante y las nalgas apretadas. Por esto, su postura semeja la de un perro golpeado que lleva la cola entre las patas. Están colapsadas, dobladas sobre la cintura y traban sus articulaciones, por lo que limitan sus movimientos expresivos (figura 3). Mantienen el tórax trabado en posición de espiración. El diafragma está casi inmóvil y presiona el estómago y los intestinos lentificados.

La voz es quejumbrosa. Sienten frío y comezón en la piel. Intentan agradar, pero irritan continuamente a los demás. Un ejemplo es la mujer sufrida que se somete a los maltratos del macho alcohólico. En general, sus estructuras corporales son densas y presenta malestares mentales y corporales relacionados con las energías (emocionales, impulsivas) frenadas.

Las personas masoquistas son poco capaces de soportar la excitación y el placer sexual. Se sienten mal, muy culpables por sentirse bien. Necesitan mejorar su respiración y su digestión. También les conviene liberar las tensiones del piso pélvico e incorporar al demonio agresivo y sexual que ellas imaginan llevar dentro, pero que no es otra cosa sino una importante parte de sí mismas –sus propios impulsos y deseos–. Es común que estas mujeres presenten dificultades para llegar al orgasmo, mientras que los hombres masoquistas padecen eyaculación precoz.

Caso 1: mujer de 26 años, maestra de primaria. No puede imaginarse el placer puro. Mantiene una expresión de disgusto en el rostro. Teme que si le va bien en algo, después le va a ir muy mal. Desde niña fue educada para servir a su padre y a sus hermanos. Su madre le dice: "¿Para qué necesitas el carro? Tú lo compraste, pero tus hermanos lo necesitan. Deja que ellos lo usen". Comenta que casi no tiene intereses propios, sino que necesita estar al servicio de los demás. Es atractiva y teme ser una mujer perversa que provoca e incita a los hombres.

Recuerda que cuando era niña su madre no la tocaba, no le daba cariño y la golpeaba mucho, mientras que consentía a sus hermanos. Su padre le mostró un poco de ternura cuando era niña, aunque su estómago se encogía cuando él estaba cerca. Sin embargo, cuando fue adolescente, su padre se tornó muy distante. Ella se pregunta: "¿Por qué nací mujer? Mejor hubiera sido ser hombre".

Relata que su padre no quería a una mujer, sino a un hombre. Manifiesta que ahora ella le va a demostrar a todos que es más dura, resistente y fuerte que cualquiera de sus hermanos. Considera que ellos son unos machos inútiles, demasiado consentidos por sus padres.

Se muestra dura y distante con sus alumnos. Con sus compañeros de trabajo emplea juegos intelectuales. Algunos tratan de conquistarla, pero la consideran altiva e inalcanzable. Cuando algún compañero le dice algún piropo, piensa que se burla de ella de manera agresiva. En general, ella se comporta de forma arrogante y esquiva con los hombres machistas, pero en el fondo les tiene mucho miedo.

Arrastra la sensación crónica de estar ahogada y ahorcada. Muestra gran fuerza (y dolorosas tensiones) en sus hombros y brazos. Su cuerpo está colapsado y carga graves obligaciones en su espalda. Oprime los genitales y tiene los muslos contraídos por temor a que la violen y para que así sus vibraciones sexuales no escapen e inciten a los hombres. A veces come de manera compulsiva. Siente un gran vacío continuo en su estómago y sus intestinos están lentificados. Su piel se halla muy seca y a veces siente comezón.

Las mujeres masoquistas del primer tipo, sobre todo las que pertenecen a los estratos sociales más bajos y las que viven en las poblaciones más pequeñas de nuestro país, fortalecen su cuerpo mediante el pesado desempeño de los trabajos domésticos dentro y fuera de casa. Dependiendo de su temperamento y del modo como las "educaron", algunas de ellas son más duras e irritables y otras se muestran más cariñosas.

La personalidad sacrificada delgada

Las mujeres masoquistas delgadas comen menos y tienden a ser más intelectuales e imaginativas. Suelen pertenecer a la clase media y alta. Se interesan más por la moda y por el cuidado de su belleza física. Sin embargo, su postura corporal, rasgos de personalidad y conductas neuróticas son las mismas.

Algunas de ellas son profesionales empeñosas que tienen problemas en el trabajo con sus jefes y colegas, a los que a la vez temen y desprecian. Debido a que tienen más educación se sienten incómodas con sus rasgos masoquistas y su papel de mujeres sometidas, por lo que procuran liberarse y luchar contra todo esto.

Por ejemplo, una joven de 24 años, profesionista educada para el sufrimiento, acude a psicoterapia y dice: "Me mato tratando de complacer siempre a mi madre (divorciada). Pero nunca lo logro, por más que haga, por más regalos que le doy: dinero, paseos, etcétera. Ella me dice que todo lo hago mal, que debería hacer lo que ella me dice. También me repite que soy muy negativa y atraigo sobre mí todo el mal que me sucede. Por eso no merezco que ningún hombre me quiera. Ella me regaña por mi bien. Mi madre me insiste en que le cuente todo lo que me pasa y desea estar siempre conmigo. No me deja sola. Es como si yo fuera su pareja. Espanta a mis novios: si estoy con algún amigo me hace sentir sucia. Me mira como si yo fuera una cucaracha y una perdida. Se encarga de decir a todos mis amigos que soy muy egoísta, que me creo mucho, que soy altanera y muy desobligada con ella. Yo odio y quiero a mi madre al mismo tiempo.

Todos me dicen que debo ser más cariñosa con ella, que estoy obligada a cuidarla, porque está tan sola y se ha dedicado a mí desde niña. Mi madre me dice que toda su vida soy yo, pero me amarra, me envenena y me vigila. Primero me va mal y luego yo debo culparme por sentirme mal, porque mi madre es tan buena conmigo.

Me siento muy cansada, enferma, deprimida, pero todos los médicos me dicen que no tengo nada. Tengo que defenderme continuamente de los demás porque vivo en un mundo donde se ataca a las mujeres que no tienen marido y siento que todos los hombres tratan de aprovecharse de mí.

Me aterroriza tener que cuidar de mi madre toda la vida. Mi hermano ahora vive lejos y no se preocupa por nosotras. Mi madre me pellizcaba los brazos y me golpeaba cuando yo era niña. Ahora yo me muerdo los brazos y me causo dolor cuando mi madre me reprocha algo. Me siento muy mal".

Esta joven tiene la caja torácica colapsada. Parece que ni siquiera se atreve a respirar para no molestar. Se encoge para no mostrar los senos, que de suyo están poco desarrollados. Tiene los brazos muy delgados y pegados al cuerpo. Tampoco puede mirar de frente a los demás. Está muy angustiada y deprimida. Siente que el mundo se le echa encima. Padece colitis nerviosa, gastritis y constipación alternada con episodios de diarrea. Desde luego que su madre necesita una buena psicoterapia, al igual que ella.

Figura 5. Personalidad complaciente.

La personalidad complaciente

Las descripciones anteriores, sobre todo la primera, corresponden a la "clásica" personalidad masoquista. Sin embargo, en nuestro país también abunda la personalidad complaciente o engreída. Se trata de las mujeres excesivamente maternales y al mismo tiempo algo infantiles. Desde un punto vista más técnico, la estructura neurótica de su personalidad comprende rasgos dependientes (orales) junto con ciertos rasgos masoquistas. La figura 5 ilustra la postura corporal de este tipo de neurosis.

Se trata de personas protectoras y algo solemnes. Sienten que su deber es agradar a todo mundo. Nutren y ahogan a los demás con su afecto exagerado e indiscriminado. Algunas, como las matronas (y las mayoras) con cierto grado de obesidad, creen que amar es proporcionar sabrosos y abundantes alimentos a sus hijos y familiares. Sobreprotegen y solapan a sus hijos (y a sus parejas). Gelatinosas y camaleónicas, se muestran sociables y grandiosas. Tratan de agradar a los demás para obtener beneficios. Como las personas masoquistas, frenan su sensualidad y arrastran bloqueos sexuales.

Las mujeres con personalidad complaciente presentan sus tejidos corporales densos, expandidos y faltos de movilidad. El peso de todo el cuerpo está colapsado hacia abajo. Los hombros están redondeados. Por lo común, el tórax se mantiene inflado y el diafragma queda casi inmovilizado. La respiración es corta y los movimientos peristálticos están algo lentificados. Los músculos del abdomen se estiran y los de la espalda se contraen para soportar el sobrepeso. También se acortan los músculos de la base del cráneo, las rodillas y los tobillos.

Dichas mujeres intentan ser alegres y complacientes, pero se sienten incomprendidas, infantiles y vacías por dentro. Tienen sus ratos de tristeza y desilusión cuando no reciben suficiente cariño ni admiración a pesar de que intentan ser bondadosas y serviciales. Algunas de ellas padecen gastritis, colitis nerviosa crónica, ciática, etcétera. Les conviene independizarse, contener la energía interna, desarrollar motivaciones propias y despertar la sexualidad dormida. Necesitan fortalecer los músculos abdominales, restablecer la respiración y movilizar el diafragma.

Ciertos pintores y escultores mexicanos han inmortalizado a estas mujeres, igual que a las mujeres sacrificadas del primer tipo, como típicas representantes del ideal digno de encomio, respeto y admiración. La mayoría de las veces muestran estoicos rasgos indígenas y cargan uno o varios hijos. Exhiben grandes senos y caderas abultadas de mujeres prolíficas y dadivosas. Basta ver las esculturas que adornan la entrada de las clínicas del Seguro Social o los tradicionales monumentos a la madre.

En resumen, encontramos con demasiada frecuencia en nuestro país dos tipos básicos de mujeres masoquistas: a) las sacrificadas, masoquistas clásicas de la literatura psicológica de todo el mundo. Ellas se dedican a aguantar y sufrir; se subordinan a los demás como una manera enfermiza de "amar", y b) las complacientes, que aman sin medida y pretenden agradar (caer bien) a toda costa. Debido a su exagerada dulzura y dadivosidad, sufren y hacen sufrir a los demás. Ambas personalidades están motivadas por los imperativos compulsivos que se derivan de sus rasgos neuróticos.

Las mujeres sacrificadas se perciben a sí mismas como niñas castigadas y débiles. De hecho, las personas masoquistas padecieron maltrato en su niñez. Están programadas para someterse, trabajar sin descanso, ser responsables de los demás y olvidarse de sí mismas. De esta manera renuncian a la libertad y buscan, inútilmente, la aprobación social de los demás.

Como observan Sullivan y Everstine, las niñas y los niños víctimas de abuso sexual pueden absorber las experiencias de manera que se vuelven masoquistas, "víctimas eternas" que se definen a sí mismas como personas desamparadas a quienes las cosas tristes "les suceden".

Las mujeres masoquistas creen que valen solamente por tener hijos, cuidar de ellos y de su pareja y quedarse en su casa. Se sienten culpables hasta por pensar en sí mismas y suponen que cuando las maltratan eso significa que las quieren. Desde la niñez y la adolescencia queda estancado su desarrollo sexual y psicológico, por lo que arrastran graves represiones sexuales.

Su parte violenta y agresiva está volcada contra ellas mismas: las culpa y atormenta continuamente. Soportan el dolor para aliviar sus culpas neuróticas, originadas por su baja autoestima, sus limitados logros personales y una serie de concepciones "religiosas" del catolicismo tradicional.

En su mayor parte, el masoquismo de las mujeres mexicanas es una adaptación forzada a circunstancias opresivas demasiado limitantes y poco satisfactorias. Es depresivo, oscurece la visión cósmica, mística e intuitiva que está encerrada en la genética y en las circunstancias personales de cada mujer. También se apagan sus anhelos de libertad y superación personal.

A las personas masoquistas no les gusta el dolor, sino las cosas que pueden conseguir con eso: la admiración enfermiza, el supuesto cariño, las culpas que provocan en los demás con sus sufrimientos, etcétera. Sin embargo, las conductas y las manipulaciones masoquistas son muy destructivas, tanto para las mujeres sufridas como para las personas que las rodean.

Un joven de 19 años dice: "Mi mamá murió de una pulmonía hace dos años. Le tengo mucho coraje porque no se atendió y se dejó morir. Lo único que hacía era aguantar y trabajar por nosotros. No cuidaba su salud ni descansaba lo suficiente y creía que si sufría por mí y por mis hermanos, todos íbamos a ser muy felices. Pero también decía que mi padre y nosotros íbamos a matarla de un coraje".

Psicoterapia corporal
del masoquismo

Mientras que las psicoterapias tradicionales intentaban aliviar los conflictos "de la mente" y dejaban a la medicina el alivio de "enfermedades" que supuestamente eran sólo del cuerpo, en la actualidad contamos con otras psicoterapias dedicadas a eliminar los síntomas y malestares del organismo humano en su conjunto. Prestan atención a los trastornos estructurales y fisiológicos, lo mismo que a las alteraciones en los niveles de energía: bloqueos emocionales e impulsivos, errores del pensamiento y de la fantasía, etcétera.

Ningún individuo logra salir de sus estados emocionales negativos sólo porque ingiere fármacos o se repite frases alegres.

Ni las psicoterapias tradicionales ni la práctica de la meditación logran romper la postura corporal masoquista, sufrida, sumisa y colapsada. Tampoco contribuyen gran cosa para acelerar los biorritmos corporales lentificados de la respiración y de la digestión, que tanto tienen que ver con el hecho de que una persona arrastre depresión crónica acompañada de agotamiento continuo.

El primero que propuso un sistema de terapia psicocorporal en Occidente fue Wilhelm Reich, quien utilizó el masaje profundo para movilizar el dolor emocional que permanece registrado en el cuerpo a consecuencia de las experiencias traumáticas y estresantes, como un camino para recuperar la vitalidad del organismo.

Una de las principales metas de las nuevas psicoterapias es modificar sustancialmente (y eliminar) la estructura neurótica de la personalidad. Las técnicas de las psicoterapias modernas son el reverso de la medalla de las tradicionales. Una enfermedad de nuestro tiempo es la preocupación obsesiva por el control, el análisis y la racionalidad tecnológica.

Por el contrario, a través de Keen nos damos cuenta de que la revolución del enfoque psicocorporal prefiere el silencio a las palabras inútiles, los sentimientos y sensaciones, al análisis. Activa la observación fenomenológica en lugar de imponer explicaciones teóricas más o menos subjetivas y alejadas de la realidad. Elige tocar, utiliza el masaje y el contacto cercano.

A partir de Reich, se han encontrado numerosas salidas para movilizar las emociones congeladas y para eliminar los pensamientos negativos. Las modernas terapias mente-cuerpo emplean una variedad de ejercicios, técnicas y juegos para eliminar las tensiones establecidas y los demás bloqueos que limitan la alegría y la vitalidad de tantas personas.

En el mundo, fuera de algunos sistemas bien integrados, como el de la psicoterapia psicoenergética, el campo de lo psicocorporal comprende una constelación de teorías parciales y técnicas concretas que se complementan unas con otras, porque el centro de todas ellas es la visión del ser humano totalmente encarnado, sensible y sensual.

El foco de la atención consciente se ubica en el presente, sin forzar el recuerdo de las cosas pasadas, debido a que éstos emergen espontáneamente cuando se liberan las emociones y los impulsos reprimidos. También se procura concentrar la atención, ampliar el campo de la percepción y alcanzar los niveles superiores de conciencia.

Por eso, no interesa mucho la búsqueda de aspectos que supuestamente son inconscientes. Para liberar las emociones, uno de los caminos preferidos es poner al cuerpo en movimiento. En su práctica profesional, dentro del espíritu del nuevo milenio (NEW AGE), los terapeutas actuales incorporan el renacimiento de las tradiciones orientales del yoga, el budismo zen, el tai-chi, etcétera.

También hay gran interés por el masaje corporal profundo, la expresión corporal acompañada de música, el despertar sensorial y las técnicas de meditación. En México también se practican las técnicas de masaje, respiración y ejercicio derivados de las culturas maya y azteca. El psicodrama y la psicodanza son otras disciplinas que añaden importantes contribuciones a la práctica de la psicoterapia corporal.

La propia personalidad no está formada, sin remedio, en los primeros años de la vida; cualquiera de nosotros continúa evolucionando siempre. Nuestra imagen psicocorporal también cambia continuamente. Entre las etapas de la vida, la adolescencia es tan esencial como la niñez para determinar importantes rasgos de la personalidad.

Ciertos rasgos neuróticos se originan por traumas y carencias en la niñez o adolescencia, mientras que otros se deben a eventos estresantes de la vida adulta. Por ejemplo, la irritabilidad continua de un individuo (y su úlcera gástrica) se relaciona con problemas de trabajo y conflictos con su pareja, mezclados con sus fantasías derrotistas.

Además, todos nosotros vamos eligiendo opciones que nos perjudican o nos ayudan a crecer y madurar. Incluso cuando no hacemos nada, hemos decidido hacer eso. Estamos sujetos a las consecuencias de nuestras acciones.

Según Rolf, los accidentes y las presiones psicológicas que padece cualquier persona originan fallas en el balance postural del cuerpo, que incluyen alteraciones musculares y del tejido conjuntivo. Puesto que el cuerpo humano es un sistema dinámico integrado, las alteraciones nunca son locales. Por ejemplo, el individuo que se lastimó un pie trata de compensar la tensión del músculo dañado mediante cambios en el modo de llevar todo el peso, lo cual extiende el estrés a los sistemas musculares cercanos.

Si el estrés dura poco tiempo, las estructuras corporales no se dañan de modo permanente, ni tampoco se ve afectado el equilibrio del cuerpo. Cuando las presiones duran más tiempo, el daño que resulta es permanente. Algunos músculos se acortan, se endurecen y pierden su elasticidad. Por el contrario, otros músculos se mantienen continuamente tensos. Se rompe el balance continuo del organismo mediante el cual unos músculos se contraen mientras que los opuestos descansan.

El tejido conjuntivo, que envuelve cada músculo ya no puede funcionar de manera independiente. Los músculos se pegan unos con otros, con lo que el cuerpo se transforma en una masa pesada difícil de mover. Con esto ya no son posibles las respuestas emocionales libres, ni la energía bioquímica puede circular libremente por todo el cuerpo.

No es posible corregir las fallas posturales mediante un simple acto de voluntad. Se ha roto el balance muscular normal. Por eso, los hombros caídos, la cabeza inclinada y la caja torácica hundida regresan a sus posiciones habituales. Además, el funcionamiento de las vísceras sigue alterado.

La psicoterapia Psicoenergética

En mi libro *La psicoenergética* desarrollo una psicoterapia corporal flexible que tiene la finalidad de integrar la personalidad; incorpora las aportaciones de otros autores, como Reich, Lowen, Baker, Rolf, Feldenkrais, Painter, Pierrakos, Perls, Dytchwald, Boyensen y otros especialistas, e introduce avances teóricos y técnicos originales derivados de una práctica profesional de más de 35 años.

Busca maneras eficaces de eliminar el conjunto de rasgos neuróticos y apoya el desarrollo armónico y la integración de las funciones de nuestra personalidad individual, dentro de un contexto familiar y social contemporáneo. Restablece la intuición, el equilibrio emocional y la conciencia placentera vibrante y saludable del propio organismo. Esta psicoterapia corporal propone un conjunto de técnicas, ejercicios e intervenciones con el fin de eliminar las alteraciones emocionales del masoquismo. (Vea cuadro 2.)

Cuadro 2 Panorama de las técnicas y los niveles de intervención (individual y en grupo) que propone la Psicoenergética

1. Las técnicas de relajación y meditación, junto con realizar actividades gratas, eliminan los efectos del estrés y mejoran el estado de ánimo. Discutir los problemas con un terapeuta es un desahogo que también sirve para ampliar las perspectivas.

2. Los grupos de encuentro y despertar sensorial facilitan la comunicación y ayudan a salir de las máscaras sociales y los roles falsos y manipuladores.

3. El terapeuta realiza la evaluación psicocorporal de una persona. Luego señala ejercicios de movimiento y alineación postural, junto con técnicas respiratorias avanzadas que favorecen la expresión de las emociones e impulsos bloqueados. Esto puede combinarse con ejercicios de yoga, tai-chi y otros parecidos.

4. Los masajes especializados sirven para eliminar las tensiones generalizadas (la armadura neurótica). También se emplean técnicas de masaje visceral que movilizan más directamente los impulsos y las emociones congeladas. Surgen espontáneamente los recuerdos de situaciones traumáticas. El psicoterapeuta favorece los fenómenos

→

→

de catarsis y maneja la transferencia. Todo esto favorece la vitalidad, la intuición y los niveles superiores de conciencia.

5. Las fantasías dirigidas se combinan con el masaje especializado y también con el movimiento. Exploran aspectos poco conocidos de la propia personalidad. Sirven para establecer diálogos con personas significativas del pasado o del presente. El paciente supera las situaciones incompletas y el duelo interminado. Existen otras técnicas para controlar las fantasías destructivas y salir del estado de choque.

6. El manejo psicocorporal de los sueños y las pesadillas favorece la integración de algunos aspectos energéticos que fueron proyectados. También se pueden eliminar los aspectos introyectados (falsos valores, etc.). Los sueños más significativos ayudan a superar los momentos de estancamiento e indecisión.

7. Para eliminar ciertos malestares y salir de la depresión, la psicoterapia del pensamiento somete a un escrutinio lógico los diálogos autodestructivos y las creencias erróneas. La práctica del pensamiento relativo y flexible nos permite vivir con mayor alegría.

8. Preparación para tomar decisiones. Ante los problemas, nos conviene evaluar las posibles alternativas de acción. Cuando elegimos la más conveniente, cambiamos a nuestro favor las circunstancias que nos rodean. Además, las metas y los valores personales son importantes factores de motivación humana.

9. El manejo de los problemas sexuales de la pareja incluye la apertura a roles sexuales más abiertos (androginia) que trascienden los enfrentamientos entre los hombres machistas y las mujeres sufridas.

También aprovecha aspectos del autocontrol conductual, la modificación del pensamiento y la toma de decisiones. Apoya las aspiraciones de los individuos y grupos que buscan actualizar sus potencialidades mediante la autorrealización y la búsqueda del sentido de la vida ante las sociedades consumistas que valoran a las personas no por lo que son sino por lo que tienen, conformándose con costumbres tradicionales y modas del momento.

Importa mucho subrayar que el terapeuta bien entrenado emplea varias técnicas, de manera combinada, con el fin de obtener mejores resultados. Cada persona es distinta, por lo cual algunas técnicas son más recomendables que otras según la situación particular.

El primer paso para salir de los estados emocionales congelados consiste en eliminar las máscaras y los juegos de manipulación. También es conveniente ir eliminando los mecanismos de defensa y trabajar para actualizar nuestras potencialidades humanas, del modo más equilibrado posible.

Lo central en la terapia psicoenergética es la liberación de los bloqueos emocionales mediante el masaje y el movimiento corporal más libre, acompañada por el manejo de los sueños y las fantasías. Mediante la combinación de estas y otras técnicas se propicia la catarsis, de manera muy directa y efectiva.

Esta psicoterapia incluye el manejo adecuado de los recuerdos que acompañan la salida del dolor psicológico. Las situaciones traumáticas compactadas se reavivan con gran intensidad en cuanto fluyen los sentimientos que estaban bloqueados. La descarga emocional e impulsiva se manifiesta a través de vibraciones, pulsaciones, movimientos expresivos, gritos y sollozos, etcétera.

De esta manera, las áreas del cuerpo que antes parecían anestesiadas vuelven a vibrar con la vida, aunque estas sensaciones parecen nuevas y extrañas. Por ejemplo, una mujer que siente temblar sus piernas que antes estaban trabadas recuerda algunas situaciones de su niñez y comprende que estaba paralizada de miedo. Surge el dolor por haber visto que golpeaban a su madre, junto con la visión dolorosa de la vida.

Ahora sabe que tiene la capacidad de apoyarse a sí misma. También puede caminar con mayor seguridad, flexibilidad y sensualidad. Su imagen corporal ya no incluye el temor continuo de que cualquiera le meta una zancadilla al menor descuido.

En otros libros posteriores al citado describo con mayor amplitud las técnicas que utiliza la psicoenergética, por ejemplo: el manejo del estrés, los sueños, el desarrollo humano, la catarsis y la transferencia, el manejo de la depresión, etcétera.

El conjunto de rasgos que forman nuestra personalidad individual coincide con nuestro organismo, como una realidad funcional única. Sin embargo, prevalecen en nuestras culturas algunos esquemas divisorios, como el de la mente y el cuerpo. Debido a que usan estos esquemas, algunos individuos suponen que están compuestos por dos partes distintas y opuestas que viven en perpetua lucha entre sí.

No se dan cuenta de que sus conclusiones arbitrarias se deben al exceso unilateral del análisis intelectual. Por el contrario, de manera intuitiva podemos entender que, en el fondo, lo mental es corporal y viceversa (Bergson).

Nuestro organismo se altera en sus aspectos estructurales y energéticos cuando estamos deprimidos, resentidos o angustiados durante algún tiempo. Así, los pensamientos y emociones agresivas que uno vuelca contra sí mismo producen úlceras gástricas, mientras que los tejidos dañados contribuyen, a su vez, a fabricar mayor número de fantasías enfermas.

Los traumas y los problemas emocionales provocan alteraciones en todo el organismo, incluso a nivel celular y bioquímico. Se manifiestan en forma de tensiones musculares, cambios en los biorritmos viscerales, desequilibrio de las funciones cerebrales, etcétera. Como parte de su estructura neurótica, el individuo muestra trastornos en el modo habitual de llevar su cuerpo (en su postura corporal).

Se ejerce presión indebida en las articulaciones y además puede haber acortamiento de los huesos y opresión de algunos nervios por la excesiva tensión muscular durante la niñez y adolescencia.

La adrenalina desempeña un papel muy importante en la activación de las cargas energéticas que llegan a expandirse. Cuando el organismo acelerado se ve privado de la oxigenación necesaria aparecen ciertas señales, entre ellas espasmos dolorosos en el diafragma o en las vísceras abdominales y manos sudorosas. Como sabemos, la ansiedad es un importante agente de la sintomatología psicosomática (Surendra).

Las hormonas producidas por el estrés y el desequilibrio habitual del sistema nervioso autónomo hacen que los recuerdos negativos (golpes, castigos y humillaciones) sean difíciles de olvidar y muy fáciles de activar en situaciones parecidas. Además, en los neuróticos se agrupan algunos pensamientos (y fantasías) para formar sistemas de mitos y falsas premisas de los que se desprenden conclusiones y conductas destructivas.

Las tensiones musculares generalizadas (armadura del carácter), junto con las alteraciones viscerales y los demás mecanismos defensivos, perpetúan los estados de ánimo negativos, como el resentimiento y la depresión. También distorsionan las interacciones sociales mediante el empleo de las máscaras y los roles manipuladores. Por si eso fuera poco, dificultan de manera notable los intercambios sexuales placenteros.

Las teorías acerca de las emociones señalan la conexión que existe entre el tono emocional y la actividad motora. En efecto, nos podemos mover con mayor facilidad cuando estamos alegres y relajados. El gran bailarín parece elevarse por los aires cuando está enamorado. Por el contrario, uno de los síntomas más notables de la depresión es la lentitud de los movimientos psicomotores y la ausencia de las actividades espontáneas y placenteras.

Según Izard, las emociones tienen cuatro componentes principales, distintos para cada una de ellas: la expresión del rostro, la postura general del cuerpo, los ritmos viscerales y la experiencia subjetiva. Los recuerdos, los pensamientos y las fantasías son aspectos de nuestra experiencia subjetiva. Estas funciones cerebrales también contribuyen a activar y a mantener las emociones.

De por sí, la expresión facial no basta para que sintamos alguna emoción. Cuando ponemos una cara valiente, no siempre logramos eliminar el miedo que sentimos, aunque eso tal vez pueda servir para despistar a un atacante molesto.

Plutchik relata una investigación en la que se logró que algunos individuos mantuvieran las posturas típicas de la depresión, mediante la hipnosis. El estudio demostró que esas personas no podían salir de su estado depresivo, después de la hipnosis, mientras no cambiaran su postura corporal depresiva.

Izard advierte que las vísceras desempeñan un papel muy importante para mantener, almacenar y perpetuar los tonos emocionales. Debido a que algunas personas padecen alteraciones viscerales crónicas, sus emociones negativas se mantienen por tiempo indefinido. Por ejemplo, las personas que acostumbran respirar de manera agitada experimentan una angustia continua.

Por el contrario, los cambios positivos en las funciones viscerales contribuyen al placer y al bienestar emocional. Los enamorados están felizmente acelerados: cerca del amado (la amada) el corazón palpita, las pupilas se dilatan, la piel enrojece, la respiración se torna profunda y entrecortada y algunos sienten mariposas en el estómago.

Sin embargo, hablando en general, las mujeres oprimidas necesitan mejorar su respiración y su digestión. También es necesario que se liberen de las tensiones musculares generalizadas que tanto distorsionan su postura corporal. También les conviene empeñarse en las rutas de liberación del pensamiento y de las fantasías. Además, les ayudaría mucho aprender a explorar y disfrutar con mayor plenitud su sensualidad y su sexualidad.

La persona que solicita terapia individual proporciona valiosos datos acerca de sus propios malestares y de sus alteraciones emocionales. Muchas veces los relacionan con situaciones traumáticas y estresantes que necesitan superar o aprender a manejar de manera más constructiva.

Conviene conocer cómo era su ambiente familiar, cómo lo trataban sus padres, qué actitudes tenían hacia el machismo, qué lugar ocupaba en la familia, su educación, etcétera. También es importante saber cómo utiliza su inteligencia e imaginación, la opinión que tiene acerca de sí mismo y sus principales metas en relación con su trabajo, su pareja y su familia.

La psicoenergética se practica de manera individual y también en grupo. La base indispensable para un manejo adecuado es la certera comprensión del argumento postural y los bloqueos energéticos del paciente. El psicoterapeuta evalúa, de manera intuitiva y analítica, los mecanismos defensivos y los rasgos neuróticos de los individuos que solicitan ayuda, igual que su inteligencia, coordinación, sensualidad y salud.

Examina detalladamente los bloqueos específicos y los trastornos psicosomáticos que presenta cada persona, en lugar de catalogarla –de modo arbitrario y subjetivo– dentro de cierta categoría diagnóstica. En realidad, las alteraciones, los problemas y las circunstancias individuales son muy específicos, por lo que en ocasiones no encajan bien en las clasificaciones de la neurosis.

El trabajo diagnóstico del terapeuta se apoya en algunas hipótesis de trabajo. Por ejemplo –en la lectura corporal de algún individuo–: su cuello tieso, la columna vertebral rígida y las rodillas trabadas sugieren miedo e inestabilidad, por lo que es conveniente ayudarlo para que se muestre más asertivo en sus relaciones con los demás.

En las personas que tienen estructuras corporales débiles y tienden a colapsarse cabe suponer que no pueden soportar suficiente excitación ni conflictos emocionales intensos. Algunos patrones básicos son reconocibles, como los cuerpos de los histéricos, que son hiperactivos, y los de los masoquistas, que son densos y musculosos. También observamos que algunas personas manifiestan rigidez, mientras que otras nos parecen débiles.

Ciertos individuos pueden trabajar de modo activo sólo durante breves momentos. Luego pierden su energía y se cansan, mientras que otros son capaces de mantener un alto nivel de rendimiento por largo tiempo. Respecto a las manipulaciones neuróticas observamos personas que se muestran habitualmente agresivas, mientras que otras tratan de agradar a toda costa.

Si nos conociéramos mejor, nos daríamos cuenta del intenso dolor que nos causamos mediante contracciones de la musculatura, cuando anudamos los intestinos, oprimimos algún nervio contra un hueso, o cortamos la circulación sanguínea en los hombros, por lo que los dedos de la mano quedan húmedos y fríos. Sin embargo, las molestias y dolores de muchas personas son tan habituales que ni siquiera parecen advertirlos.

Rara vez notamos que tenemos nervios; sin embargo, tenemos clara conciencia de ellos cuando sentimos que corre por ellos el dolor. A veces podemos advertir que nosotros nos causamos dolor, por ejemplo: cuando contraemos el cuello demasiado y llegamos a oprimir, de manera dolorosa, algún nervio entre las vértebras.

El principal foco de los malestares de muchos neuróticos es algún dolor agudo, a menudo de tipo muscular o visceral, que disminuye (y desaparece) cuando superan sus malestares emocionales y aprenden a disfrutar estados de ánimo más agradables.

Un importante aspecto del manejo terapéutico consiste en eliminar el dolor psicológico que las personas deprimidas y angustiadas generan mediante sus tensiones musculares y sus vísceras comprimidas, como también por los pensamientos y fantasías destructivas que fabrican de manera compulsiva.

Diversas investigaciones han encontrado una relación directa entre el dolor físico y el nivel de culpa. Las personas que se sienten culpables suelen padecer dolores crónicos, por lo que acuden continuamente al médico, buscan analgésicos y tranquilizantes, e incluso se someten a operaciones innecesarias.

No pueden comprender que el dolor psicológico se confunde muchas veces con el dolor físico. El dolor psicológico, producto de la opresión y del maltrato, también es lacerante, quemante, punzante o desgarrador.

Con demasiada frecuencia, esas personas acuden a los médicos en busca de algún alivio. Los médicos les recetan analgésicos, calmantes, antidepresivos, pastillas para dormir, etcétera. Les dicen que no tienen ninguna enfermedad, sino que todo es cuestión de sus nervios o de su imaginación. Sin embargo, los medicamentos no solucionan sus problemas emocionales y familiares, ni corrigen las pésimas maneras como ellas utilizan su cuerpo.

El dolor se transmite rápidamente por fibras nerviosas de gran diámetro. Sin embargo, esto ocasiona una sobrecarga de energía que cierra una compuerta. Con esto se inhibe la transmisión del dolor mediante otras fibras de menor diámetro; por eso, su mensaje total no alcanza el nivel consciente. Sin embargo, los músculos (y las vísceras) quedan contraídos. Este dolor solamente se puede liberar cuando se relajan los músculos y las vísceras.

Ciertas personas mantienen su caja torácica trabada en posición de espiración. Apenas permiten la entrada del aire, se quejan de enfermedades y dan rienda suelta a sus pensamientos depresivos. Otros mantienen los hombros caídos, sufren gastritis, colitis nerviosa, etcétera. Las vísceras quedan comprimidas, la columna vertebral se desequilibra y el sistema nervioso está en perpetuo estado de alarma. Ante sus circunstancias particulares, responden automáticamente con irritabilidad, angustia y depresión.

Además, no pueden pensar claramente: sus disfunciones musculares y viscerales transmiten al cerebro continuos mensajes de cansancio, dolor y desgaste inútil de energía. Experimentan los desequilibrios de su organismo, como estática y ruido nocivo en la cabeza. A su vez, los pensamientos depresivos y las fantasías atemorizantes les dificultan la digestión y las privan del sueño reparador.

Las vísceras contraídas almacenan mensajes de dolor, junto con impulsos y emociones que son más difíciles de entender que los de las tensiones musculares. Añaden una carga muy considerable a cualquiera de las alteraciones emocionales del masoquismo. Por el contrario, comprendemos mejor lo que sentimos y realmente somos cuando nos ubicamos, con toda paz y tranquilidad, en el centro abdominal (el hara) libre de cargas emocionales neuróticas.

A veces, la descarga de las emociones negativas, como el terror y la ira, se puede experimentar como confusa y desquiciante. Entre otras manifestaciones del dolor psicológico emergen intensos sentimientos de culpa autodestructiva. Además, las personas deprimidas recuerdan eventos traumáticos dolorosos de su niñez y adolescencia. La catarsis se explica con mayor amplitud en el capítulo 13.

Algunas personas llegan a pensar que son muy malas, puesto que llevan dentro mucha violencia o un placer y ganas de vivir muy intensos. Junto con la culpa autodestructiva emerge la alegría de vivir, la sensualidad y la sexualidad reprimida, las motivaciones individuales.

La posibilidad de ser felices y de triunfar parece peligrosa a algunos, en particular cuando las decisiones que toman van contra las opiniones y deseos de personas a las que aprecian mucho. Temen sus críticas y sanciones: "¿qué dirán?", "¿qué pensarán los demás?"

Surgen las fantasías de perder la cabeza o desintegrarse. También los pensamientos de herirse, herir a los demás, vivir siempre

solos e incomprendidos, etcétera. Sin embargo, con energía renovada y una imagen mejor integrada de sí misma, la persona puede encontrar sentidos más positivos a las circunstancias de su
vida y atreverse a hacer algunos cambios favorables. Todo esto
contribuye a que los cambios emocionales alcanzados mediante la
psicoterapia sean más duraderos.

El terapeuta también apoya a las personas para que adapten,
sin sentir demasiada ansiedad, los cambios en la estructura de su
personalidad. Ahora se sienten más impulsivas e intuitivas, más
sensuales y con mayor capacidad para el placer sexual, pero
también más pensantes y con mayor capacidad para decidir. En
una palabra, dan sus potencialidades humanas de manera más
equilibrada.

Se necesita mucha valentía para dirigir la propia vida de
manera responsable e independiente. Sin embargo, en las fantasías espontáneas, en los sueños más trascendentes y en los mejores pensamientos aparecen nuevos panoramas de acción, que
nos permiten movernos con mayor libertad.

Conciencia ideal del propio organismo

Es muy importante procurar eliminar las posturas neuróticas
–corporales e intelectuales–, los bloqueos perceptivos y los condicionamientos viscerales porque de esta manera se favorece un
clima emocional e impulsivo más libre y placentero.

Como sugiere Schutz, un cuerpo que es aceptado puede permitir que los sentimientos, las sensaciones y las vibraciones fluyan a lo largo de él, sin bloqueos en parte alguna. El cuerpo
ideal es el que se siente colmado de energía, centrado y aceptable
de manera agradable.

A medida que se elimina el dolor corporal y las tensiones
habituales, la vida se torna mucho más placentera. El mundo exterior ya no se ve tan atemorizante y lleno de presiones. Se percibe como más espacioso, colorido e iluminado: emergen otros
modos de ver la vida más intuitivos, receptivos e iluminados.
Esto facilita la libertad del pensamiento y la capacidad de tomar
decisiones.

Además, cuando el organismo está más vivo y vibrante recibimos sus mensajes con mayor claridad dentro del campo de
nuestra atención consciente. Las fantasías, los pensamientos y
los recuerdos fluyen en direcciones más creativas y optimistas.

También contamos con renovadas energías para la acción y el movimiento.

Podemos encargarnos de satisfacer activamente la mayoría de nuestras propias necesidades. Por eso mismo, nos independizamos de muchas presiones sociales que nos paralizan y neurotizan. El mundo ya no aparece tan racional y lleno de compartimentos. Por el contrario, se ve novedoso, lleno de sorpresas, con mucho campo abierto para la expresión creativa, la amistad y el amor.

Usted puede fijar su atención, en un momento dado, en los mensajes particulares de determinadas partes del propio organismo para satisfacer alguna necesidad, como la sed, el hambre de afecto, la necesidad de ejercicio físico, etcétera. Sin embargo, también puede percibir, de manera más general, la totalidad pulsante de su propio organismo.

Así, puede conocer su propia personalidad tal como se presenta en un momento dado, ante determinadas circunstancias. No resulta práctico que fije continuamente su atención en un área o en una determinada vivencia corporal, porque eso oscurecería los mensajes de los demás aspectos de su organismo.

Una vez que se eliminaron los bloqueos neuróticos, la conciencia ideal del organismo es una grata atención difusa que recibe a cada instante los mensajes cambiantes de las distintas áreas y funciones que comprende. Esta comprensión consciente incluye también las actitudes, los valores e ideales, así como las metas que se ha propuesto realizar, a corto y largo plazo, para su propio desarrollo personal.

Formando parte de una percepción global más integrada del organismo hay varios espacios de conciencia corporal más limitada. Según tradiciones muy antiguas, existen tres centros principales alrededor de los cuales gira la conciencia de nosotros mismos: el intelectual, el emocional y el visceral: a) el centro intelectual coincide con el cerebro, mediante el cual producimos ideas y fantasías e integramos los mensajes del interior y los que están afuera. A través de la propia imagen corporal iniciamos los movimientos deliberados; b) el área del corazón constituye el centro de nuestra conciencia emocional, y c) en el vientre está situado el centro de conciencia visceral que nos permite reaccionar ante el mundo con inmediatez instintiva. Mediante la expansión de la mente, en ocasiones muy especiales podemos percibir, sin ninguna barrera de espacio y tiempo, todo lo que está dentro y fuera del propio organismo.

En un esquema más completo del yoga de la India, se mencionan siete chacras, aunque se reconoce la existencia de otros. Éstos se localizan de la siguiente manera: a) periné, intestino grueso, piernas, huesos; b) bajo vientre, genitales, riñones, vejiga; c) plexo solar, aparato digestivo; d) corazón, pulmones, brazos y manos; e) garganta, oídos, comunicación; f) frente, intuición, imaginación, y g) cima del cráneo, pensamiento, conocimiento (Mindell, Bruyere, Anodea).

Como sugiere Golas, cuando estamos totalmente expandidos en el espacio (corporal), el tiempo siempre es ahora mismo. Si vibramos aprisa y con vitalidad, el mundo nos parecerá hermoso y seguro. Podemos esquivar mejor los choques físicos y psíquicos, debido a que nos sincronizamos y empatamos mejor con las circunstancias favorables de nuestra vida. A medida que tenemos la conciencia más expandida, es menor nuestra percepción de tener masa o materia.

La psicoenergética es una herramienta ideal para vencer el miedo a ser uno mismo. Propone un proceso que demanda toda la habilidad de un profesional bien entrenado. Entre otras cosas, se exploran y confrontan las dudas, engaños y culpas del paciente. Más radicalmente, se van eliminando los rasgos que comprende su estructura neurótica en particular. Mediante técnicas muy efectivas se liberan los verdaderos sentimientos y las demás potencialidades que lleva dentro cada persona. La autonomía personal y la facilidad para tomar decisiones espontáneas solamente pueden emerger como consecuencias de la conciencia integrada de nosotros mismos (Wilber).

Las falsas apariencias
de la manipulación pasiva

Las mujeres sufridas emplean una serie de máscaras, juegos y diálogos artificiales para representar sus papeles sumisos. Alejan de su propia imagen la vitalidad, la alegría, la sensualidad y las ideas propias. Procuran ser buenas, aguantadoras, agachadas y demasiado comprensivas. Todo esto, de maneras más o menos artificiales y fingidas. Se transforman en lo que desean sus familias y los estratos sociales en los que ellas se manejan.

Como advierte Jung, citado en Hochheimer, la excesiva identificación con el papel social que les asignan es uno de los más fértiles orígenes de la neurosis. De esta manera, las personas se transforman en una de tantas y pierden su individualidad. Renuncian a su fuerza interior, a sus motivaciones psicológicas más profundas y a su esencia genética individual. El propio yo –lo que en verdad es cada uno de nosotros– disminuye a medida que el falso personaje público cobra vigor y fuerza.

Al principio, las adolescentes sumisas se dan cuenta de que algunas conductas propias del desamparo aprendido son artificiales y ajenas a lo que ellas son en realidad. Sin embargo, al final ya no luchan contra estas falsedades. Se resignan y se aceptan como supuestamente "son". Se repiten que así nacieron y que así han sido siempre. Que así deben ser todas las mujeres "decentes". Cuando su mente se llena de falsos valores y justificaciones, se torna muy difícil cualquier ruta de liberación, desarrollo humano o psicoterapia.

Para completar el proceso de ilusión colectiva, ellas también ignoran ciertos aspectos del falso yo que incomodan a los demás. Por ejemplo, una adolescente recibe golpes, insultos y regaños de sus padres y ella, como parte de sus manipulaciones como hija sumisa, utiliza una voz aniñada y empalagosa. Así procura evitarse regaños, aunque irrita a los demás con su actuación exagerada. Sin embargo, ella cree erróneamente (racionaliza) que de esta manera agrada a los demás de modo casi irresistible.

Las mujeres sufridas utilizan las armas de la debilidad para sacar algunas ventajas. Mediante sus juegos neuróticos, sus falsas apariencias sociales y su palabrería hueca intentan arrancar de los demás un poco de afecto y cariño, o al menos algo de lástima y de culpa, para que ya no las maltraten tanto. Los estilos de manipulación constituyen la capa social más externa y visible de la neurosis.

Las manipulaciones sumisas se apoyan en posturas corporales torturadas que limitan la espontaneidad emocional y llevan consigo tensiones musculares crónicas. Incluyen diálogos artificiales, estados emocionales congelados y conductas repetitivas. Las personas manipuladoras hablan de lo mismo y utilizan los mismos gestos. Su comportamiento es demasiado predecible, igual que su postura corporal y hasta su manera de vestirse.

¿En qué consiste la manipulación pasiva?

En las familias machistas se presiona a las niñas para que exageren su debilidad y aprendan las conductas (verbales y no verbales) que corresponden a la manipulación pasiva. Según los modelos religiosos tradicionales, la humildad y el sufrimiento merecen el cielo después de esta vida. Las mujeres vienen al mundo para sufrir y sacrificarse por los demás. Las enseñan a manifestar sus necesidades e intenciones de manera indirecta y disfrazada.

Además, las niñas deben ser sumisas y dulces. Por su propia conveniencia, las adolescentes aparentan ser lo que no son, buscando algunos beneficios. Dan a los demás la ilusión de su pasivo y resignado conformismo social. Intentan comportarse como los demás desean, aunque en el fondo muchas de ellas están en total desacuerdo con eso. Desde la parte racionalizada de su neurosis, ellas mismas se justifican y dicen que deben ser así, para bien de los demás, aunque ellas tengan que sufrir.

Siguiendo a Fromm, diremos que estas mujeres grises son un producto masivo y estereotipado, carente de individualidad, destinado a satisfacer las necesidades de las sociedades mercantilistas de tipo machista en las que los hombres se aprovechan de las mujeres.

Por el contrario, se educa a los hombres para elegir los estilos de manipulación agresivos, fríos y dominantes. Los niños y las niñas aprenden los roles sexuales del macho y de la mujer sufrida imitando a sus padres, amigos y maestros. Además, el radio, el cine y la televisión (igual que algunas telenovelas de moda) reflejan y contribuyen en gran manera a perpetuar los modelos tradicionales.

Los diferentes estilos de manipulación se basan en la exageración de dos dimensiones psicológicas: la primera de ellas es el continuo dominio-sumisión y la segunda el continuo que va del amor a la agresividad. Los manipuladores pasivos se colocan en los extremos de la sumisión y del amor exagerado. Son individuos demasiado conformistas y poco agresivos. Mediante su aparente debilidad intentan arrancar de los demás sentimientos de cariño y admiración, aunque la mayoría de las veces solamente consiguen lástima.

Eligen darse por vencidos, permiten que los demás tomen todas las decisiones y suponen (de modo fatalista) que no tienen ningún control sobre su propia vida. Además, se muestran demasiado amables y complacientes con los demás. Se sienten obligados a encariñarse y amar sin medida, a pesar de todos los maltratos que reciben.

A continuación presentamos los cuatro estilos de manipulación pasiva, según Shostrom y Leary:

Débil-retraído

Es el individuo pasivamente silencioso, tímido y conformista. Exagera su debilidad. Entre sus variantes tenemos al preocupado, al que siempre lleva las de perder, al solitario y al confuso. Generalmente se convierte en la víctima del dictador y es su polo opuesto.

Parásito-conformista

Es la persona que desea ser guiada, protegida y engañada. Exagera su docilidad y dependencia. Otras formas del parásito son el llorón, el adulto infantil, el desamparado, la abandonada, la hipocondriaca y la masoquista. Es la máscara opuesta a la del calculador explotador.

Buenazo-mediador

Mata con su amabilidad exagerada, con cariño o amor fingidos. Algunas variantes son el que trata de agradar a toda costa, el que no se involucra nunca, el manso, el virtuoso, el que está de acuerdo con todo el mundo y el mediocre, que supone que todos lo quieren porque nunca se mete en problemas. Es lo contrario del macho agresivo.

Sobreprotector-compasivo

Es compasivo en demasía y no permite que los demás crezcan y se hagan cargo de sus propias necesidades. Exagera su apoyo y echa a perder a los demás porque nunca los juzga y solapa todas sus fallas y manipulaciones. Algunas variantes son el mártir, el que carga sobre sus espaldas los sufrimientos de los demás, la mamá gallina y la enfermera sobreprotectora. Se trata de un rol manipulador que es opuesto al del juez amargado.

Según Shostrom, el estilo de vida de cualquier manipulador tiene cuatro características principales: a) engaña a los demás, b) no tiene suficiente conciencia de sus juegos de manipulación, c) intenta controlar a las demás personas, y d) manifiesta cinismo. Los manipuladores son personas incapaces de ser felices. No aprovechan sus experiencias de modo constructivo ni se entusiasman ante las oportunidades que la vida les ofrece. Hacen sentir mal y enferman a las personas que las rodean. Adoptan papeles sociales artificiales, acompañados de sonrisas huecas, diálogos vacíos y sentimientos congelados. Así, disfrazan su verdadera personalidad (y sus intenciones más profundas) ante los demás.

Los manipuladores pasivos desempeñan el papel de dominados y buscan como amigos, parejas o jefes a los manipuladores activos, como suelen ser los machos dominantes, para que los dirijan y supuestamente los protejan. Se repiten las mismas frases que les dijeron cuando eran niños.

Según Bardwick, las niñas dependen emocionalmente de los adultos más que los niños. Por lo mismo, buscan más apoyo, afecto y comodidades que ellos. Más adelante, las mujeres que no son maduras ni independientes adoptan conductas de dependencia, lo cual constituye una *tiranía de la debilidad*, en la que los objetivos son negativos y manipulados (Adler).

Muchas mujeres tratan de ser bellas, sumisas y modestas para que los hombres las consideren más atractivas. Se denigran por cualquier falla o defecto físico y se comparan con sus amigas. Algunas de ellas adoptan una neurosis masoquista de alcanzar la perfección física de las artistas del cine y la televisión, mediante dietas rigurosas y cirugías plásticas del todo innecesarias.

Puesto que la sociedad les cierra los caminos de la asertividad y de la autoafirmación, las mujeres sufridas mexicanas utilizan muy variados estilos de manipulación pasiva. Son profesionales del trabajo doméstico y del cuidado de sus hijos. Exhiben su amargura resignada, acompañada de una pasividad y desamparo aparentes. Se imaginan que de este modo van a arrancar –tarde o temprano– inmenso cariño y admiración sin límites de los demás.

En nuestro país se valora el sometimiento de las mujeres. Las mujeres que sufren mucho –y lo proclaman– adquieren admiración y respeto de los demás, como Cristo o la Dolorosa. Cuanto más sufren, valen más y son mejores que las demás. Algunas de estas mujeres resultan ganadoras en este concurso absurdo. Sus amigas les dicen: "Eres una santa, ¿cómo le haces para aguantar tanto a tu marido?"

La familia escucha sus plegarias: "Dios mío, mándame más sufrimientos. Que yo sufra, pero que no les pase nada a mis hijos, a mis nietos", "¿Qué pecado habré cometido para sufrir tanto?" La callada dedicación de las madres (las "madrecitas santas") es la mayor de las virtudes sociales en México. La celebran el 10 de mayo.

Sus agradecidos hijos les regalan, en ese día, alguna cosa que alivie un poco su pesado trabajo doméstico. Por ejemplo, una plancha de vapor, una máquina de coser, una aspiradora, un refrigerador o un televisor. El resto del año, ellas trabajan como siempre, mientras que sus hijos siguen sus propios caminos.

El masoquismo se basa en la sumisión extrema e incluye modos de amar demasiado enfermizos. Lleva consigo una necesidad crónica de derogarse, autodevaluarse y mostrar insignificancia. Siempre está presente una lucha por el poder, para conseguir ventajas mediante engaños. Este modo de proceder artificial les da a esas mujeres la sensación de que viven sumergidas en una falsedad y les genera nuevas culpas.

Cuando le preguntamos a una mujer sufrida cómo se siente, responde con voz quejumbrosa: "Parece que bien, gracias a Dios". Si nos tuviera más confianza, nos haría un relato interminable de sus rencores. En otro ejemplo, una mujer insatisfecha dice a sus amigas: "Los hombres sólo buscan a las mujeres para tener relaciones sexuales; les da lo mismo cualquier agujero. La vida es para sufrir, yo soy muy débil y no soy bonita, por eso me conformo con el marido que tengo".

La personalidad de estas mujeres queda empobrecida. No deben pensar ni actuar por sí mismas, sino en función de los demás. Como parte de su masoquismo, algunas mujeres se echan encima el compromiso total de mantener a su pareja y a sus hijos. De esta manera se comportan como si fueran las más fuertes, heroicas y aguantadoras de este planeta.

Como ejemplo, en un programa de televisión entrevistan a una mujer de unos 50 años que relata: "Mi marido me abandonó por una mujer más joven, hace 20 años. Me maltrataba mucho. De todas maneras, yo lo sigo queriendo. Todos los días le pido a Dios que le vaya muy bien. Él tiene derecho a su felicidad, porque yo dejé de serle atractiva. Yo me dediqué a sacar adelante a mis hijos. Ahora ya no sirvo para nada. Estoy enferma y mis hijos no se preocupan por mí. Pero ya estoy muy contenta porque a ellos les va muy bien. Todos los días rezo por ellos y ofrezco a Dios todos mis sufrimientos".

Los invitados que asisten a ese programa, en su mayoría mujeres, se asombran y algunos lloran. Admiran tanta generosidad, religiosidad y amor sacrificado. Parecen no darse cuenta de que esa mujer sufrida y masoquista está demasiado amargada, deprimida y resentida. Es una persona neurótica de cara adusta e impasible que representa su papel ante las cámaras de televisión para obtener lástima y aplausos. Pretende que el peso de la desaprobación social caiga sobre su ex marido, el perverso macho que la abandonó aunque ella tiene un corazón muy santo y bello.

Aunque abrazan el sometimiento, estas mujeres exageran sus papeles para obtener todas las ventajas posibles. Como advierte Elmendorf, la sumisión aparente de las mujeres sufridas de México les permite ejercer el control sobre su pareja y sus hijos a través de un cúmulo de actitudes y manipulaciones encubiertas. En gran parte, ellas mismas contribuyen a perpetuar el mito de los hombres dominantes por las ventajas que obtienen por abajo del agua.

Mediante un fuerte matriarcado, conservan poder dentro del hogar. Reciben mezclas de cariño y lástima de sus hijos cuando se presentan ante ellos como las víctimas que sufren. El padre es el malo, el perverso que las maltrata, mientras ellas trabajan sin descanso y hacen lo imposible por complacerlo.

Una madre le dice a su hija: "Cuando tú naciste, tu padre ni siquiera volteó a mirarte. Solamente dijo que eras otra vieja inútil". "Eras bien feíta, pero ahora ya no lo eres tanto. Qué bueno que por lo menos saliste tan responsable como yo".

En otro ejemplo, una mujer de 28 años dice: "Mi padre llegaba muchas veces borracho y golpeaba a mi madre, la insultaba. Un día se pelearon como siempre. Él le pegó con una silla y le sacó sangre de la nariz. Luego se fue a dormir. Todos los niños estábamos paralizados y muy asustados. Mi madre nos dijo: 'No limpien la sangre (del piso de la cocina), para que su padre se sienta mal por lo que hizo y vea que es un bruto y un malvado hijo de...'

"Lo que nunca pude entender es que después de los pleitos hacían el amor y todo seguía como si nada. Mi madre se separaba de mi padre, pero luego se contentaban. De cualquier manera, yo les tengo mucho miedo a los hombres".

Entre las armas de la debilidad están las quejas y los reproches a fin de provocar sentimientos de culpa en los demás. Así, ciertas mujeres le dicen a su pareja: "Me estás matando, me voy a morir, me tienes enferma. Me haces enojar y me voy a morir de un coraje. Eres malo, malvado y cruel. No te importan nada tus hijos. No eres bueno como hombre, no disfruto nada contigo, no sabes hacer el amor, ni siquiera sirves para eso".

Más reproches a la pareja: "Quítate de la cocina porque no sabes cocinar. No sabes cuidar a los niños, solamente los maltratas. Déjamelos a mí, porque tú no sabes darles de comer. Ni siquiera puedes tener tu ropa limpia. No eres lo suficientemente hombre para mantener a tus hijos, para dejar de beber. Eres un desobligado. Yo me mato trabajando y tú solamente te diviertes con tus amigos".

Las mujeres sufridas (y manipuladoras) convierten a su pareja en un temible ogro delante de sus hijos. Así se aseguran de ser comprendidas, amadas y toleradas por ellos. Les dicen a los niños: "Ustedes no pueden salir de la casa porque su papá se enoja", "Su papá está cansado y enojado, por eso ustedes no pueden jugar ni hacer ruido". O en otros estratos sociales: "Su padre es un c... hijo de su c... madre que se emborracha con sus amigos mientras yo me mato por ustedes."

Las mujeres sumisas son a la vez resignadas, estoicas y tristes. Tienen voz resentida y quejumbrosa, dolor acumulado y pasividad depresiva. Este conjunto lastimero genera sentimientos de irritación impotente, culpa y desagrado en la pareja y en los hijos. Los hacen sentir culpables y malvados. Favorece el alcoholismo y contribuye a que algunos de ellos se alejen del hogar.

Otra conocida situación es la del hombre que trata de intervenir porque ve que otro hombre está golpeando a una mujer supuestamente indefensa. Para su sorpresa, la mujer se indigna contra su defensor y le dice: "Usted no se meta, porque este hombre es mi marido y tiene derecho a pegarme. Así me quiere (o así lo quiero)".

Conocemos mujeres que descuidan su atractivo y se tornan obesas en cuanto tienen hijos, su papel principal cambia al de ser "buenas madres". De esta manera, nadie las puede acusar de que se interesan en otros hombres. Además, hay mujeres sumisas que se sienten mejor cuando su pareja tiene una amante, porque así ya no las "molestan" tanto con demandas sexuales demasiado bruscas, inoportunas y agresivas.

En los colegios, las madres tradicionales forman grupos de amigas que apoyan las costumbres de siempre. Excluyen a las madres divorciadas, porque las consideran una peligrosa tentación para sus maridos. Cuando una pareja es más abierta –el hombre no es machista y le da plena libertad a su mujer–, le preguntan a ella: "¿De verdad se preocupa por ti? ¿De verdad es lo suficientemente hombre, puesto que te deja hacer lo que quieres?"

Las mujeres sumisas hacer creer a los machos que ellos dominan, pero los manipulan y tratan de convertirlos en buenos proveedores: "Que mi marido trabaje y que a mí no me moleste". También utilizan chantajes emocionales para obtener algunas cosas de su pareja: "Si no me llevas a tal parte es porque no me quieres", "si no me compras tal cosa es porque ya no te importo", etcétera.

Por un lado se someten y por el otro sacan de quicio a sus parejas con su agresividad disfrazada e indirecta. Después acusan a los hombres de ser violentos e incomprensivos con ellas. Otras torturan a sus familiares con su limpieza excesiva o con su depresión o con cuidados excesivos y mimos dulzones y falsos.

Las mujeres sumisas se transforman en las cómplices complacientes de los machos. Solapan el alcoholismo de su pareja y de sus hijos; ocultan y niegan la violación de sus hijas. Algunas de ellas maltratan y golpean a sus hijos de manera cruel y sádica. Como observa Álvarez, citado en Everstine y Everstine, en los casos de maltrato físico a menores en México el principal agresor es la madre y la mayoría de las víctimas son varones.

Como ironía final, las sufridas madres de México se encargan de criar a las nuevas generaciones de machos. Sobreprotegen a sus hijos y los "educan" para que sean engreídos, egoístas y prepotentes. Por ejemplo, cuando un hijo de 18 años embaraza a una adolescente, su madre le aconseja: "Tú no tienes ninguna obligación. Ella tuvo la culpa, por andar de ofrecida. ¿Cómo sabes que ella no se acuesta con otros? ¿Cómo sabes que de veras ése es tu hijo? Tú no tienes que preocuparte por nada. Ése es su problema, ella misma se lo buscó".

Las inseguridades de algunos hombres machistas se deben a que sus madres los consideran débiles e indefensos aunque son mayores de edad y podrían mantenerse solos. Se sacrifican por ellos, los miman y les pagan sus estudios. De esta manera se sienten protectoras útiles y poderosas. Viven a través de sus hijos.

Los hacen vividores y buenos para nada. Les heredan la ilusoria sensación de que son casi perfectos, pero también son tan débiles que no pueden salir adelante sin el apoyo continuo de su madre o de una pareja igualmente maternal y sumisa. Eso tiene un precio: los hijos quedan en deuda de gratitud con su madre (su madrecita santa) para toda la vida. Además, deben despreciar al padre ausente.

Las madres norteamericanas típicas educan a sus hijos e hijas para salir de la casa y mantenerse solos alrededor de los 18 años. En cambio, las típicas madres mexicanas no dan esa libertad a sus hijos (e hijas) ni los dejan volar por muchos años, e incluso nunca en la vida. En palabras de Ulloa, mientras que los norteamericanos "tienen poca madre", los mexicanos tenemos "mucha madre".

Estas madres arrancan lástima y preocupan a los demás, quejándose de enfermedades reales o fingidas. No se dan cuenta de la relación que existe entre los malestares emocionales de la neurosis y los trastornos psicosomáticos que padecen. Tampoco encuentran mejores salidas para los rencores acumulados durante tantos años. Al final, cuando padecen enfermedades que las incapacitan, manifiestan que ya están demasiado cansadas y no pueden –ni quieren– seguir trabajando.

Pasando a otro tema, cuando su marido se va a trabajar y ya no está en casa, algunas mujeres, que parecen sumisas, se reúnen con sus amantes. Esto representa una venganza contra la opresión machista y un ajuste de cuentas con el hombre mujeriego. Una de estas mujeres dice: "Si mi marido llega y yo no estoy en casa, enfurece, pero no sabe que yo me divierto cuando él no me ve". Está satisfecha de que engaña a su marido, que es una persona muy dominante que cree que la controla en todo. Demuestra así su libertad, le cobra su falta de interés y se burla de su prepotencia, en un nuevo juego de máscaras sociales del que supuestamente nadie sabe nada.

En nuestro país también hay mujeres que adoptan ciertos papeles agresivos y dominantes, parejos con cualquiera de los hombres machistas. Ellas rechazan con disgusto los denigrantes comportamientos que observaron en sus madres. Se van al otro extremo: imitan abiertamente el machismo agresivo de sus padres y no se preocupan por desarrollar su capacidad de ternura femenina. Esto sucede con algunas lesbianas y también con otras mujeres heterosexuales.

El entrenamiento asertivo

Una persona "manipuladora" puede ser más auténtica si aprende a desarrollar conductas complementarias a su neurosis. Por ejemplo, el individuo que se queja y justifica continuamente, las conductas complementarias serían escuchar y explorar amigablemente las soluciones para decidirse más tarde por una de ellas (Alberti y Emmons).

La agresividad extrema nos coloca (falsamente) por encima de los demás. Por otra parte, el miedo nos congela: sentimos que valemos poco y que estamos por debajo de cualquiera. Nos comportamos de manera asertiva cuando elegimos la vía media entre esos dos extremos: salvamos así nuestra dignidad personal y quedamos al mismo nivel que los demás. Todos los seres humanos tenemos derecho a la vida, a la satisfacción de nuestras necesidades y al logro de nuestras metas.

El entrenamiento asertivo es un ejercicio y un camino que logran el justo equilibrio entre la expresión de los derechos individuales y el respeto por las demás personas. Encuentra salidas constructivas para la agresividad y elimina la culpa y los diálogos internos autoacusatorios que tanto contribuyen a la depresión y la minusvalía.

Bastan pocas preguntas para identificar su manera típica de reaccionar ante las situaciones de la vida diaria:

¿Qué haría usted si...

1. En un restaurante ordena un filete cocido término medio y se lo traen demasiado asado?

2. ¿En una larga fila para comprar boletos de cine, una persona se coloca delante suyo?

3. ¿Su pareja o su jefe le reclamara su tardanza, en ocasión de haber llegado tarde debido a una descompostura del automóvil?

Hay personas que se dejan humillar y se callan sin protestar, aunque por dentro se sienten molestas y disgustadas. Han aprendido a cumplir demasiado bien las normas y expectativas del decoro social, por lo que tratan de quedar bien siempre, aunque no se atreven a mostrar iniciativa. Lo mismo que a las mujeres sufridas, a estas personas les conviene, de manera especial, emplear el entrenamiento asertivo.

No es lo mismo ser prudentes que ser tímidos, de manera que nos dejemos arrastrar por los demás. Hay individuos que se aprovechan de las personas que muestran sumisión y utilizan a los que se dejan arrastrar por los demás. En el otro extremo, también perjudicial, están los individuos prepotentes que buscan el pleito a la menor provocación, respondiendo con insultos y golpes, venga o no al caso.

Las personas asertivas saben defender sus derechos con firmeza y cortesía. Lo cortés no quita lo valiente. A continuación se describen mejor estas tres alternativas de comportamiento social.

Conductas no asertivas

Las personas demasiado sumisas no se atreven a poner ningún límite a los demás y se colocan automáticamente en una posición subordinada y autodevaluada. Nadie las respeta y los demás las hacen a un lado o se aprovechan de ellas. Tampoco saben decir no cuando alguien trata de pedirles algo. Se comportan como si desearan evitar cualquier disgusto en los demás y no comprometerse con la situación. No se toman en cuenta a sí mismas, ni se respetan. Temen el éxito y no se imaginan que les puede ir bien.

Siempre dan la razón a los demás, intentan halagarlos y parece que les tienen miedo. Utilizan frases sumisas, por ejemplo: "No te molestes, yo te lo hago", "me dices si te molesto", "ya sé que estorbo, te estoy cansando, pero...", "no valgo nada, pero...", "nunca me salen las cosas bien", "discúlpame, soy un inútil", etcétera.

Los individuos poco asertivos se tragan sus emociones y las vuelcan hacia dentro. Por eso, algunos de ellos sufren malestares estomacales e intestinales; otros experimentan continuo cansancio y tensión nerviosa. Debido a que se culpan demasiado, sienten ansiedad o depresión. También se descalifican empleando gestos y posturas tímidas y dolorosas. Mantienen la vista baja, su voz es débil y quejumbrosa, se retuercen las manos y estallan en risas nerviosas.

Al ver su debilidad, son muchos los que se aprovechan de ellos. Les echan demasiada carga encima, los insultan, no los respetan, los manipulan y los utilizan. Las personas poco asertivas se sienten débiles y vacías de afecto y amistad. No comprenden por qué la gente no las quiere ni aprecia, siendo así que ellas son muy buenas y dulces.

Conductas agresivas

Son las herramientas que algunos individuos utilizan habitualmente para molestar e irritar. Pasan por encima de los demás, los hieren y los lastiman. No muestran respeto, empatía ni compasión. De esta manera, con frecuencia no pueden lograr lo que en realidad desean. Por ejemplo, las personas que se someten ante un jefe autoritario, narcisista y machista, en realidad no colaboran ni muestran iniciativa, sino solamente cumplen al mínimo. Tampoco se puede arrancar el cariño de la pareja mediante el sarcasmo, la ironía, los reproches, los gritos y los pleitos.

Los mensajes verbales de la agresividad incluyen amenazas, crítica destructiva, burlas e insultos. Algunas frases agresivas son: "Si no haces esto, ya verás...", "O haces esto o te golpeo, me divorcio, te dejo...", "Todo lo haces mal, no sirves para nada", "Eres una imbécil, una desgraciada, lo que dices es tonto".

En cuanto a los aspectos no verbales de esta comunicación, las miradas agresivas son duras y violentas. El rostro está congestionado. Se invade el espacio personal de los demás mediante gestos amenazantes que pueden llegar a los empujones y los golpes.

La voz es demasiado alta y molesta; los gritos acompañan a los insultos. La persona pierde el control, estalla y vuelca su enojo hacia fuera. A veces, ha acumulado resentimientos y deseos de venganza que brotan sin ninguna razón aparente, fuera de contexto.

Las personas agresivas y prepotentes creen que son superiores a los demás y no toman en cuenta los lados buenos de la otra persona. Suponen que son los únicos que piensan y tienen la razón en todo. No permiten que los demás expresen con libertad sus puntos de vista. La agresividad es parte esencial del machismo, mientras que las mujeres sufridas y masoquistas manifiestan conductas poco asertivas.

Ciertos individuos oscilan entre una conducta habitualmente sumisa y estallidos agresivos esporádicos, tal vez envalentonados por el alcohol y los amigos. En el fondo se valoran poco, pero tienen algunos momentos de ira que les ciega. Entonces se sienten por encima de todos, pero regresan después a su pasividad habitual.

Conductas asertivas

Son el término medio entre la exagerada sumisión y la agresividad desbocada. La ventaja de emplearlas es que uno obtiene fácilmente lo que quiere, sin lastimar o molestar demasiado a los demás. Tampoco se siente usted culpable o disgustado(a) por haber procedido con cierta desvaloración. La persona asertiva no se traga sus palabras, ni se tensa o daña a sí misma mediante un control exagerado de sus sentimientos.

Procura establecer un buen contacto visual y postural ante los demás, pensando –con toda razón– que los demás tienen los mismos derechos que ellos mismos.

Si usted desea ser asertivo, será necesario que se muestre firme frente a los demás y también se sienta cómodo y relajado en sus gestos y postura corporal. Siéntese cómodamente o si está de pie apoye bien los pies en el suelo. Respire profundamente y procure mirar directamente, sin insistencia, la cara y los ojos de su interlocutor.

Conviene que el tono de la voz sea agradable, firme y bien modulado. Ayuda mucho que demuestre seguridad a través de la voz y mediante la expresión del rostro y los ademanes de las manos. Además, la asertividad supone que usted manifiesta de modo claro y sin rodeos lo que usted piensa, siente, quiere o desea.

La asertividad requiere una sana coherencia entre el mensaje de las palabras y las expresiones corporales. No es asertivo el que utiliza palabras firmes acompañadas de miradas tímidas y huidizas. Por lo que toca al lenguaje, utiliza frases como: "Deseo que...", "yo pienso u opino que...", "me siento de tal o cual modo, y por eso...", "¿te parece bien encargarte de esto?", "quiero pedirte un favor", "¿podría usted hacer tal cosa?", "me gustaría...", "eso me disgusta".

Durante la comunicación asertiva, la persona está bien ubicada en sí misma. Conoce sus propios sentimientos y sus necesidades internas, pero también está abierto a dar y recibir. No se vuelca excesivamente hacia el propio interior, ni tampoco se precipita con demasiada fuerza hacia la otra persona. Tiene alegre confianza en sí misma y elige ser serenamente optimista. Así obtiene más con más facilidad lo que quiere y lo que necesita de los demás.

La principal manera de aprender a ser asertivo(a) es repasar cuidadosamente las situaciones en las que alguien se comportó de modo poco asertivo o demasiado agresivo. Uno se imagina cuidadosamente las frases que pudo haber dicho, en lugar de las que dijo en realidad, para obtener así mejores resultados.

Conviene repetir luego esas frases nuevas en voz alta, acompañándolas de los sentimientos, gestos y demás expresiones no verbales correspondientes. Lo anterior se puede practicar una y otra vez delante de un espejo, ante un grupo de terapia o frente a un amigo, hasta que la persona se sienta cómoda y entusiasmada con su nuevo estilo de comunicación.

También ayuda ensayar anticipadamente, como si se tratara de una actuación de teatro, aquellas situaciones en las que uno anticipa que se comportaría de manera inadecuada. Se repasan imaginariamente las frases que uno diría y también las que respondería la otra persona, con el fin de estar más calmado y poder proponer, con toda claridad y firmeza, lo que uno desea, cuando la situación real llegue a presentarse.

A pesar de lo anterior, algunas veces los pleitos y discusiones son el único camino que nos queda para poner límites claros y evitar que los demás nos sigan lastimando. Si nos tragamos la ira, la alternativa sería la sumisión forzada y resentida. Después de un pleito limpio, en el que ambas personas expresan sus desavenencias de modo pasional, pero entendible, suele brotar la intimidad real, acompañada de mutuo respeto y comprensión.

Liberando la imaginación

Como veremos en este capítulo, muchas veces elaboramos juicios y explicaciones lógicas para entender lo que somos y encontrar sentido a nuestras circunstancias. Con el mismo objetivo, fabricamos imágenes, símbolos y analogías que complementan los procesos del pensamiento (Ornstein). Por ejemplo, decimos metafóricamente que una persona es una víbora, un conejo, una princesa, etcétera.

Cuando interpretamos, de manera intuitiva, las reacciones emocionales que los demás nos provocan comprendemos mejor sus intenciones. Tomando en cuenta nuestro sentir interno y nuestra imaginación confiamos en algunas personas, mientras que nos alejamos de otras que nos pueden dañar. Saint-Exupéry nos enseña que lo esencial está oculto a los ojos y solamente se puede ver con el corazón.

Los seres humanos tenemos momentos de libertad cuando nos detenemos para anticipar (visualizar y calcular) las consecuencias positivas o negativas que resultarían de tal o cual curso de acción posible, antes de elegir cualquiera de las alternativas posibles (May).

En los medios machistas se opina que las mujeres tienen sentimientos desbocados, pero no son capaces de poseer pensamientos lógicos. Para controlarlas les proponen fantasías e ilusiones más o menos absurdas y denigrantes. Además, en nuestro país abundan las imágenes religiosas demasiado tristes que contribuyen a llenarlas de culpas neuróticas. Las mujeres sufridas temen la muerte, la soledad y el abandono. Necesitan aprender a controlar los en-sueños destructivos que ahogan sus mejores intenciones de superación personal.

Además, vivimos dentro de sociedades consumistas y mercantilistas, cuestión que Fromm analiza con mucha claridad. Con demasiada frecuencia, los medios de comunicación nos presentan modelos femeninos cosméticos y deshumanizados con el fin de "divertirnos" o de vender cualquier producto. También abundan las imágenes del cine y la televisión que exhiben a las mujeres como las víctimas preferidas de la violencia y del maltrato. Una de las bases de la libertad consiste en que sepamos aprovechar la imaginación y hagamos realidad nuestros mejores sueños.

Las fantasías de una sociedad mercantilista

La televisión, las películas y, más recientemente, el Internet ofrecen toda clase de ilusorias fantasías a las mujeres. Se supone que ellas alcanzarán la alegría, el atractivo sexual y la aprobación instantánea de las demás personas en cuanto las hagan realidad. Por ejemplo, tal crema facial, desde luego extranjera y muy cara, detiene los efectos del envejecimiento.

El estado de ánimo de cualquier mujer debería mejorar en cuanto utilizan un nuevo lápiz labial, adoptan una nueva apariencia, compran un vestido, van al salón de belleza, se asemejan a tal artista, etcétera. Además, como la propaganda insiste en que las jóvenes son más atractivas, las mujeres maduras se sienten obligadas a presentar una apariencia juvenil comprando toda clase de productos de belleza y sometiéndose a rigurosas dietas.

En vez de los servicios religiosos dominicales, la religión del consumismo propone que las mujeres obtienen la felicidad y salen de la depresión si van a los centros comerciales y regresan cargadas de paquetes. Como todos sabemos, algunas de esas mujeres ocultan severas carencias emocionales detrás de un rostro perfectamente maquillado.

Mientras que a los hombres se les empuja hacia la competencia violenta en el mundo social y laboral, se considera que las mujeres son más femeninas si se conforman con los ideales de la belleza física y de la moda. En las sociedades de consumo, las presionan para que sean las atractivas figuras decorativas y las insaciables compradoras de ropa y cosméticos. Las jóvenes que tienen buen cuerpo encuentran trabajo fácilmente como edecanes, modelos o coristas. Entonces, ¿para qué estudiar?

El cuerpo femenino no se considera propio de la mujer y aspecto esencial de ella misma. Lo que importa no es lo que ella es, sino la apariencia que debe dar a los demás. El cuerpo se convierte en un mero envase decorativo del "alma". Las mujeres que se dedican a las relaciones públicas, las ventas, a modelar, deben mantenerse delgadas. Algunas se dedican a dietas continuas para conservar la figura. También se someten a cirugías plásticas y liposucciones.

En los colegios más exclusivos les venden a las jóvenes una neurosis social. Ellas necesitan ser bellas a toda costa; si alguna no es rubia y no tiene los ojos azules, necesita sentirse avergonzada y sucia. Debe odiar su piel porque es oscura y su cabello porque es negro. A consecuencia de tales presiones, algunas de ellas se sienten raras, como si tuvieran alguna enfermedad que merece el rechazo de los demás.

Como ejemplo, una joven de 17 años tiene la dolorosa creencia de que es horrible. Se compara continuamente con las artistas de las revistas juveniles y modelos de la televisión. Está convencida de que carece de cualquier atractivo. Vive en un mundo de fantasía en el que ni su familia ni nadie la entiende. Sueña con un príncipe azul que finalmente la rescate. Se siente como de 14 años y tiene mucho miedo a los hombres.

Le parece que su cara es fea, en particular la barbilla. Se golpea el rostro y en dos ocasiones se cortó un poco con una navaja. Sueña con una cirugía de la barbilla que le va a mejorar el rostro y le va a proporcionar un atractivo instantáneo.

Nos dice que en su escuela solamente quieren a las mujeres bonitas. Las que la mayoría considera feas reciben toda clase de burlas e insultos. Les va peor a las que tienen algún defecto físico o alguna discapacidad. Ella quiere ser bonita para que todos la quieran. Sabe que es inteligente, pero desea ser como las bellezas de las revistas juveniles y la televisión. Se deprime cuando se ve en el espejo. Piensa que todos la ven con lástima y horror. Tiene la compulsión de rezar continuamente para que Dios no la castigue.

En sus fantasías devaluadas, las mujeres conformistas se miran a sí mismas como ignorantes, muy gordas o muy flacas, poco atractivas, con senos demasiado pequeños o demasiado grandes, etcétera. Estas fantasías las deprimen y ellas se comportan de manera servil y demasiado complaciente. Esto propicia los abusos de los hombres machistas y las burlas de sus "amigas" celosas o malintencionadas.

Además, por todos los medios posibles, se propone a las mujeres la fantasía romántica e ingenua de que van a alcanzar la plena y absoluta felicidad de toda la vida en cuanto se casen. Para lograr eso tienen que ser lo más bellas y buenas que sea posible. Después, les corresponde dar hijos a su marido y dedicarse a cuidarlos.

Les toca encarnar el ideal ancestral de la mujer dadora que ofrece a su pareja y a sus hijos comprensión, amor incondicional, disponibilidad instantánea, total ausencia de egoísmo y la perfección del sacrificio absoluto.

Fromm advierte que el masoquismo es tan frecuente que en algunas sociedades se considera lo normal. En las telenovelas de moda, los galanes repiten hasta el cansancio: "Me enamoré de ella porque es la mujer más dulce y buena que he conocido". Esas mujeres buenas no tienen nada que ver con las malas, con las vampiresas que se aprovechan de los hombres. Los machos buscan en su pareja una prolongación de su propia madre consentidora.

Lo que muchas mujeres obtienen después del matrimonio es un clima de aburrimiento y frustración por el pesado trabajo doméstico de todos los días. No les queda suficiente tiempo para dedicarlo al descanso y a la superación personal. Llegan a sentirse culpables de pensar en ellas cuando los demás las necesitan tanto.

Cualquier persona que desempeñe su rol social externo como si en realidad eso fuera lo principal de ella misma sucumbirá infaliblemente a los procesos internos destructivos. Ya no podrá seguir por su camino individual y su vida tropezará con una paralización tras otra.

Los miembros del clero tradicional proponen a las mujeres un conocido concurso: amar es soportarlo todo y sacrificarse sin pedir nada a cambio. Las que logren acumular mayor número de sufrimientos y enfermedades, sin rebelarse ni protestar, serán las más "santas". Al final, alcanzarán el cielo. Además, les llenan la cabeza con temibles fantasías que les provocan culpas neuróticas.

Shostrom observa que las religiones manipuladoras insisten, de manera pesimista, en que nadie puede confiar en sí mismo para nada. Pintan al hombre como débil y desamparado: somos pecadores, malvados e inútiles. Luego abren una puerta para protegerlo de la adversidad (y del infierno) con ayuda de ministros, rituales y limosnas. Royce explica que esas religiones, igual que las sectas, demandan aceptación absoluta de sus doctrinas, aunque carezcan de lógica y compasión alguna.

Una mujer de 28 años nos relata: "De niña tenía miedo a que el diablo se me apareciera en la noche y me jalara los pies. Me daba miedo de que si lo veía se me iba a detener el corazón. Me dormía toda encogida y muy bien tapada con la cobija. Mi mamá es muy religiosa. Siempre me dice que soy una vanidosa y que me cuide de los hombres, porque me pueden violar.

"Mis padres, con palizas y golpes en la cabeza, me enseñaron el temor a Dios, me traumaron. Vivo temiendo el infierno y a los hombres. ¿Por qué lo harían? Siempre me he preguntado eso... Y nunca he encontrado una respuesta".

En otro ejemplo, un sacerdote aconseja a una mujer de 32 años, víctima de la violencia familiar: "No puedes echar por la borda un matrimonio de tantos años. Debería darte vergüenza. Tu deber es quedarte con tu marido [alcohólico golpeador, bueno para nada]. Es un pobrecito enfermo. Debes apoyarlo, ayudarlo y sacarlo adelante a él y a tus hijos.

"Lo que piensas hacer [divorciarte] es un grave pecado que merece el infierno. Si te atreves a hacer eso, serás culpable y quedarás fuera de la Iglesia. No puedes dejar a tus hijos sin padre. Mira a Cristo crucificado, cómo sufrió por nosotros. A ti te toca hacer otro tanto. No hagas que Cristo se ponga triste, tú no lo hagas sufrir. Vete en paz..."

Con su trabajo como secretaria, esta mujer mantiene a su pareja y a sus hijos. Su marido, a la vez débil y prepotente, ha dejado de ser un padre hace mucho tiempo. Se ha transformado en un adicto dependiente, abusivo e injusto. Mientras no lo deje, ella y sus dos pequeños hijos recibirán insultos, golpes y maltratos. Como sabemos, el maltrato familiar es un delito que merece sanciones penales. También es una causal de divorcio, igual que el alcoholismo.

El sacerdote intenta paralizarla con la fantasía del Dios que castiga con el infierno a las mujeres que intentan escapar de la opresión machista. La manipula para que se someta y regrese a ser golpeada de nuevo. Se pone del lado del macho agresivo y lo solapa. Aunque algunas mujeres maltratadas se atreven a separarse de sus parejas, tienen gran dificultad para superar el terror que les inspira la imagen de un Dios castigador, tan ligado a sus tradiciones.

Sin embargo, esa mujer tendrá que elegir, como tantas otras. Por un lado están las fantasías neuróticas de los castigos divinos. Por el otro, Dios le ofrece una nueva oportunidad de amar. Ella y sus hijos pueden salir de la ratonera para vivir mejor. La condición es que pueda vencer su miedo a la libertad, se separe y sepa corresponder a otro hombre que la quiere y de quien ella está enamorada. Su pretendiente la apoya para sacar adelante a sus hijos e incluso le ofrece matrimonio civil.

Algunos miembros del clero proyectan en las mujeres el temor que sienten hacia sus propios impulsos reprimidos. Gurdieff (citado en Speeth) advierte que el estancamiento de la energía sexual se manifiesta en la particular vehemencia del acto y la inutilidad del trabajo producido. Su fobia hacia las mujeres se hace patente cuando las consideran pecadoras, impulsivas y brujas dignas de ser quemadas por la Inquisición, como le sucedió a Juana de Arco.

Ellos son los buenos, mientras que a las mujeres las mueve el diablo. Mediante amenazas y castigos las obligan a quedarse en su casa, sacrificándose por su pareja y sus hijos. Así no pueden provocar a otros hombres ni darles "tentaciones".

Por si las fantasías macabras del Dios castigador no bastaran para someter a las mujeres, en las iglesias abundan los Cristos coloniales, con las manos atadas, coronados de espinas, azotados y ensangrentados. Con sólo mirarlas, los indígenas (y los demás) entendían que su destino era sufrir y someterse a los encomenderos y después a los caciques y hacendados. Las vírgenes dolorosas con puñales clavados en el corazón, muy milagrosas, pero también muy castigadoras, tienen un propósito parecido.

Un joven adicto, le dice a su novia sumisa, buena y muy creyente: "Yo tengo problemas con el alcohol, la mariguana y la cocaína, pero te necesito. No sé si eres capaz de ayudarme, pero deseo que lo hagas... Sin ti no puedo dejar este vicio... Si aguantas, yo voy a poder salir adelante, pero te voy a hacer sufrir mucho". Para sorpresa de muchos, su novia se apropia del papel de la mujer que aguanta y puede todo. Se declara enamorada, porque ese hombre le habla "con la verdad".

En realidad, su novio sólo le vende el mito machista de la redención masculina a través del sufrimiento femenino. Ella encuentra ese "ideal" muy fascinante y atractivo debido a sus condicionamientos familiares y sociales. Su parte masoquista se siente muy satisfecha: ella vino al mundo para sufrir y ya encontró al hombre que la va a maltratar. No tiene por qué seguir buscando.

Las mujeres sumisas, motivadas por su parte neurótica, sienten apego por las imágenes "religiosas" sangrientas y atormentadas. Les prestan vida, fabricando películas interiores en las que ellas encarnan papeles de heroínas despreciadas e incomprendidas que se matan por los demás con la vana ilusión de una recompensa final, igual que las estrellas de las películas mexicanas de la década de los años cincuenta.

Según Jung, los símbolos universales (arquetipos) tienen *numinosidad*. En otras palabras, cuentan con su propia energía, que a veces puede ser fascinante y casi hipnótica. Cuando algún individuo opta por encarnar alguno de ellos, de manera poco reflexiva, su propio yo decrece en gran medida, porque el arquetipo lo absorbe. En casos extremos, los alucinados pierden la capacidad de ubicarse en la realidad, por lo que necesitan ser hospitalizados.

Tenemos el ejemplo del loco que se cree Napoleón o los de las mujeres que se identifican con el Cristo crucificado y deambulan por el mundo de los sufrimientos de tal manera que nunca llegan a ser ellas mismas.

Liberación de la imaginación

Algunos miembros del clero mexicano son más abiertos y están mejor actualizados. Rechazan la opinión de que su trabajo consiste en apoyar el machismo y la ancestral opresión de las mujeres. Les aconsejan a ellas que tomen conciencia de su dignidad personal y elaboren las mejores decisiones que puedan, con plena libertad, en lo referente al divorcio, el control de la natalidad, el aborto, etcétera.

Los neuróticos crearon a Dios a su imagen y semejanza cuando lo hicieron machista. Sin el machismo, los curas tradicionales no tendrían éxito en su labor de provocar culpas indebidas en las mujeres. Sin las culpas masoquistas, perdería su función la fantasía grotesca del Dios castigador que necesita del terror para mantenerse vivo. Simplemente dejaría de existir.

Dios no está obligado a responder a los sacrificios humanos ni apoya los juicios condenatorios de los inquisidores. Los masoquistas que se empeñan en confundir a Dios con sus partes neuróticas (sádicas y acusatorias) experimentan que tal "dios" los ignora en sus "oraciones" y no les hace el menor caso. Es más razonable que lo busquemos en lo mejor de nosotros mismos o en el universo entero, en lugar de tomarlo como pretexto para avivar culpas indebidas y someternos a los demás.

Según Krishnamurti, tenemos la idea de que sólo algunas personas tienen la llave del "reino de la felicidad", pero nadie la tiene. Nadie tiene la autoridad para guardar esa llave. Esa llave es nuestro propio ser. "El reino de la eternidad" solamente se encuentra en el desarrollo, la purificación y la incorruptibilidad de nuestro propio yo (Lutyens).

La teología de la liberación propone un Cristo histórico comprometido con los pobres, cercano a las mujeres y a los niños, que denuncia las injusticias y cuestiona la autoridad opresiva, apoya los cambios sociales, protege a los débiles, alivia a los enfermos, etcétera. Además, en México hay otras imágenes religiosas más humanas y amables. La Virgen de Guadalupe ofrece un mensaje de ternura y comprensión para todos.

Jesucristo nos propone que oremos a Dios como el Padre de todos. Conviene imaginarlo como una persona comprensiva, inteligente y cariñosa que apoya nuestra alegría, salud, libertad y desarrollo individual. En un plano cósmico, se nos manifiesta a través de las oportunidades que la vida nos ofrece a todos. El pensador Ortega y Gasset afirma: "Yo soy yo y mis circunstancias. Si no las cuido a ellas, tampoco me cuido a mí".

Las mujeres oprimidas necesitan recuperar sus propios impulsos, sentimientos y pensamientos. Un valioso paso inicial es que aprendan a desprenderse de las absurdas fantasías que las paralizan. Según Bandler y Grinder, muchas personas avivan sus culpas construyendo la imagen del rostro severo, agrio y acusatorio de otra persona que reacciona así por algo que hicieron y que a ella no le gustó. El acusador puede estar vivo o muerto (padre, madre, pareja, Jesucristo, etcétera).

La imagen hipnótica del rostro acusatorio se sigue activando, venga o no al caso, por lo que ellas terminan por sentirse infelices por cualquier cosa que hacen o dejan de hacer, a pesar de que tratan de ser buenas y complacientes con todo mundo.

Las personas que logran cambiar esa cara por otra más comprensiva, salirse de ella o borrarla, tal vez con la ayuda de una psicoterapia, ya no se sienten tan perseguidas. Además, en cuanto logran generar otras fantasías más constructivas mejoran su estado de ánimo y pueden evaluarse a sí mismas y a sus propias conductas de manera más positiva y optimista.

Los ejercicios de fantasía nos permiten construir otros universos, vivir otras vidas, compartir las visiones de los genios, escapar del espacio y del tiempo, recuperar algunas importantes vivencias del pasado, anticipar el futuro. Con ellos usted es tan joven como sus pensamientos y también como las fantasías que fabrica.

Las técnicas de las fantasías guiadas son de gran utilidad para conocernos mejor en los aspectos impulsivos y emocionales. También nos ayudan a resolver algunas dicotomías personales, recuperando las energías que habíamos proyectado. Mediante estas técnicas, las personas se desahogan y ensayan –por medio de su imaginación– nuevas soluciones a sus problemas particulares.

Un ejercicio de fantasía guiada es la Consulta a un Sabio. Si alguno tiene un problema que no puede resolver, por más que le dé vueltas, el terapeuta le sugiere que piense en una persona que sí lo podría hacer (un amigo, maestro, algún genio, héroe o figura religiosa). Escoge luego un sitio tranquilo donde pueda estar solo, sin interrupciones. Se sienta en el suelo (sobre un cojín o una alfombra) e imagina con toda claridad que la persona sabia que va a consultar está enfrente; entonces usted procura detallar sus ojos, la expresión del rostro y el modo como está vestido.

El sabio le escucha atentamente, de modo cálido y comprensivo. Hablando en voz alta, la persona expresa al sabio un aspecto del problema. Muestra sus sentimientos y sus dudas, utilizando el tiempo presente. Por ejemplo, una mujer dice: "Mi pareja quiere separarse de mí; yo me siento traicionada y resentida... no se me ocurre qué hacer".

A continuación cambia de lugar, se coloca enfrente del sitio donde estaba y toma el papel del sabio. Desde el punto de vista iluminado del sabio, dice en voz alta la solución que se le ocurre, del modo más espontáneo y concreto posible. En seguida regresa al sitio anterior y recapitula brevemente alguna salida concreta que le puede ayudar.

Propone luego otro aspecto del problema. Toma de nuevo el papel del sabio para responder las dudas, tranquilizar y ofrecer soluciones. Continúa el diálogo, alternando lugares, hasta que la persona se siente mejor y entiende lo que le conviene hacer o no. Para terminar el ejercicio, el paciente se despide del sabio (de la parte sabia que uno lleva dentro) y le agradece su ayuda.

También puede darse instrucciones a un grupo de personas para que hagan viajes imaginarios por el interior de su cuerpo, viajen a una montaña o entren a una cueva en busca de soluciones. En un juego de fantasía, los integrantes del grupo entran a un cuarto. Escogen algún problema, por ejemplo una persona del grupo que no encuentra trabajo.

Luego van colocando en una pared lo que imaginan que hay detrás de ese problema. En las otras tres, ubican y describen con la imaginación las influencias del pasado, las soluciones más ventajosas y, en caso de elegir éstas, lo que puede pasar en el futuro.

Una técnica útil es la amplificación. Se pide a la persona que recuerde alguno de sus sueños o fantasías, lo narre brevemente y fabrique luego todas las asociaciones que pueda ante un objeto determinado existente en el sueño, por ejemplo: ante un río, frente a un lago tranquilo o en medio de un bosque. No se trata de pensar, sino de permitir, sin trabas, que unas imágenes hagan brotar otras.

Las fantasías guiadas pueden ir acompañadas de movimientos espontáneos, baile, pintura digital, masaje, sonidos o música. Además, se pueden hacer asociaciones de palabras, ofreciendo la primera que venga a la mente ante lo que dice alguien y continuar del mismo modo. El ejercicio se da por terminado cuando los participantes quedan tranquilos y satisfechos.

Si usted desea hacer un viaje imaginario por su cuerpo, siéntese cómodamente y abra los sentidos hacia su propio interior. Fije su atención en las sensaciones de su cuerpo. Penetre profundamente en ellas e intensifíquelas con la misma respiración. Continúe así durante diez o quince minutos y mantenga los ojos cerrados. Poco a poco trate de abrir su campo sensorial e imaginativo a los distintos órganos de su cuerpo, a los tejidos y a las mismas células. Permita que sus sentimientos lo invadan y se extiendan alrededor del cuerpo; más adelante, parecen fluir a través de él mediante la respiración.

Con la ayuda de algunas sugerencias, hay personas que se sienten de menor edad y suelen recordar cosas importantes de su niñez o adolescencia. En caso de que se activen recuerdos del pasado, conviene que el terapeuta las mantenga en el nivel de edad que se imaginan en ese momento. Luego las apoya para que expresen sin ninguna traba lo que sentían, veían y escuchaban ante personas significativas de su pasado. Cuando han terminado, conviene ayudarlas para que se ubiquen de nuevo en el presente. Se les pide que abran los ojos y que se muevan poco a poco.

Para facilitar experiencias fuera del cuerpo, el terapeuta pide a la persona que se acueste boca arriba en el piso, cierre los ojos y se relaje lo mejor que pueda. Luego le da las siguientes instrucciones:

Imagina que tu cabeza crece cinco centímetros, igual que tus pies... luego regresan a su tamaño normal... Ahora tienes la sensación de volar... sentimientos de gran ligereza... sientes frío o calor... te inflas como un globo... te elevas... Ahora te ves desde arriba...

Una vez que la persona se siente fuera de su cuerpo, el terapeuta puede sugerirle otros modos más positivos de verse; por ejemplo, estás menos tenso, sin sobrepeso o ya no te sientes tímido.

Las fantasías también se utilizan con fines curativos y para mejorar la salud. Los Simonton utilizan imágenes mentales como instrumentos para el propio descubrimiento. Su tratamiento combina de modo exitoso algunas técnicas de fantasía con medicamentos para curar o detener el cáncer. Se trata de imaginar lo que desean que suceda, como una especie de profecía favorable que luego se cumple.

Los pacientes que lo siguen reportan los siguientes cambios: disminución del miedo, cambios en las actitudes, mejoría física y alivio del estrés. A veces, las áreas poco conscientes les revelan el significado existencial de sus enfermedades.

El tratamiento consiste en fabricar películas mentales (tres veces al día) en las que el paciente visualiza su cáncer y luego imagina que una armada de glóbulos blancos se agrupa para eliminar a las células malignas. Luego, los glóbulos blancos expulsan a las células enfermas a través de los riñones.

Luego las personas se visualizan a sí mismas como sanas y con su sistema inmunológico trabajando perfectamente. También se pueden imaginar al cáncer como un conjunto de animales molestos (por ejemplo, unos peces grises) que poco a poco van siendo devorados por otros más fuertes y saludables (por ejemplo, unos tiburones blancos).

Los grupos de crecimiento

Los institutos de desarrollo humano ofrecen grupos de crecimiento como parte de sus programas. Estos grupos ayudan a que las personas se relacionen entre sí a partir de lo que de verdad son y en realidad sienten, en vez de intercambiar diálogos vacíos a partir de sus máscaras y fachadas sociales, que ocultan su verdadera esencia y disfrazan sus intenciones.

En algunos talleres de fin de semana se pide a los participantes que escriban, antes de acostarse, una carta de resentimientos a su madre. Estas cartas se discuten al día siguiente, en grupos de tres personas. Una persona presenta y las otras dos la apoyan para que exprese sus sentimientos de la mejor manera posible.

Después, los participantes golpean llantas con pedazos de tubos de manguera, imaginándose que lo hacen con su madre, mientras que los terapeutas explican, con frases y gestos, el papel manipulador de ésta. Por ejemplo, dicen: "Eres una desobligada y me enfermas, me voy a morir por tu culpa...". Esto favorece la catarsis y la comprensión (el *insight*), así como la mejor definición de la propia identidad y de los límites personales. También se utiliza el masaje, que se efectúa desde el abdomen hacia el cuello, para ayudar a liberar algunas de las emociones bloqueadas.

Al día siguiente cada persona establece un diálogo, a la manera gestalt, con su madre. Se sienta en un lugar y desde allí representa los argumentos y las presiones que su madre ejercía sobre esa persona cuando tenía 8 años de edad. Luego cambia de lugar, se sienta enfrente y responde a esos argumentos, desde el punto de vista de ella misma. Trata de concretizar los reproches a su madre y sus puntos de vista personales con toda la fuerza posible. Cambia otra vez de lugar y toma el papel de su madre y después el de ella misma.

El objetivo de este ejercicio es separar lo que el individuo piensa, siente y desea de lo que su madre quería de ella o él. Desde luego que las hijas (los hijos) no son iguales a sus madres y tienen el derecho a elegir una vida diferente. Al final, se despiden ambos lados (la persona y las influencias maternas) con o sin comprensión, con o sin gratitud, con asuntos pendientes o sin ellos. En los otros dos días siguientes se procede de la misma manera con el padre.

Otra técnica que puede ser útil para clarificar los estereotipos sexuales, sea en terapia individual o de grupo, consiste en que la persona imite y exprese, mediante palabras y gestos, las opiniones, actitudes y tono emocional de su padre y madre, en relación con los roles ocupacionales del hombre y de la mujer, la maternidad, las conductas sexuales, los estudios, el cuidado y la educación de los hijos, los límites para los adolescentes, etcétera.

Mediante estos ejercicios, los participantes reconocen que algunos ejemplos y actitudes que les inculcaron sus padres (y otras personas) no son congruentes con su propia personalidad ni con sus circunstancias personales. Los miembros del grupo de crecimiento comparten entre sí sus experiencias y también confrontan las creencias distorsionadas y neuróticas que prevalecen en los estratos más tradicionalistas.

La androginia

A principios del siglo pasado, Freud opinó que la masculinidad y la feminidad eran dimensiones psicológicas opuestas. Tomó por masculinas las conductas de dominio, independencia y actividad, mientras que las de sumisión, dependencia y pasividad las consideró femeninas. Siguiendo esta teoría, algunos psicólogos afirman, contra toda evidencia, que la agresividad es una característica central de la masculinidad, mientras que el apego emocional y la ternura corresponden a las mujeres y los niños.

Según Bardwick, el tradicional retrato de las mujeres como "pasivas" es una exageración que refleja la preferencia cultural por los modelos machistas de la agresividad física descarada. La televisión y el cine nos ofrecen continuamente imágenes de excesiva violencia de los hombres en contra de las mujeres.

Las jóvenes no rehuyen las actividades ni los pleitos. Es verdad que no participan –en general– en pleitos de agresión física directa porque tienen menos fuerza que los hombres. Sin embargo, ellas maduran más aprisa que los hombres. Desde la niñez utilizan medios más sofisticados para manifestar su enojo. Además, intentan desviar la agresión del atacante mediante el empleo de la palabra negociadora.

Mientras que para Freud la sexualidad es una descarga de tensión, para Fromm es una unión entre las polaridades masculina y femenina. La polaridad masculina incluye penetración, guía, autoridad, disciplina y aventura. La femenina comprende receptividad productiva, protección, realismo, tenacidad y maternidad.

Sin embargo, Fromm afirma que cualquier persona posee ambas características reunidas, aunque predominan –en buena parte por razones sociales y culturales– las pertenecientes al sexo de "él" o de "ella". Desde luego que el machismo es ventajoso para los hombres, por lo que ellos están menos dispuestos al cambio que las mujeres universitarias (Lara y Navarro).

Cuando son pequeños, los niños y las niñas se relacionan casi exclusivamente con su madre. En muchos hogares, el padre está fuera de casa la mayor parte del tiempo. Además, hay un creciente número de mujeres divorciadas, separadas o viudas que se hacen cargo de sus hijos. Se estima que en nuestro país eso sucede en una de cada tres familias con hijos.

Aunque la creencia popular es que la ausencia del padre propicia en sus hijos conductas afeminadas, la verdad es que con mayor frecuencia origina conductas demasiado agresivas. Estos

jóvenes definen su hombría rechazando las características psicológicas que erróneamente suponen que son femeninas. Por eso se
les dificulta alcanzar una identidad psicológica bien integrada.

Según Conger, Reich postuló que cualquier tipo de neurosis
se refleja en la calidad de las relaciones sexuales. En sus explo-
raciones del abrazo sexual desenmascaró la falsa masculinidad
que está basada en el miedo, las fantasías sádicas y la compulsión. Algunos hombres no son capaces de relajarse y de abando-
narse a la entrega amorosa debido a que no aceptan los lados
tiernos y "femeninos" de su personalidad y no se permiten "de-
rretir" cuando hacen el amor.

Según Heilbrun, ciertos individuos temen caer en la homosexualidad, así como llegar a la impotencia o la anorgasmia, en
caso de abandonar sus rígidos patrones de comportamiento sexual
tradicional. Los hombres que no exhiben actitudes agresivas
machistas y las mujeres que no reducen su participación sexual
a consentir o rehusar, sin espontaneidad activa, ¿acaso no van a
perder por completo sus habilidades sexuales?

Las mujeres tradicionales, por temor de emascular a los hombres o de ser menos "femeninas" si abandonan su pasividad,
rehusan explorar su sexualidad con los hombres de manera espontánea y pasional, liberadas de las actitudes tradicionales
aburridas y rituales. Sin embargo, un creciente número de personas se ha dado cuenta de que hay un profundo goce en las
relaciones entre los hombres y las mujeres, ya sea conversando o
compartiendo la pasión y los mejores sentimientos.

Existe una teoría más flexible y abierta acerca de los roles
psicosexuales que se denomina *androginia*. Este término reúne en
un solo vocablo dos conceptos que significan hombre y mujer. El
tema "androginia" ha sido desarrollado por Jung y extendido a
los campos de la psicología, la sociología, el arte, la literatura,
entre otros.

Según Jung, la psique humana es dual, debido a que cuenta
con dos polaridades: la masculina y la femenina. Toda mujer tiene una faceta masculina, su *animus*, al igual que todo hombre
tiene potencialidades femeninas, su *ánima*.

El ánima es el arquetipo que simboliza lo femenino y comprende los aspectos emocionales e intuitivos. Por el contrario, el
animus es lo masculino, lo racional, lo competitivo y lo sensorial. El ánima es el símbolo de la vida misma. La mujer tiene
el tremendo poder de gestar y parir al nuevo ser. El hombre no
puede entrar en la vida sino a través de una mujer. Otro signifi-

cado universal de la palabra alma se refiere a la mujer que alimenta al bebé con su leche.

El ánima no tiene nada que ver con el *alma racional* de los filósofos. Como arquetipo básico, resume las afirmaciones del inconsciente, de la magia, la fantasía y la religión. Es el elemento que explica los estados de ánimo, los impulsos y todo lo que es espontáneo en la vida emocional y psíquica. Es la fuerza creadora maternal del alma masculina.

Para llegar a la madurez psicológica, los hombres necesitan incorporar a su personalidad los aspectos que se suponían femeninos (su ánima). Para ello, cultivan y aprenden a manejar su sensibilidad y su intuición. De modo paralelo, las mujeres aprenden a utilizar su propia inteligencia como base necesaria para tomar las mejores decisiones posibles (incorporan y pueden expresar su animus). Las que no lo hacen exageran su dependencia y al mismo tiempo ahogan a su pareja y a sus hijos con una sobreprotección posesiva.

Mediante el proceso de individuación, la persona logra escapar del destino colectivo: el anonimato de las masas. Elige su propio camino y deja de ser una máscara social neurótica y un objeto de consumo.

Como explica Heilbrun, la androginia liberará al individuo de los confines tradicionales que decretan lo que socialmente es apropiado. Además, favorece el espíritu de reconciliación entre ambos géneros. Cada persona puede buscar su lugar en la vida abriéndose a todas las posibilidades humanas, sin tener que conformarse con los limitados estereotipos que la sociedad mercantilista le ofrece.

Un número creciente de hombres y mujeres se empeñan en seguir desarrollando el conjunto de su personalidad (Bem). Conocemos hombres que no tienen miedo a expresar sus sentimientos ni sus inquietudes artísticas. Saben emplear muy bien sus capacidades de intuición, sociabilidad, interiorización y pensamiento global.

De igual manera, algunas mujeres se lanzan con valentía a las actividades dinámicas y personalizadas, corren riesgos y asumen la exteriorización. Dominan el pensamiento analítico y se adentran en los mundos de la tecnología, la política y la investigación. Tienen seguridad y confianza en sí mismas: no se comportan de modos demasiado sentimentales ni quedan sujetas a la voluntad de los demás.

Desde la más remota antigüedad, un ideal de la humanidad es que los hombres y las mujeres más evolucionados y flexibles posean rasgos psicológicos variados, con lo mejor que se atribuía a uno y otro sexo. Existen numerosas manifestaciones artísticas, en diferentes países del mundo, que representan el ideal: la androginia. Por ejemplo, la diosa de los griegos, Palas Atenea, es un símbolo clásico de la mujer pensante y valiente.

Más conocida entre nosotros es sor Juana Inés de la Cruz, mujer del siglo XVIII, uno de los genios más grandes que México ha producido. Sus intereses intelectuales abarcaron variadas disciplinas científicas y humanistas. Su gran obra literaria está a la altura de las mejores del mundo.

Las personas andróginas se unen no solamente por motivos de atracción sexual, sino también porque poseen una riqueza psicológica muy parecida, tanto en su desarrollo psicológico como en su integración personal. Desde luego que también son mejores amantes, porque comprenden mejor las necesidades de su pareja y son más capaces de entenderse y divertirse juntos (Stark).

Según Dumay, la civilización occidental, en su conjunto, está redescubriendo algunos valores femeninos. Los aspectos extremos de la masculinidad (guerra, competencia, jerarquía estricta, ciencia analítica y determinista) se han ido moderando por las perspectivas femeninas (comunión, ayuda mutua, sinergia y pensamiento global).

De modo paralelo, los aspectos más extremos de la feminidad (conservadurismo, proteccionismo y sumisión) se combinan con algunos mecanismos masculinos (aceptación del riesgo, apertura, creación de nuevos valores y compromiso personal). No solamente se difuminan los extremos sociológicos entre ambos sexos, sino también emergen nuevos potenciales y cualidades.

Además, en el nuevo milenio, Occidente está descubriendo algunos valores de Oriente, como la espiritualidad y la búsqueda interior; y Oriente también está descubriendo los valores de Occidente, entre ellos los logros materiales, la ciencia, la tecnología y el control económico.

Liberación del pensamiento

El machismo resulta un violento y engañoso sistema socioeconómico que favorece a los hombres y oprime a las mujeres, enfrentándolos de manera inevitable al encasillarlos en papeles que los neurotizan y fragmentan. Además, daña irreparablemente a los niños y adolescentes: los priva de un padre cercano y cariñoso, así como de una madre independiente y capaz de tomar sus propias decisiones.

Está basado en el falso dogma (el mito) de la superioridad de los hombres. Ignora el principio ético fundamental por el que todas las personas tienen los mismos derechos, sin importar sexo, nacionalidad, religión, edad, raza, preferencia sexual o discapacidad.

En nuestro país, la educación machista tradicional perpetúa el masoquismo de las mujeres sufridas. Los denigrantes estilos de feminidad adoptan falsos valores, creencias absurdas y mitos ancestrales negativos que transmiten a sus hijos.

Las mujeres sumisas mexicanas han pasado por un verdadero lavado de cerebro que incluye castigos, amenazas, mentiras y culpas. Necesitan desprenderse del aplastante peso ideológico propagado por las estructuras de poder empeñadas en explotarlas y discriminarlas. Con demasiada frecuencia, cuando ellas tratan de buscar una solución para los problemas, su mente se queda en blanco, porque están acostumbradas a esperar las instrucciones de los demás.

El inicio de una verdadera mejoría social y psicológica en México demanda el cambio de la visión machista por otras más favorables para mujeres y hombres. La liberación psicológica siempre ha precedido la libertad de acción.

La palabrería interna destructiva

Gurdieff, citado en Ouspensky, observa que lo que consideramos más propio –nuestros pensamientos– de ordinario se reduce a una colección de frases que nos dijeron otras personas. Luego las repetimos, sin darnos cuenta de que ni siquiera son nuestras. En sus diálogos internos, las mujeres sufridas reviven opiniones que escucharon desde su niñez, a pesar de que muchas de ellas son autodestructivas y carecen de lógica. Por ejemplo: "Después del matrimonio, sólo debes dedicarte a tus hijos y olvidarte de todo lo demás"; "tu marido alcohólico es tu cruz, es un 'enfermito' y tu obligación es cuidarlo toda tu vida, sin quejarte nunca"; "el divorcio es un gran fracaso"; "cuanto más nos hacen sufrir [los hombres] más amamos"; "las mujeres [y no la pareja] tenemos que mantener unida a la familia"; "tengo la obligación de salvar a mi pareja del alcoholismo con mis sufrimientos".

Un sacerdote adoctrina a las alumnas que se gradúan de primaria en un colegio de moda: "Hijas mías, su principal deber consiste en sacrificarse siempre por los demás. Las mujeres que son egoístas y no se olvidan completamente de sí mismas no pueden ser felices. El peor pecado de las mujeres es su vanidad".

Cuando golpean a las mujeres, los machos les dan absurdas razones para justificarse: "Es que eres una burra, mala, bruta, rebelde, floja, enojona. Te tengo que golpear por tu bien"; "yo te quiero, pero te tengo que pegar porque eres muy rebelde, no me haces caso y no me obedeces".

Después, la víctima se repite estas frases, en un diálogo subliminal que escapa de la conciencia plena. Debido a que se sienten culpables –aunque en realidad no lo sean–, las mujeres maltratadas llegan a suponer que a lo mejor hicieron algo malo que tienen que pagar de alguna manera.

Las amigas, vecinas y compañeras de trabajo se empeñan en seguir recordando sus "deberes y obligaciones" a las mujeres que tratan de escapar de los maltratos injustos: "Tu obligación es dedicarte a tus hijos, educarlos, someterte a tu marido y complacerlo en todo para que no busque a otras mujeres"; "si él busca otras mujeres, es por tu culpa, porque ya perdiste tu atractivo"; "¿ya ves cómo te castigó Dios por andar de coqueta?"

Otras frases parecidas: "Dios te está castigando con esta enfermedad, te vas a ir al infierno si no sigues con tu marido"; "Dios ya te castigó porque hiciste tu voluntad, dejando a ese hombre"; "las mujeres nunca deben opacar a un hombre, mucho menos si es su novio o su pareja"; "nosotras vinimos a este mundo para sufrir"; "te toca rezar, preocuparte y cuidar siempre a tus hijos para les vaya bien"; "con tus sufrimientos, ya verás cómo vas a lograr que tu marido alcohólico deje de tomar [o que tu hijo deje las drogas]"; "si te separas, vas a dejar a los hijos sin su padre y no vas a poder aguantar la soledad"; "no te vas a poder mantener sola"; "tu obligación es tener todos los hijos que Dios te mande"; "con ese genio ningún hombre se te va a acercar".

Como advierte Luria, una de las principales funciones de los diálogos internos es juzgar las propias acciones como buenas o malas. Las mujeres sufridas generan en su interior un torrente de frases autoacusatorias: esposas deficientes, malas madres, que no sirven para nada, son horribles, nadie las va a querer.

De ordinario, la palabrería introyectada es subliminal y escapa a los niveles de conciencia más plena. Pueden enfermarnos, porque reavivan las destructivas reacciones emocionales de culpa, depresión, temor y enojo impotente. Además, estas frases negativas contribuyen de manera importante a que las personas se sientan inútiles, vacías y poco valiosas.

A menudo, las mujeres masoquistas perpetúan sus sentimientos de minusvalía aprovechando alguna falla (real o supuesta, más o menos importante). Se reprochan y se sienten menos atractivas o valiosas que las demás mujeres porque les falta cultura, educación o belleza. Creen que todos las van a rechazar porque tienen poco o mucho busto, porque no son "bonitas", son muy delgadas o tienen sobrepeso. Tampoco están satisfechas con el color de su piel, su estatura ni su nariz.

Desarrollan la falsa creencia de que sus voces internas obsesivas y torturadoras –tan ajenas a lo mejor de ellas mismas– provienen de algún "dios" perseguidor o de su propia conciencia intranquila. No se dan cuenta de que se trata de ideas sádicas y absurdas que otras personas les metieron en la cabeza. Vienen de su parte neurótica masoquista que se encarga de atormentarlas mediante culpas indebidas.

Dudas y cuestionamientos

Algunas mujeres sienten el impulso vital de levantar cabeza y protestan por el maltrato, pero luego se repiten que deben ser humildes, que deben controlarse por el bien de sus hijos, que de otro modo sería peor, que Dios quiere que ellas sufran. Finalmente, quedan agotadas porque gastaron su energía en culparse y en confundirse.

Entonces, piden perdón a su pareja por sus supuestos errores y le ruegan que no las deje. Se muestran más complacientes y sumisas que nunca. Sin embargo, en el fondo de sí mismas se dan cuenta de que viven una falsedad.

Por ejemplo, una mujer casada, de 32 años, se enreda en una maraña de creencias falsas. Nos dice: "Me siento mal cuando pienso en mí misma, porque siento que me necesitan mucho mis hijos y mi marido. Le tengo mucho resentimiento a mi padre, a mi pareja, a mis hermanos. Pienso que si un hombre me dice que soy atractiva, se burla de mí.

"Cuando sufro le digo a Dios que me castigue a mí, pero que no vaya a castigar a mis hijos. Aunque mi marido anda siempre con otras mujeres, yo lo tengo que aguantar y perdonar, porque al fin que es mi pareja. No puedo ir al dentista, porque cuesta caro y los niños necesitan zapatos. Primero están ellos.

"Mi marido es bien lindo, porque me deja trabajar fuera de casa después que termino con las labores del hogar. Si me regaña y me dice que soy floja y tonta, yo me atormento más. A veces me canso y les digo a mis hijos: 'Yo sólo sirvo para ser su sirvienta. Me mato por ustedes y ustedes ni siquiera me quieren' ".

Según Meyer, las mujeres se quedan con el hombre abusivo por una serie de falsas razones acompañadas de culpas neuróticas y temores paralizantes. La autora elaboró el siguiente cuestionario para ayudarlas a clarificar su situación:

¿Crees que no puedes conseguir trabajo por falta de destreza?

¿Piensas que los niños necesitan a su papá?

¿Te sientes desamparada e incapaz de valerte por ti misma?

¿Tienes un estado de ánimo bajo y piensas que no puedes salir adelante sin tu pareja?

¿Sientes vergüenza de admitir que tu vida matrimonial no está funcionando?

¿Te asusta estar sola?

¿Estás enferma o incapacitada físicamente?

¿Abusaron de ti cuando eras niña y por esta razón ahora te conformas con vivir en una relación abusiva?

¿Tu esposo te hace sentir culpable si lo dejas y te amenaza con quitarse la vida y con golpearte?

¿No quieres que nadie te juzgue ni te critique por dejar a tu pareja?

¿Te avergüenzas por la situación actual en que vives?

¿Temes por tu vida o esperas ser violentamente golpeada por tu pareja de nuevo?

¿Te sientes culpable y a veces piensas que provocas a tu marido para que siempre te esté golpeando?

En cuanto tu pareja te promete cambiar, ¿le crees y piensas que si eres más amorosa va a mejorar, como si fuera un niño de dos años?

¿No quieres romper la promesa que los dos se hicieron el día en que se casaron?

¿Piensas que tu deber es tolerar todos estos abusos debido a tus creencias religiosas?

¿Existe un tabú, prejuicio o prohibición respecto al divorcio de parte de tu familia?

¿Te atormentas con lo que pasaría si te vas, si no te quedaras con los niños, si no pudieras sostenerte económicamente?

Cuando un hombre machista insulta a una mujer, no habla con la verdad. Emplea frases sádicas y absurdas movido por el enojo, el miedo y la inseguridad. Una joven de 16 años, en un momento de confianza, nos dice: "Nadie tiene derecho a golpear a nadie. Antes mis padres me golpeaban cuando 'lo necesitaba', porque yo era muy rebelde. Mi papá me agarraba a patadas. Me fui de la casa cuando tenía 14 años; desde entonces me entrego al alcohol y a las drogas; pido dinero en la calle. Quisiera ser policía para castigar a los que venden las drogas. O tal vez una artista de televisión".

Para las mujeres sufridas, el primer paso hacia su liberación consiste en dudar y cuestionar las falsas creencias. Por ejemplo, una mujer de 23 años nos dice: "Yo creía que tenía que aguantar todo o soportar todo sin protestar. Pensaba que mi marido (alcohólico) iba a cambiar. Me sentía obligada a soportar todos sus golpes. Creía que no podía separarme, porque eso era un pecado y porque mis hijos necesitaban a su padre. Ahora trabajo y mantengo a mis hijos".

Por desgracia, no todas las mujeres eligen la ruta de la liberación y de la superación personal. Muchas de ellas acostumbran someterse o están demasiado cansadas y lastimadas. No se atreven a intentar algún cambio. Encuentran un poco de seguridad en la vida rutinaria y en la opresión disfuncional que han conocido toda la vida. La ideología masoquista está tan arraigada en su interior que llegan a suponer que perderían su identidad y que el mundo se les caería encima si acaso se atreven a cuestionar todo eso.

Sin embargo, como apunta Toomey, hay un rayo de esperanza en las mujeres que no se dan por vencidas y desean salir de eso a toda costa. Ya están hartas de la vida que llevan, con todos sus engaños, frustraciones y amarguras. La ruta para liberarse de la violenta opresión machista supone gran valentía, dedicación profunda y mucha reflexión personal. Es una elección difícil, pero conduce a la salud mental, emocional y física.

La llave para salir de la prisión del masoquismo es que usted se haga responsable de sí misma (o) como adulto. Esta decisión genera esperanza. Es el primer paso para salir de la depresión y la pasividad. El camino hacia la liberación tiene subidas y bajadas. También hay avances y retrocesos. De cualquier manera, usted ya no puede tolerar la violencia y el abuso, porque se siente cada vez más fuerte e independiente.

Manejo de las creencias falsas

Podemos llamar "niño inseguro" a la parte de nosotros mismos que nos desmotiva, angustia y mete en problemas (Luciani). De niños, registramos todo lo que veíamos y oíamos sin poder entenderlo bien, a veces paralizados por el miedo. Cuando nos regañaban y castigaban, nos sentíamos avergonzados, fantaseando que nadie nos quería, que éramos horribles e inútiles, etc. Estas imágenes, capturadas en una especie de video interno, explican muchas de las inseguridades que padecemos en la actualidad. Al activarse esos recuerdos, sentimos miedos y dudas que no vienen al caso, como si fuéramos niños inseguros.

Desde luego que los niños también tienen cualidades que debemos conservar siempre intactas, como la frescura emocional, la imaginación, la curiosidad, la alegría de vivir, etcétera.

En la opinión de Luciani, si usted permite que el niño inseguro controle sus pensamientos, será inevitable que sufra y se angustie. La parte infantil lastimada trae consigo las distorsiones y falsas percepciones de un pensamiento primitivo que poco tiene que ver con sus capacidades y circunstancias actuales. Como sabemos, los niños no han desarrollado plenamente sus capacidades intelectuales, ni pueden controlar sus sentimientos. Usted se puede ir separando de la visión parcial, lastimada y temerosa de su niño inseguro.

Cuando se repite que no vale nada, que todo le sale mal, nadie le comprende, es horrible y no sirve para nada, se identifica con su niño inseguro y fortalece su depresión y ansiedad. Por el contrario, si llega a comprender que solamente una parte de usted –la parte destructiva e inmadura– es la que se siente lastimada y ansiosa, podrá utilizar las partes sanas (su inteligencia adulta y su capacidad de control) para reprogramar sus pensamientos y superar sus malestares emocionales.

Las creencias racionales están basadas en la lógica científica, la constancia de las leyes naturales y la valoración intuitiva de las situaciones y las personas. Son la base firme para calcular correctamente las probabilidades de éxito o fracaso que tiene algún proyecto concreto. Por el contrario, las creencias irracionales carecen de cualquier fundamento. Nos corroen internamente y pueden llegar a enfermarnos.

Una de las principales premisas falsas del masoquismo, que se presenta como un "imperativo moral", afirma que las mujeres están destinadas al sufrimiento porque así aseguran una vida feliz para los demás miembros de la familia. Mientras que sus hijos nacieron para ser felices y despreocupados, sus hijas deben ser tan sumisas como ellas.

La verdad es que con sus tristes estilos de vida las mujeres sufridas se amargan, se deprimen y se enferman. Además, con su neurosis masoquista y sus manipulaciones también hacen infelices a los demás de manera inevitable.

Por más que se le busque, no hay ningún fundamento lógico que pueda apoyar las creencias irracionales. Cuando una persona se da cuenta de que carecen de lógica y la enferman, se atreve a desecharlas. Entonces las puede cambiar por otras opiniones más constructivas. De esta manera ya no se siente tan inútil, presionada y deprimida.

Un camino necesario para mejorar nuestra vida emocional –y para evitar muchas conductas indeseables– consiste en revisar cuidadosamente los diálogos internos que generamos, tal vez sin darnos cuenta, para frenar y examinar aquellos que nos están dañando.

De esta manera se establece una mediación –una valoración crítica– ante una serie de respuestas neuróticas que eran automáticas. Por ejemplo, ante ciertos estímulos externos negativos o cuando se siente deprimida, una mujer que se repite "soy una mala madre" aprende a callar esa voz absurda.

Entiende que es ella misma quien se lastima sin sentido y se deprime con esas afirmaciones autodenigrantes. Deja de azotarse y reconoce que aunque se impacientó y perdió el control, quiere a sus hijos y trata de sacarlos adelante del mejor modo que puede.

Como explican Ellis y Abrahams, a medida que la persona va eliminando sus ideas y premisas absurdas van desapareciendo los síntomas, hasta que la terapia tiene éxito. La terapia racional-emotiva utiliza un esquema de ABC para explicar cómo funciona esto.

A = experiencia motivante.
B = el sistema de pensamientos y creencias falsas.
C = las consecuencias emocionales negativas que brotan de los pensamientos alterados.

Por ejemplo: (A) Por recorte de personal a una secretaria le notifican que pierde el empleo. Al saber esto se dice (B) que no vale nada, que su trabajo es de pésima calidad, que todos la odian y que se va a morir de hambre. Como consecuencia de sus pensamientos negativos (C), se siente malhumorada, rechazada, deprimida y angustiada.

El impacto emocional (C) disminuye a medida que esta mujer aprende a frenar sus voces internas destructivas (B). Si reflexiona bien, comprenderá que eso es lamentable y doloroso, pero no hay ninguna lógica para que lo vea como algo horrible ni espantoso. Sólo es parte de la vida.

Perdió su empleo, como otras personas, pero eso no tiene que ver con alguna falla de su parte. Le duele y preocupa, pero eso no es obstáculo para que busque otro empleo. El dinero de la liquidación le permite afrontar sus gastos mientras lo consigue. En los principales diarios hay muchas ofertas que ella tiene que seleccionar. No se deja abatir por el desánimo, sino que busca el apoyo de sus amistades y familiares. Su angustia desaparece en cuanto empieza a solicitar informes y acude a algunas entrevistas.

Una mujer que sostiene a su familia, incluido el marido alcohólico, con un carrito de tamales, resume de esta manera lo que aprendió en un instituto de desarrollo humano: "Antes, cuando mi marido me decía que yo soy una p..., bestia, ignorante, hija de la chingada, yo me creía todo lo que me decía, me atormentaba y me sentía muy mal. Ahora entiendo que ésa es su opinión. Aunque él me diga eso, de todos modos yo sé que valgo mucho".

A continuación proponemos una lista de creencias falsas, con breves opiniones alternativas más razonables. Si usted mantiene alguna de ellas, será muy conveniente que se detenga para analizarlas y cambiarlas. Por otra parte, también puede discutirlas con alguna amistad que tenga suficiente cultura y una mentalidad abierta, o con algún psicólogo calificado:

- *Debo empeñarme en que todos me amen siempre.* Haga lo que haga, usted va a agradar a algunas personas y a otras no. A usted le corresponde empeñarse en buscar y lograr su felicidad y éxito personal.
- *Tengo que ser perfecta(o) y no debo equivocarme nunca.* Cualquier ser humano tiene algunos defectos y comete errores algunas veces. Trate de corregirlos de la mejor manera.
- *Si paso de los 30, 40 o 50, ya no tengo ningún atractivo sexual.* Su atractivo depende de todo lo que usted es como persona y no solamente de su piel. Usted es atractiva(o) para algunas personas y para otras no.
- *Yo no valgo nada, mi vida no vale nada.* Como persona, vale lo mismo que cualquier otra. No se torture con frases negativas. La vida ofrece oportunidades y momentos de alegría y felicidad a cualquiera de nosotros.
- *La soledad es algo terrible.* A veces eso ayuda para reflexionar lo que uno quiere y encontrar nuevos caminos. Puede aprender a ser su mejor amiga(o). Busque la compañía de personas que la(lo) estimen y valgan la pena.
- *Tengo tal limitación o defecto físico y nadie me quiere por eso.* Es mejor que usted aproveche y cultive sus cualidades y estudie la manera de compensar sus limitaciones. Salga adelante, ocupe su tiempo y no piense demasiado en sus limitaciones, porque se va a deprimir.
- *De niña (o) me maltrataron y me traumaron.* Procure salir de sus resentimientos, con o sin ayuda, y deje de culpar a sus padres. El pasado ya pasó. Arriésguese a vivir el presente del mejor modo posible. Tome las decisiones que le reporten mayores beneficios a usted y a su familia.
- *Si sufro por los demás, les va a ir bien a ellos.* Si usted es sumisa y complaciente, los demás se van a aprovechar de usted. Además, les va a amargar la vida con su masoquis-

mo y sus penas inútiles. El mejor regalo que puede hacerse a sí misma (o) y a los demás es su salud y su alegría.

- *Si me enojo será algo terrible.* La ira es una emoción humana básica, muy útil para la supervivencia. Su expresión puede ser conveniente para que las demás personas dejen de molestarnos.

- *Si hago tal cosa será un pecado que merece el infierno.* Tal vez, como en el caso del divorcio, haya personas y culturas que consideran eso algo bueno y razonable. Le conviene a usted tener sus propias opiniones, evitando cualquier fanatismo.

- *Es mejor no hacer nada y dejar las cosas como están.* Su vida también incluye la dimensión de la responsabilidad por su propia persona y la responsabilidad social. Si hace frente a sus problemas y toma decisiones correctas, usted se sentirá mejor.

- *Mi destino está escrito y no puedo hacer nada.* Mucho de lo que nos sucede es consecuencia de nuestra pasividad. Cualquier persona tiene instantes de libertad y oportunidades que le conviene saber aprovechar para mejorar su situación.

- *Si hago esto, Dios me va a castigar.* Usted recibirá solamente las consecuencias de sus actos. Dios no está obligado a actuar (ni a existir) en conformidad con las fantasías sádicas que usted fabrica acerca de supuestos castigos.

- *El amor es la entrega absoluta.* Cualquier persona tiene derecho a su independencia y libertad. Amar es compartir algunas de las dimensiones humanas, mas no es una esclavitud de una persona hacia otra

- *El suicidio es la única salida.* Siempre hay otros caminos, pero si usted no puede verlos, será urgente que busque algún amigo o un especialista para hablar acerca de los problemas que lo deprimen y desaniman.

- *Todos los hombres son iguales.* Si usted, como mujer, opina eso, va a elegir por pareja a un cualquiera. No todos los hombres son machistas ni dominantes. Es mejor que conozca bien a varios amigos antes de escoger.

- *Debo cuidar siempre de los demás.* Usted también necesita apoyo y cariño. No le conviene desempeñar roles demasiado altruistas todo el tiempo, porque se va a cansar de que los demás le echen a usted las cargas de manera habitual.

- *Tengo mala suerte.* Le conviene activarse y aprovechar mejor sus oportunidades para no sentirse juguete del destino.

Con su laboriosidad, podrá salir adelante, a pesar de las dificultades.

• *Si me va bien, luego me va a ir mal.* El fatalismo depresivo y las preocupaciones absurdas nos enferman y paralizan. Es mejor que sepa reconocer y disfrute plenamente los momentos de felicidad que la vida le ofrece.

• *Voy a ser feliz cuando me case, termine mis estudios, compre casa, tenga hijos...* Mientras tanto, no se haga infeliz, disfrute los momentos alegres y no se amargue. La felicidad se experimenta de momento en momento y no es de un solo golpe. Brota del propio interior. Procure apreciar y valorar lo que usted es y no tanto lo que usted tiene.

En un clima de comprensión y optimismo, los terapeutas cognitivos utilizan el diálogo abierto, a la manera socrática, utilizando preguntas y respuestas, para neutralizar las creencias falsas de sus pacientes mediante el análisis racional-emotivo.

Les ofrecen explicaciones tranquilizantes y objetivas, los educan en el pensamiento flexible, cuestionan activamente sus afirmaciones poco lógicas y les asignan tareas. Los grupos de terapia ofrecen oportunidades similares: los participantes cuestionan y debaten con toda libertad las opiniones demasiado radicales que expresan algunos de sus compañeros.

Por ejemplo, resulta falso y exagerado que una mujer divorciada piense que ha fracasado en su vida, que ya no es atractiva, que es una pecadora, que daña a sus hijos o que todos los hombres son malos.

Movida por estas creencias falsas y extremosas, dicha mujer reaccionará de modo angustioso, hostil y defensivo ante cualquier persona del sexo opuesto que manifieste algún interés en conocerla o le diga que la juzga atractiva.

Las personas que solicitan psicoterapia presentan dudas, confusiones y cuestionamientos. Los esquemas, creencias y valores que aprendieron en la niñez se tornan absurdos y ya no funcionan debido a que cambiaron los tiempos y sus circunstancias personales. Por ejemplo, una joven embarazada ha oído de sus padres que el aborto es un crimen, pero no cuenta con el apoyo de su pareja, a la que ella tampoco ama. Aunque teme la censura social de sus padres y amigas, no desea continuar el embarazo.

El pensamiento personal relativo

Los límites de lo que pueden hacer las mujeres dentro de la sociedad están marcados por algunas creencias rígidas y absurdas. Por ejemplo, se supone que ellas no pueden hacer nada para cambiar su propio destino y que vinieron a este mundo para sufrir y quedar sometidas a los hombres. En abierto contraste con el pensamiento dogmático tradicional está el pensamiento personal y relativo.

A cada mujer (y a cada hombre) le toca desprenderse del pesado fardo de las opiniones infundadas y las ideologías machistas. Le corresponde ampliar su educación para poder generar opiniones personales que justifiquen sus propias decisiones. Todos nosotros necesitamos conocer puntos de vista más abiertos respecto a la vida familiar, social, política y económica de México.

Las personas más cultas y optimistas piensan de manera flexible. Cambian sus ideas y opiniones de acuerdo con las percepciones del momento, aunque sus valores más centrales quedan inalterados. Usted puede echar una segunda mirada para analizar sus diálogos internos preferidos, con el fin de analizarlos cuidadosamente, teniendo en cuenta las reglas de la lógica y sus propias circunstancias y conveniencias.

También puede abrirse para entender los mejores puntos de vista de los demás, viéndolos como un complemento de sus conocimientos. Desde luego que a usted le corresponde atreverse a formar sus propias opiniones y elegir las mejores opciones de acción para mejorar su situación, de acuerdo con sus circunstancias y posibilidades.

Por ejemplo, en la época actual ya no es obligatorio que una mujer necesite estar casada para tener relaciones sexuales. A partir de la maduración sexual hay un período cada vez más prolongado en las culturas citadinas, en el que los jóvenes no están aún preparados para el matrimonio porque desean seguir estudiando o trabajando. La mayoría no desea tener hijos antes de ser capaces de hacerse cargo de ellos.

Tampoco se cree –salvo en familias muy tradicionales– que la mujer debe tener todos los hijos que Dios le mande ni que debe hacer eso para complacer a su marido. Por otra parte, en nuestro país hay muchos embarazos no deseados, en particular de adolescentes. Esto se debe, en gran parte, a que las parejas no calculan las consecuencias de sus actos, se dejan llevar por la pasión y no usan anticonceptivos.

Aunque muchos reconocen que el aborto es un derecho de la mujer, los sectores más tradicionales lo condenan. Los que se oponen al aborto equiparan esta operación con quitar la vida a un ser humano, pero en esto se equivocan por completo. En la opinión de Acosta, la interrupción voluntaria del embarazo es una intervención médica legal y gratuita que se brinda a las mujeres en los países civilizados del planeta que han logrado sacudir el dominio de los grupos religiosos fanatizados.

El óvulo fecundado y el embrión en los primeros seis meses de gestación no pueden considerarse personas porque carecen de actividad cerebral. No aparece todavía la capacidad de sentir cualquier cosa o de realizar cualquier acción anímica, así sea instintiva.

Según Acosta, la oposición al aborto en México es un prejuicio contra las mujeres y su sexualidad. Es un punto más del dominio (machista) que acompaña a la Iglesia desde su integración en los primeros tres siglos de nuestra era. Además, la prohibición del aborto no lo impide ni lo disminuye, sino sólo fuerza a las mujeres al aborto clandestino mediante comadronas inexpertas que trabajan en condiciones insalubres o en clínicas que cobran demasiado, que en países más civilizados es un servicio gratuito.

El aborto clandestino o autoinducido causa la muerte de miles de mujeres adultas capaces de sentir y pensar. Según las estadísticas, muchas de ellas tienen que mantener a familias numerosas. Urge reintegrar en México ese derecho humano fundamental a las mujeres.

Desde un punto de vista más abierto y realista, el divorcio no es un fracaso ni el fin del mundo. No significa que usted haya perdido su atractivo, sea mala(o) o indeseable. Si acaso usted y su pareja no se entendieron, dejaron de amarse o no se respetan y se lastiman, les conviene separarse.

Por lo que toca a los niños, ellos no sufrirán demasiado si la separación es rápida y en los mejores términos posibles. Con demasiada frecuencia el padre es golpeador, ausente y alcohólico, por lo que su presencia injusta y prepotente daña gravemente a la familia.

Los hijos merecen explicaciones serenas y razonables de acuerdo con su edad. Para ellos la separación es preferible a un clima de falsedad, engaños, pleitos y violencia. Cualquier divorcio es doloroso y el futuro parece incierto. Muchas mujeres se ven forzadas a buscar los medios económicos para sacar adelante a sus hijos. A pesar de todo, la mayoría de las mujeres que se atreven a romper una relación destructiva logran reorganizar su vida y recuperan el optimismo después de algún tiempo. Lo mismo sucede con las que enviudan o son abandonadas por su pareja.

El ideal de cualquier macho es una mujer sumisa y sacrificada por sus hijos. Este tipo de mujer cae fácilmente en la trampa fatal de pensar que la educación de los hijos exige su presencia continua. Sin embargo, las actuales familias pequeñas, con dos hijos, no demandan tal cosa.

Para empezar, las madres pueden decidir que van a dedicar dos o tres años a sus hijos, por lo que dejan el trabajo. Algunas lo reanudan después de ese período, con pocos problemas, mientras que otras nunca vuelven a trabajar fuera del hogar.

Las mujeres dedicadas al hogar pasan los veinte años más importantes de su vida madura en su casa. Tienen la impresión de estar tan ocupadas y absorbidas por sus hijos que no pueden hacer nada más. Apenas se instruyen un poco, pero no llegan al nivel profesional. Adquieren escasas habilidades laborales y pocos conocimientos, algunas sólo ven la televisión y a veces van al cine.

Un día se dan cuenta de que los hijos han crecido muy de prisa y ya se fueron de la casa. Entonces se quedan solas todo el día, mientras que sus maridos están en el trabajo. Han vivido identificadas con sus hijos y con su marido. Ni siquiera saben quiénes son sin ellos: no saben vivir solas, pues no aprendieron a desarrollar sus potencialidades ni su propio ser interior.

Es bueno darse cuenta de que ése es un error fatal (Dumay). Además, es una trampa, porque la sociedad tradicional empuja a las mujeres en esa dirección, dándoles toda clase de falsas razones para sacrificarse y convirtiendo eso en la gran virtud femenina.

Pero no es virtud, sino conformismo. La mujer que se quedó al margen del progreso de su país nunca desarrolló sus capacidades. Aportó mucho menos a sus hijos –y a su pareja– que una mujer activa y emprendedora que sigue aprendiendo, abierta a la sociedad y con pleno dominio de sí misma. Enfrenta ahora la desilusión y el desencanto. Alguna de ellas nos dice: "Le lavé la ropa, le di de comer, le cuidé los hijos por quince años y ahora me deja..."

Los logros profesionales y laborales generan confianza en uno mismo y en su propio valor. Son una necesidad psicológica de todos los individuos, sean hombres o mujeres. Es rarísimo que un hombre aliente a su compañera a realizarse profesionalmente, encontrar un nuevo trabajo o seguirse educando. La sociedad no considera que la mujer necesita tener su propio trabajo y sus medios económicos para sentirse libre y competente.

Entonces, si la misma mujer no lucha por sus derechos, ¿quién va a hacerlo?

Los mitos del machismo

De manera más radical, los procesos autoagresivos de las mujeres sufridas se sustentan en una serie de mitos y falsas premisas acerca de la supuesta superioridad masculina –y la consecuente inferioridad femenina–. Según Schaef, conviene continuar desprestigiando las siguientes creencias tradicionales:

- *El sistema machista es el único que existe.* El machismo es una manera extremosa, tradicional y limitante de vivir los roles sexuales masculinos y femeninos en los estratos sociales más tradicionales de nuestro país. Como alternativa, propongo la androginia, que posibilita el pleno desarrollo psicológico de las mujeres y de los hombres.
- *El sistema del macho es superior; el hombre que no es macho es despreciable.* Los estereotipos culturales del macho y de la mujer sufrida prevalecen asociados a la incultura, la ausencia del padre, la pobreza y la escasa apertura a la modernidad y a los cambios sociales y políticos de tipo progresista.
- *La mujer que no tiene un hombre no vale nada o vale muy poco.* Los machos se empeñan en sacar ventaja de las mujeres y de los débiles, a quienes esclavizan mediante un sistema de presiones agresivas. Sin embargo, además de ser asertivos, los hombres pueden también ser intuitivos y sensibles, para que las demás personas (en particular su pareja y sus hijos) puedan encariñarse con ellos. Las mujeres guardan rencor profundo y desprecian a quienes las maltratan e intentan convertirlas en meros objetos sexuales.
- *El macho lo sabe y conoce todo.* Las mujeres tienen su propia inteligencia y comprenden mejor las situaciones sociales que su pareja. Cuando ambos aprenden a compartir sus conocimientos y toman responsabilidad conjunta en las decisiones, viven más felices porque las cosas les salen mejor. Además, disfrutan mayor cercanía emocional entre ellos. Los hombres no están destinados a regañar y aconsejar conti-

nuamente a su pareja, como si fueran los padres de una niñita débil e indefensa.

- *Uno debe ser siempre racional y objetivo.* Es muy conveniente que cualquier persona evite comportarse de modo irracional. Sin embargo, las emociones y la imaginación desempeñan un papel indispensable para la creatividad humana, en cualquier campo (científico, tecnológico, artístico o laboral). Tanto a los hombres como a las mujeres les conviene cultivar la sensibilidad, aprender a expresar sus sentimientos y desarrollar la intuición y la imaginación.

- *Las mujeres solamente son para la casa.* En nuestro país, una proporción cada vez mayor de mujeres, particularmente de la clase media, estudia, tiene trabajo fuera de casa al igual que los hombres y participa en política. Algunas mujeres dirigen empresas y tienen independencia económica. A ninguna mujer mexicana le conviene resignarse, de modo fatalista y depresivo, al rol tradicional de sumisa y masoquista.

Como sugiere Toomey, a las mujeres se les educa para depender de los hombres, en lugar de enseñarles a formar relaciones de intercambio mutuo, con iguales derechos y obligaciones. Ésa es la posición de un niño, pero no la de un adulto. Por desgracia, las mujeres tímidas y sumisas se comportan como niñas indefensas: se subordinan y quedan a merced del más fuerte. Corren el riesgo de que abusen de ellas y las traten con desprecio, porque dan el poder a los demás. Tampoco alcanzan la verdadera intimidad con su pareja, sino que viven en el temor y el resentimiento.

La dependencia neurótica trae consigo la desconexión con la propia esencia individual y la renuncia a la capacidad de escoger. La creencia falsa de que las mujeres no tienen opciones ni pueden decidir por sí mismas es sumamente destructiva. A menos que estén aprisionadas o dominadas por la fuerza física, siempre pueden elegir. La excesiva dependencia se basa en la desconfianza y en el miedo que tienen a dejarse guiar por sí mismas.

Sin elecciones personales, las personas quedamos atrapadas, igual que cualquier animal enjaulado. Para lograr nuestra libertad interior, primero generaremos opiniones propias.

La ruta del movimiento

Los hombres se deprimen menos que las mujeres. Las diferencias en sus respectivos estilos de vida tienen bastante que ver con esta realidad. Cuando están deprimidos, los hombres acostumbran recurrir a la acción y a las estrategias de dominio: se involucran en algunas actividades (el trabajo, los deportes, salir con los amigos) que los distraen de sus problemas y al mismo tiempo les brindan sensaciones de alegría, poder y mando.

Por su parte, las mujeres sumisas –en general– tienden a cavilar, por lo que se enredan y se preocupan más. Por otra parte, ven televisión o se reúnen con sus amigas para lamentarse y compartir los problemas, pero no saben qué hacer. Como opciones más efectivas, los terapeutas les recomiendan que practiquen algún deporte o hagan ejercicio (por ejemplo: aeróbicos de bajo impacto) como antídotos parciales útiles para combatir la depresión. Con esto, el organismo genera endorfinas, euforizantes naturales cerebrales que mejoran el estado de ánimo.

Además, estas actividades, lo mismo que otras parecidas, proporcionan a las mujeres un sentido de autodisciplina, control y dominio de sí mismas. Junto con esto, mejora notablemente su apariencia física. También contribuyen a eliminar el sobrepeso. Se sienten –y se ven– más saludables, valiosas, atractivas y optimistas.

Las mujeres que desempeñan papeles múltiples (trabajan, cuidan a sus niños, tienen actividades sociales, procuran ser amigas de su pareja, etcétera) padecen menos depresiones que las mujeres tradicionales que se dedican al hogar. Esto se debe a que cuentan con fuentes de apoyo más variadas. Junto con eso, manejan diferentes formas de demostrar su competencia y sentirse seguras de sí mismas. Cuando las cosas no marchan bien en un área pueden compensar con la satisfacción por sus logros en otras áreas.

Los neuróticos vuelcan sus energías contra ellos mismos. Desperdician las oportunidades que les ofrece la vida porque gastan sus energías en angustias, depresiones y resentimientos. Una de las principales rutas para movilizar las emociones y salir de las posturas corporales dolorosas y encogidas es poner el cuerpo en movimiento.

A continuación una postura conveniente ilustra la figura 6 (A). La figura 6 (B) muestra la manera como la caja torácica se colapsa, con lo que la respiración se torna superficial. Esto hace que la cabeza se incline hacia delante y se acorte el cuello. La punta de la pelvis también se echa adelante, por lo que el estómago queda salido. Las piernas se traban y el peso del cuerpo queda en la parte de atrás de los pies, en lugar de quedar en medio del arco. La figura 7 ilustra la manera como la pelvis permanece rotada hacia delante –queda trabada– debido a las tensiones de las nalgas y del piso pélvico.

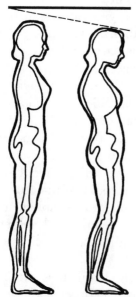

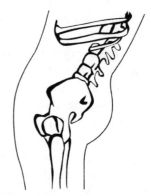

Figura 7. Pelvis rotada hacia adelante, por las tensiones en las nalgas y el piso pélvico.

Figura 6. Buena postura (A) y postura colapsada (B) con la caja torácica hundida.

Ejercicios básicos

Aunque no existe una postura corporal ideal, cada persona se puede ir liberando de las tensiones y bloqueos específicos que alteran su propia postura corporal y limitan la flexibilidad –y la vitalidad– de su organismo. A continuación se describen algunos ejercicios básicos que cualquier persona interesada puede practicar de manera regular.

Ojos y frente

Los ojos pueden ver libremente cuando están relajados. Entonces, enfocan automáticamente las distancias cambiantes. Al contrario, cuando estamos tensos y preocupados tratamos de mirar los objetos con demasiado esfuerzo. Nos cuesta trabajo ver y nuestro campo visual se reduce. Además, los ojos y oídos se ven afectados por las tensiones en las áreas cercanas: la frente, la quijada y el cuello.

Cuando están contraídos los músculos de la frente, sobre todo el entrecejo, transmiten al cerebro mensajes emocionales de angustia y confusión. La cara de perplejidad que muestran algunos individuos contribuye a la confusión y falta de claridad de sus pensamientos. Si tratamos de tener la frente descansada y sin arrugas, el problema que tenemos delante nos parecerá más fácil de resolver.

Para liberar las tensiones de los ojos, pruebe moverlos para todos lados. Mire hacia arriba, lo más alto que pueda, mientras mantiene la cabeza derecha. Manténgalos así unos instantes. Luego mire hacia el lado izquierdo y a continuación al derecho. Finalmente mire hacia abajo. Repita el ejercicio varias veces. También puede rotarlos en círculos, primero hacia un lado y luego hacia el otro.

Una manera fácil de descansar la frente es tensarla aún más. Arrúguela y mantenga la presión. Luego descanse un momento. Ténsela de nuevo y a continuación descanse. Repita este ejercicio varias veces. De paso, si usted desea relajar alguna parte de su cuerpo (por ejemplo: las manos) lo primero es tensarla, para luego aflojarla. Así, apriete con fuerza los puños y luego abra las manos lo más que pueda. Repita el ejercicio varias veces, hasta que las sienta relajadas.

Mandíbula

La quijada es una de las partes más expresivas del cuerpo humano. A veces la cerramos fuertemente, por ejemplo: cuando sentimos cólera o determinación. El cerebro interpreta estas contracciones como si nos viéramos en un apuro o afrontáramos un grave problema. Como resultado, nos invade una sensación de angustia creciente. Para eliminar las tensiones en la mandíbula, uno de los ejercicios básicos es el de aprender a concentrarse en la masticación de los alimentos y saborearlos.

Conviene que nos demos cuenta de que podemos cortarlos con los incisivos y también triturarlos agresivamente con los molares. Según Perls, cuando las personas recuperan la capacidad de masticar y saborear los alimentos disminuye su irritabilidad general. También mejora su habilidad para concentrarse en las tareas intelectuales a medida que pueden atender sin distracciones a lo que están comiendo.

Otro ejercicio para liberar las tensiones de la mandíbula, sobre todo las que están asociadas con el resentimiento, consiste en tomar una toalla o un rollo de papel suave y para morderlo. La persona puede sostener la toalla con una mano, mientras que muerde y jala la toalla con los dientes. Al mismo tiempo hace movimientos de cabeza, de la misma manera que lo hará un perro si tiene agarrada a su presa.

Después de unos minutos, el individuo suelta la toalla voluntariamente, y luego repite esto varias veces. Este ejercicio es muy útil para liberar las tensiones de las personas que aprietan los dientes y se lastiman cuando están dormidas.

Cuello

A muchos individuos les ayuda gritar, porque así se liberan algunas tensiones del cuello. Para esto, se encierran en un cuarto alejado y gritan hasta quedar satisfechos. También pueden hacerlo mientras conducen en zonas relativamente despobladas donde hay escaso tránsito.

Se puede utilizar la voz para aflojar algunas tensiones internas, en particular de la tráquea. Uno respira profundamente y luego produce el sonido mmmm... de modo prolongado, mientras echa fuera el aire por la nariz. Se varía el sonido, haciéndolo más grave o más agudo, hasta sentir que vibran las estructuras del cuello, la cabeza y el tórax.

Las personas demasiado sumisas pueden gritar la palabra "no" una y otra vez, con toda intensidad, mientras mueven el cuello de uno a otro lado, para aflojar el cuello y levantar la cabeza. Como ya se dijo, en la terapia de grupo se puede invitar a algunos individuos para que emitan sonidos.

Pueden rugir, llorar o ensayar diferentes voces para dar salida a sus emociones reprimidas. También les conviene imitar otras voces o exagerar algunos aspectos de la propia voz, para irse sintiendo cómodos cuando emplean expresiones más espontáneas y libres.

Otra manera de eliminar las tensiones del cuello consiste en tomar un cojín con las manos y ahorcarlo. También se puede utilizar una toalla para retorcerla. Además, uno se puede imaginar que ahorca al individuo que lo está presionando e intenta hacerle la vida imposible.

Es típico que si las manos antes eran frías y sudorosas, recuperan el calor y la vibración mediante esta clase de ejercicios. Conviene advertir que algunos dolores de cabeza desaparecen en cuanto las manos recuperan la circulación de la sangre: la sangre ya no se agolpa en la cabeza, de manera dolorosa.

Feldenkrais recomienda evitar las tensiones del cuello cuando caminamos. Sugiere que al movernos podemos imaginar que alguien nos está ayudando y nos jala suavemente por el cabello de la parte superior de la cabeza.

Hombros, brazos y manos

La postura de los hombros manifiesta ciertas actitudes relacionadas con el trabajo y las responsabilidades. Más en particular, reflejan el modo como cada cual lleva el peso de la vida. Algunas personas están agobiadas por sus sufrimientos. Cuando se encuentran libres de tensiones, los hombros son una plataforma móvil que se desliza sobre el tórax y ejecuta toda clase de movimientos, lo cual facilita el empleo de los brazos.

Por el contrario, las personas tensas padecen dolores de cabeza, cuello, hombros o espalda. Un sencillo ejercicio consiste en levantar los hombros casi hasta tocar las orejas (como quien expresa que algo no le importa) y luego los mantiene así un momento. A continuación los deja caer con fuerza mientras echa fuera el aire de los pulmones. Se puede repetir este ejercicio unas 25 veces.

Las manos son el principal instrumento de que se vale nuestro organismo para establecer contacto y modificar el medio ambiente que nos rodea. Las dejamos caer con desaliento cuando perdemos la esperanza. Sacudimos el puño cuando nos encolerizamos y algunas personas se comen las uñas cuando están nerviosas.

A cualquier persona le conviene aprender a relajar sus manos cuando está en una situación que le produce irritación o fastidio. Esto quita la sensación de nerviosismo y la persona se siente más capaz de hacer frente a la situación. Basta con que cierre los puños con fuerza y luego los abra unas cuantas veces. También puede apretar una pequeña pelota de hule o algún objeto parecido.

Para liberar la agresividad se puede golpear la cama con los puños o con una raqueta. Hay guantes diseñados para las peleas (en las terapias de grupo) que hacen mucho ruido pero no causan daño alguno. También hay muñecos inflables, de tamaño casi natural, capaces de soportar golpes, empujones y patadas de los participantes que desean expresar su enojo de manera muy emocional, pero inofensiva.

El terapeuta debe poner especial cuidado durante los ejercicios de tipo violento. Algunas personas se entregan a ellos con gran concentración. Se pueden lastimar o lastiman a los demás cuando se abandonan al coraje asesino que llevan acumulado. Sin embargo, la terapia no solamente favorece las manifestaciones de enojo, sino también las de ternura y amor fraterno mediante abrazos, masaje mutuo, caricias en el rostro, etcétera.

Tórax y espalda

Además del dolor muscular, muchas personas guardan en su espalda el peso de las responsabilidades, así como mezclas emocionales de miedo y coraje. Otras viven azotándose mediante pensamientos (las frases del diálogo interno) destructivos. Algunos cargan en su espalda los problemas del trabajo y de su familia, incluso cuando están de vacaciones, porque no pueden salir de su rigidez y de sus preocupaciones obsesivas.

Muchos deportes, por ejemplo el tenis, fortalecen los músculos del frente del tórax, mientras que los de la espalda quedan estirados y débiles. Los pectorales, demasiado desarrollados, jalan el cuello hacia adelante. Con esto, la persona se joroba, siente cansancio continuo y no respira bien. Entre otros ejercicios, le convendría dar codazos hacia atrás, remar, etcétera, para fortalecer los romboides. Así se juntarían más los omóplatos y podría respirar mejor.

Para abrir los músculos tensos del tórax, uno se tiende de espaldas en el suelo, encima de un rollo de cobertores que se acomodan abajo de los hombros, como se muestra en la figura 8. Permanece así 10 o 15 minutos, mientras trata de respirar profundamente. Esta postura, opuesta a estar habitualmente agachado, es útil para aflojar los músculos del frente del tórax. A veces, este ejercicio provoca temblores musculares y llanto, con lo que se alivian las tensiones emocionales y mejora la respiración.

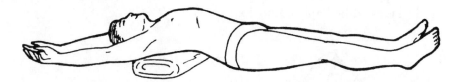

Figura 8. La persona se tiende de espaldas sobre un rollo de cobertores y respira lo más profundamente que puede. Permanece así durante 10 o 15 minutos.

Feldenkrais propone un ejercicio que tiene la finalidad de mejorar la curvatura lumbar, el cual es útil para eliminar algunos dolores de la espalda baja. La persona se acuesta de espaldas, encoge las piernas y apoya en el suelo las plantas de los pies, alineadas con las caderas y a cierta distancia de las mismas. Luego, mientras respira profundamente, trata de exagerar la curvatura lumbar, imaginando que es un arco que se agranda y que un pequeño animal puede pasar por el hueco que queda entre la cintura y el piso. Con éste, uno siente que los pies tratan de sujetarse con fuerza al suelo. Luego exhala y regresa a la posición inicial. El ejercicio se repite varias veces.

El mismo autor recomienda que tratemos de mejorar la conciencia de los músculos, tanto de los flexores como de los extensores, para que de esta manera tengamos una mejor postura y una imagen más integrada de nosotros mismos.

Para liberar las tensiones de la espalda, también son útiles algunos ejercicios de yoga que tienen el propósito de estirar la columna vertebral. Por ejemplo, en la Postura de la Cobra (figura 9), la persona se acuesta boca abajo en el suelo. Se estira y se apoya en los antebrazos, para mantener la cabeza y el tórax algo levantados. Hace una inspiración profunda y prologada. Luego, al momento de exhalar, arquea la espalda hacia arriba y también levanta la cabeza.

Al sacar el aire, ayuda que emita un sonido espontáneo, como puede ser un rugido o algo parecido. Al mismo tiempo, también puede sacar la lengua lo más posible. El ejercicio se repite varias veces.

Algunos se dan cuenta de que aprietan la garganta para evitar una respiración más profunda. La persona puede recorrer el rollo a distintas alturas de la espalda; luego estira los brazos lo más que puede. También puede hacer presión en algunos músculos de la espalda baja, como los psoas.

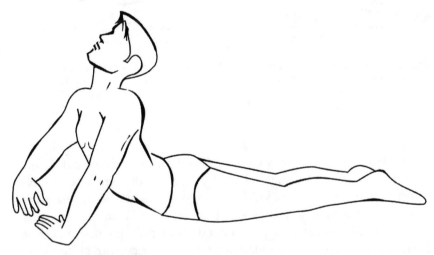

Figura 9. Postura de la cobra. La persona se acuesta boca abajo, coloca sus manos hacia dentro y se apoya en los antebrazos. Al momento de exhalar, como ilustra la figura, arquea el tórax hacia arriba, levanta la cabeza y se apoya sobre las manos.

Abdomen

Cuando alguien espera un golpe en el estómago, contrae instintivamente los músculos abdominales. Algunos individuos mantienen tensos estos músculos, por lo que su cerebro recibe continuos mensajes de alarma e inseguridad.

En un ejercicio para liberar las tensiones del abdomen, el paciente se tiende boca abajo sobre unos cojines duros o una manta enrollada. A continuación, activa su energía mediante la respiración profunda y fija su atención en sus funciones abdominales. Es importante instruir al paciente para que deje brotar sus sentimientos del modo que sea. Pueden brotar no solamente el rencor, el miedo y la angustia, sino también la sensualidad, la excitación sexual, la alegría de vivir, la risa, etcétera.

Pelvis

Entre los ejercicios que se utilizan para manejar las tensiones del área pélvica están los movimientos circulares, parecidos a los que haría una persona que tuviera un aro en su cintura y lo estuviera haciendo girar. Usted se coloca de pie, con los pies paralelos y separados entre sí unos treinta centímetros. Luego apoya el peso del cuerpo en el pie izquierdo, rotando la pelvis hacia el mismo lado (figura 10).

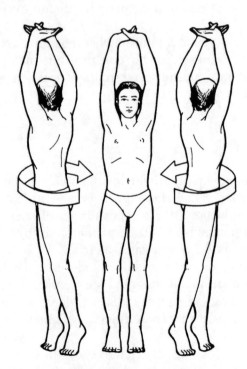

Figura 10. Mientras está de pie, la persona se estira y luego gira su tórax, con el resto del cuerpo, hacia uno y otro lado.

A continuación, permite que el peso del cuerpo descanse en ambos talones y mueve la pelvis hacia adelante. Luego se apoya en el pie derecho y gira la pelvis hacia ese lado. Finalmente, se deja descansar el peso del cuerpo en ambos pies y se mueve la pelvis hacia atrás. El ejercicio se repite diez veces. Se vuelve a hacer, en sentido contrario, otras diez veces.

Otro ejercicio parecido consiste en mover la pelvis hacia adelante y hacia atrás mientras se mantiene de pie. La pelvis se echa hacia adelante al presionar el suelo con los talones, al tiempo que expulsa el aire de los pulmones. A continuación, se empuja hacia atrás, mientras inhala profundamente.

Cuando el esfínter anal está muy contraído, la defecación es molesta y la persona puede padecer hemorroides. Un ejercicio sencillo y eficaz para aliviar este padecimiento consiste en apretar y aflojar con fuerza las nalgas y el ano. Mantenga la presión mientras cuenta hasta quince. A continuación se relaja un instante y contrae de nuevo los músculos del piso pélvico. Puede hacer este ejercicio unas quince veces mientras está sentada en la oficina o viendo televisión. Los músculos del piso pélvico necesitan ejercitarse de manera regular, lo mismo que los de todo el cuerpo.

Este ejercicio ayuda a eliminar las tensiones crónicas del piso pélvico y de las nalgas, con lo que resultan más placenteras las relaciones sexuales porque la circulación de la sangre mejora notablemente.

Piernas y pies

Entre los ejercicios para aliviar las tensiones de las piernas están patear, sacudirlas y hacerlas vibrar. Por ejemplo, cuando la persona está tendida boca abajo, apoyada en el suelo con los antebrazos, puede patear hacia atrás, primero con una pierna y luego con la otra, unas 15 veces cada pierna.

También puede tirar patadas cuando está acostada boca arriba en la cama o en una alfombra. Este ejercicio acelera la respiración. En ocasiones, la respiración acelerada y los movimientos corporales expansivos disparan sensaciones, emociones, recuerdos y percepciones.

Las personas que mantienen las rodillas trabadas también limitan los movimientos de la pelvis. Además, tensan otros músculos de su cuerpo, desde el cuero cabelludo hasta los dedos de los pies, en un esfuerzo por mantenerse derechas. Basta un pequeño empujón en las rodillas para que estas personas pierdan el equilibrio y caigan de espaldas. Por el contrario, los individuos que mantienen flexibles sus rodillas pueden mantener la postura erguida con mayor facilidad; además, al caminar mueven más libremente sus caderas.

Para aflojar las rodillas trabadas, usted se coloca de pie y adelanta uno de ellos para echarle el peso del cuerpo. Luego gira la rodilla, haciendo pequeños círculos, primero hacia adentro (unas diez veces) y después hacia afuera, como se ilustra en la figura 11.

Figura 11. La persona hace movimientos circulares con la rodilla, hacia uno y otro lado, para destrabarla y tonificar los músculos de los muslos y de las pantorrillas.

A continuación, adelante el otro pie, apoye bien el cuerpo y repita los mismos ejercicios. Después regrese a la postura inicial y vuelva a empezar el ejercicio cuantas veces pueda. No conviene que usted se canse, pues el propósito de este ejercicio es aflojar las rodillas poco a poco.

Los que vivimos en la ciudad hemos perdido algunos movimientos de los pies porque los tenemos envueltos en zapatos y caminamos mucho tiempo sobre superficies planas. Por el contrario, los que viven en pequeñas poblaciones cerca del mar utilizan sus pies para subir a las palmeras envolviéndolos alrededor del tronco o caminan descalzos por terrenos rocosos y disparejos. Ellos pueden flexionar sus pies de maneras desconocidas para nosotros.

Como un pésimo hábito, muchos individuos caminan con la punta de los pies apuntando hacia fuera, lo cual provoca estrés indebido en las piernas y en la pelvis. El modo correcto de caminar es con los pies paralelos, mientras que los dedos apuntan hacia el frente. De paso, las personas que se empeñan en caminar de esta manera también van destrabando sus rodillas y recuperan el arco del pie que antes mantenían colapsado.

Una manera sencilla para recuperar la movilidad de los músculos de los pies y aliviar las tensiones diarias es poner una pequeña pelota de hule en el suelo. Se pueden hacer toda clase de ejercicios con ella. Por ejemplo, la puede agarrar con los dedos de los pies, rodarla contra el arco, presionarla con los talones, moverla hacia delante y hacia atrás con el filo externo de los pies o darse masaje en toda la planta de los pies.

Si usted está interesado(a) en otros ejercicios para corregir su postura, puede consultar los siguientes autores: Lowen y Lowen, Feldenkrais, Drake o Sölveborn.

Respiración y automasaje

La respiración es una de las funciones vitales de mayor importancia. Los pulmones absorben el oxígeno del aire, mientras que el sistema circulatorio se encarga de distribuirlo a cada una de las células del organismo. Uno de los más certeros indicadores de los niveles de salud, bienestar y vitalidad de algún individuo es el tipo de respiración que utiliza habitualmente. Las personas que respiran calmada y profundamente irradian mayor alegría y optimismo.

En breves palabras, la manera como respira determina en gran parte el modo como se sienten.

La diferencia en el espacio de la cámara pulmonar entre la inhalación profunda y la exhalación completa se denomina *capacidad vital*. La capacidad vital determina la cantidad de oxígeno que está disponible en el torrente sanguíneo de cada persona, según su manera de respirar.

La capacidad pulmonar adulta es de unos tres litros de aire en promedio. Sin embargo, debido a sus bloqueos neuróticos y a la vida sedentaria que llevan, muchas personas solamente permiten la entrada de la mitad o aun menos. El resto es aire viciado que no circula porque su caja torácica está casi inmovilizada. Gran parte de su capacidad respiratoria permanece inactiva. Por si eso fuera poco, el nocivo hábito de fumar limita aún más la oxigenación que necesita el organismo para mantenerse activo.

La ansiedad y la excitación hacen que la respiración sea desigual y rápida, Nos calmamos en cuanto podemos controlarla para que sea lenta, profunda y suave. Usted puede mejorar su salud física y mental (emocional) si aprende a respirar de la mejor manera posible. Con esto, tendrá la mente más lúcida, el cuerpo más saludable y una visión más clara del mundo.

Percibirá mejor los colores, dormirá bien, se sentirá más vibrante y mejorará notablemente su estado de ánimo. En pocas palabras, estará más inspirado en todas las cosas que hace.

Angustia y depresión

La angustia es un trastorno que padecen con frecuencia los habitantes de las grandes ciudades actuales. Muchos de ellos están nerviosos, estresados e inquietos. Su pulso se acelera, sus manos sudan y su respiración es molesta y superficial. Hay varias teorías acerca de la angustia. Sin embargo, básicamente se trata de una alteración respiratoria de tipo psicosomático.

Cuando hay fuerte interés y se anticipa algún intenso contacto agresivo, creativo, erótico o de cualquier naturaleza, el organismo se prepara para la acción. Se acelera el proceso metabólico que oxida las reservas acumuladas a partir de la digestión. Por eso mismo, surge la imperiosa necesidad de obtener mayor cantidad de aire. La persona que responde de modo espontáneo a la excitación aumenta la capacidad y la frecuencia respiratoria.

Por el contrario, los individuos que intentan frenar su excitación viven tensos y angustiados. En vez de permitir que su respiración se acelere, tratan de mantener el ritmo que tenían antes del súbito interés impulsivo. Según Perls, procuran crear (para sí mismos y para los demás) la ilusión de que están calmados, no les pasa nada y así son felices. Tarde o temprano, su caja torácica se traba y queda casi inmóvil.

Por su parte, las personas nerviosas perciben cualquier evento común como si fuera una emergencia. Se angustian porque utilizan el modo urgente de respirar sin que venga al caso ni les sirva de nada. La respiración nerviosa incluye rápidos movimientos del tórax. Los pulmones se llenan de modo agitado y acelerado. El pecho sube y baja con rapidez, de modo perceptible, mientras que se inhalan grandes bocanadas de aire.

A veces, esto es lo apropiado: por ejemplo, una persona jadea después de correr mucho. De esta manera, los músculos del cuerpo obtienen con rapidez el oxígeno que necesitan. Sin embargo, si usted cae en la cuenta de que está respirando de manera agitada sin ninguna necesidad, le conviene seguir haciendo esto, deliberadamente, por un poco más de tiempo. Luego, poco a poco, vaya empleando un ritmo más lento y regular, hasta que logre calmarse y se sienta tranquilo.

El hábito de fumar produce una engañosa sensación de alivio transitorio frente a las sensaciones de angustia respiratoria. Sin embargo, momentos después resurgen el nerviosismo, el ahogo respiratorio y la imperiosa necesidad de hacerlo de nuevo. La nicotina es muy adictiva. Hay quienes encienden un cigarrillo cada cinco o 10 minutos, de manera compulsiva.

El tabaco causa cáncer pulmonar, enfisema y otras muchas enfermedades; mata más personas que el sida, el alcohol o las drogas. Cualquiera que intenta dejar de fumar necesita mejorar radicalmente su manera de respirar. Las personas que fuman mucho tienen la caja torácica trabada y los pulmones demasiado congestionados, por lo que también necesitan ejercicios especializados y masaje para liberar sus tensiones.

Las tensiones de la vida crean tensiones en los tejidos del cuerpo. De manera muy directa, restringen la posibilidad de que la caja torácica se expanda y contraiga con libertad. Como resultado, la tensión se extiende a todos los tejidos del cuerpo, lo cual comprime los vasos capilares. Además, se reduce la cantidad de sangre que llega a las células, por lo que algunos gases viciados no logran salir del organismo mediante la espiración (Heller y Henkin).

Además, el tórax trabado en posición de espiración (colapsado) genera molestas sensaciones de desánimo, falta de energía y cansancio habitual. Algunas personas mantienen el pecho hundido y casi no respiran debido a las posturas sumisas (masoquistas) que adoptan. Están paralizadas por el miedo. Se controlan y viven preocupadas porque piensan que es peligroso expresar sus opiniones. Suponen que si se encogen y tratan de pasar inadvertidas, los demás ya no las van a lastimar ni van a invadir su privacidad interna.

Las personas que adoptan posturas sumisas y débiles absorben en demasía los sentimientos dolorosos de los demás, se sacrifican por todos –venga o no al caso– y también atraen la atención de personas dominantes y agresivas que abusan de ellas. Ahogan todos sus anhelos y no tienen alas para volar.

Técnicas de respiración

De igual manera, las técnicas aquí contenidas aparecen en *Psicoterapia corporal y psicoenergética*. Heller y Henkin indican que la respiración es la principal fuente de energía de nuestro cuerpo y es posible elevar el nivel energético aumentando la captación de oxígeno o disminuir ese nivel reduciendo la entrada del oxígeno. El cerebro consume alrededor de la cuarta parte del oxígeno que respiramos. La buena respiración agudiza nuestras funciones cognitivas y perceptivas y también mejora el alertamiento.

Una función de la respiración es posibilitar el lenguaje oral. Al pasar el aire por las cuerdas vocales, las hace vibrar y produce sonidos. Cuando alguien habla mucho y a gran velocidad, necesita aumentar su frecuencia respiratoria. Todos necesitamos respirar bien para expresar nuestros deseos con la mayor claridad posible mediante la voz.

La respiración espontánea incluye la participación activa del diafragma. Cuando el diafragma pulsa libremente las vísceras del vientre, éstas reciben un masaje rítmico que facilita la buena digestión. Con la buena digestión y la óptima entrada del aire se acelera todo el metabolismo. Esto es indispensable para salir de la depresión, bajar de peso y recuperar la alegría de vivir.

Por el contrario, cuando la caja torácica está trabada, el diafragma no se puede mover con libertad. La parte de arriba de la cintura y la parte de abajo pierden su sincronía e integración.

En un sencillo ejercicio, usted puede concentrarse en echar fuera el aire de sus pulmones, lo más completamente posible. Cuenta hasta 20 mientras exhala, hasta dejar los pulmones completamente vacíos. Luego permite la entrada del aire, contando hasta 11.

Mientras inhala, se imagina que la energía entra por la punta de la cabeza, como una luz brillante y llega hasta los genitales. Cuando exhala, imagina que salen de su cuerpo todas las tensiones y preocupaciones, como si fueran una nube oscura. Este ejercicio se repite varias veces.

Las personas que tienen el pecho hundido necesitan insistir en la inhalación del aire para expandirlo. Si éste es su caso, le conviene ponerse de pie, con los pies paralelos y separados entre sí unos treinta centímetros. Mantenga el cuerpo derecho, con las rodillas ligeramente dobladas. A continuación, procure llenar de aire sus pulmones lo más que pueda, lenta y profundamente. No eche el aire fuera, sino manténgalo dentro.

En seguida, sin exhalar, utilice el aire de los pulmones para empujar y mover el pecho hacia fuera varias veces, como si estuviera alejando un poste o una mano que presiona el esternón hacia adentro, impidiéndole respirar. Con el aire dentro, sacuda usted el tórax y mueva las costillas y la columna vertebral de modo espontáneo. Luego exhale el aire y repita el mismo ejercicio varias veces.

En otros ejercicios, mientras está de pie, aspire profundamente y guarde el aire dentro de sus pulmones. Luego gire los hombros y el tórax hacia uno y otro lado permitiendo el máximo movimiento de las costillas, la columna vertebral, el cuello, el esternón y los omóplatos, como si usted estuviera mojado y se estuviera sacudiendo el agua de la piel.

También puede dar codazos hacia atrás, primero con un brazo y luego con el otro. Ayudados por ejercicios de este estilo, usted puede aprender a exhalar e inhalar con mucha mayor facilidad. Su caja torácica se irá ampliando, se hará más fuerte y a la vez más flexible.

Los ejercicios de respiración profunda, combinados con el movimiento, son muy útiles para mejorar el estado de ánimo y eliminar los bloqueos y las tensiones corporales. También ayudan a recuperar la flexibilidad de la columna vertebral y eliminar las posturas colapsadas del cuerpo.

Por otra parte, la caja torácica permanece inflada cuando los músculos intercostales externos están habitualmente contraídos. Cuando esto sucede, el individuo tiene la sensación de que es insensible y duro y de que no puede soltarse ni descansar. No se permite llorar y transmite a los demás el mensaje –no siempre consciente– de que rechaza cualquier apego y cercanía emocional, como si fuera el hombre de acero o el caballero de la armadura oxidada (Fisher).

Si usted mantiene el tórax expandido, le conviene insistir en la exhalación del aire. Para ello, necesita inhalar lo más que le sea posible. Después necesita expulsar voluntariamente el aire, por etapas, a modo de jadeo. Cuando su caja torácica queda completamente vacía, permita usted la entrada del aire, de modo pausado. Para exhalar mejor por la boca puede utilizar un trozo de manguera o un popote en un vaso de agua.

De ordinario, los hombres machistas mantienen su caja torácica demasiado expandida, mientras que las mujeres sufridas y deprimidas la tienen colapsada. Además, algunas personas muestran notable falta de sincronía entre los movimientos de la caja torácica y los del abdomen, por lo que experimentan notable inquietud.

Cuando el centro de la garganta está bloqueado, la garganta se halla agitada y las energías del corazón y de los pulmones no se unen bien con la cabeza (Anodea). Para calmar el centro de la garganta se puede hacer un sonido al exhalar, por ejemplo: "ahhh", "ommm".

En otro ejercicio, usted puede comenzar a respirar fácilmente por la nariz y la boca, sin prestar demasiada atención al proceso. Deje la boca ligeramente abierta y con la lengua toque levemente el paladar. Al principio esto no parece muy cómodo, pero pronto lo sentirá más fácil y agradable. Deje que sus sensaciones se desplieguen de modo natural. Respire con profundidad una y otra vez.

Trate de poner su mente en blanco. Esto requiere bastante tiempo, porque dejar de pensar en algo parece muy difícil. Permita que las fantasías y sensaciones nazcan y desaparezcan sin tratar de controlarlos de ninguna manera. No trate de buscar allá afuera alguna satisfacción. Esta respiración es muy ligera y muy vigorizante. Si usted siente alguna tensión muscular, imagine que su respiración la toca y la va aflojando.

Si usted experimenta que alguna sensación fluye, por ejemplo en la garganta o en otra parte del cuerpo, no trate de impedirlo, sino simplemente deje que eso prosiga. Tal vez usted pueda percibir que la sensación se mueve hacia diferentes partes del cuerpo. Finalmente se extiende por todo el cuerpo y usted queda en paz.

En circunstancias ordinarias conviene que el tiempo de la inspiración y el de la espiración sean iguales: observe cuidadosamente las diferentes cualidades de su respiración. A veces es difícil y agitada o inquieta y otras es profunda. Eso está muy ligado a que usted experimente distintos estados de ánimo, diferentes fantasías y diversas sensaciones.

A medida que su respiración se hace más lenta, profunda y uniforme, su mente se va tranquilizando, queda en paz y las sensaciones fluyen de una manera más agradable. También desaparecen las tensiones y los pequeños dolores y malestares del cuerpo.

Se emplea una respiración profunda y pausada para favorecer la relajación y facilitar las regresiones a otros niveles de edad. Algunas personas se quedan con la mente en blanco cuando respiran con mayor intensidad. A veces, es una defensa para frenar el recuerdo de eventos traumáticos del pasado demasiado dolorosos. Otras veces es una señal de que están muy relajados. Por otra parte, el cerebro necesita acostumbrarse a consumir más oxígeno. La hiperventilación puede ocasionar mareos en algunos pacientes.

Otro fenómeno catártico asociado con la mejoría respiratoria es una tos convulsiva, que algunas personas asocian con recuerdos de asma temprana y de una madre demasiado protectora y preocupada que ni siquiera las dejaba respirar. Hay personas que se sienten demasiado impulsivas, malas o poco inteligentes cuando intentan respirar mejor. Temen perder el control de sí mismas, desvanecerse y caer al suelo.

En otros momentos hay suspiros de placer, sacudidas en todo el cuerpo y sensaciones de hormigueo. También se dan cambios en la circulación de la sangre (mayor oxigenación) que elevan la temperatura de la piel y la hacen más sensible: desaparecen el frío y la sudoración excesiva, propias de la angustia y el miedo. Algunas personas experimentan calor y se sienten muy sensuales, de manera grata.

Técnicas de automasaje

Cuando sienten alguna tensión en el cuello, muchas personas se frotan la parte dolorida de manera instintiva, con lo que se dan masaje. Los masajes que la persona se proporciona a sí misma de manera habitual contribuyen a restablecer la salud cuando está enferma. Si usted está sano, esas técnicas le pueden ayudar a conservar la salud y tener mejor aspecto.

Conviene efectuar el automasaje de manera calmada y cuidadosa. Cuando uno lo hace de manera sistemática, el cuerpo se relaja, mejora la circulación y disminuye la inflamación. Además, desaparece la fatiga y se siente mayor alegría y vitalidad. A consecuencia del masaje mejora la circulación de la sangre, lo que ayuda a relajar los músculos y aliviar el dolor de los músculos contraídos. Las principales maneras de utilizar las manos son:

- Frotamiento: para estimular la circulación de la sangre y liberar la tensión muscular frote los músculos (cuello, hombros, piernas) con movimientos circulares, utilizando la palma de las manos o los dedos.
- Vibración: use golpeteos rítmicos con el borde de las manos o con el puño para mejorar la circulación y ayudar a relajar los músculos tensos. También puede utilizar un vibrador eléctrico para relajarse y eliminar la fatiga.
- Amasado: procure amasar sus músculos como si estuviera trabajando con harina. Puede utilizar algún aceite con el aroma que usted prefiera, por ejemplo: el de lavanda tiene efectos calmantes.

- Estiramiento: para terminar cualquier masaje se pueden utilizar pases suaves y firmes, moviendo las manos hacia los extremos de los músculos.

Facial

Utilizando la punta de sus dedos, aplique un poco de aceite en algunas partes de su rostro. Empiece por la frente y continúe con las sienes, la nariz, las mejillas, la barbilla y las orejas. Haga pequeños movimientos circulares en cada parte. También puede utilizar suaves movimientos vibratorios.

Empiece por la parte central de cada parte y mueva poco a poco sus dedos hacia fuera. Al final, coloque sus dedos medio e índice juntos entre el labio superior y su nariz. Luego haga pequeños movimientos circulares alrededor de la boca.

Cuello

Emplee los tres dedos del medio de ambas manos –juntos o separados– para hacer pequeños movimientos circulares, empezando por la punta de los hombros (vea figura 12) y continuando las

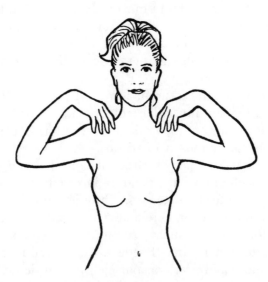

Figura 12. Masaje en los hombros y también en el cuello.

espirales hacia la parte de atrás del cuello, hasta la base del cráneo. También recorra los lados del cuello. Repita esto al menos tres veces. En otro ejercicio, coloque los dedos juntos en los puntos donde el cráneo se une al cuello. En seguida haga vibrar la punta de los dedos con velocidad mediana. Aplique presión firme, pero procure que no sea dolorosa.

Hombros

Coloque la punta de sus dedos, incluido el pulgar, por encima de los omóplatos (vea figura 13). Con toda calma trabaje en los músculos de los hombros y haga pequeños movimientos, apretando y soltando, como si los estuviera amasando. Puede utilizar las dos manos; recorra los hombros, de fuera hacia dentro, y apriete todos esos músculos unas cuantas veces. En otro ejercicio, se puede imaginar que sus hombros son un teclado de piano. Presione la punta de sus dedos con fuerza, como si estuviera tocando una melodía.

A continuación levante un hombro tres veces y gire el antebrazo en el sentido de las manecillas del reloj. Luego gírelo en el sentido contrario otras tres veces. Si lo prefiere, después de levantar los hombros estire ambos brazos hacia fuera y luego gírelos tres veces en un sentido y otras tres en el otro.

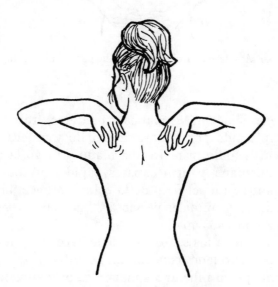

Figura 13. Masaje en los hombros como si estuviera amasando.

Espalda, senos y nalgas

También puede darse masaje en la espalda, de la misma manera que lo hizo en los hombros, procurando amasar bien las partes
que alcance cómodamente. Puede amasar la parte de arriba de la
espalda y luego hacer lo mismo abajo, a la altura de la cintura
(vea figura 14). Además, puede acostarse en el suelo y mover la
espalda hacia uno y otro lado, hacia arriba y hacia abajo, procurando que la piel se deslice hacia uno y otro lado, por encima de
los músculos y los huesos de toda la espalda.

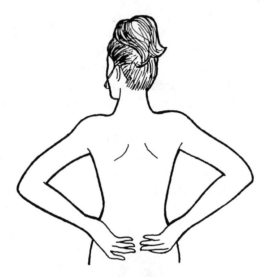

Figura 14. Masaje en la cintura y en la parte baja de la columna.

En otro ejercicio, con las manos extendidas, frote la columna
vertebral, empezando por la base del cuello y mueva las manos
hacia abajo, utilizando primero una mano y luego la otra. Aplique presión mediana y utilice pases rápidos y suaves. Luego
mueva las manos desde el final de la columna hacia arriba. Esto
ayuda a relajar las terminales nerviosas. Puede hacer veinte pases
en total, diez con cada mano.

Para dar masaje a los senos, conviene hacerlo en forma circular, hacia uno y otro lado, con una mano en cada seno, mientras
que se imagina que al inhalar les manda calor y aumenta en ellos
la circulación de la sangre. Continúe durante algunos minutos,

procurando respirar de manera profunda y tranquila. Si lo prefiere, puede hacer una pausa después de inhalar, conservando el aire dentro para mantener la caja torácica más abierta y eliminar tensiones que la mantienen habitualmente colapsada. Luego eche fuera el aire y llene sus pulmones de nuevo.

Para las nalgas, acuéstese boca abajo. Acomode sus manos en el piso pélvico y luego presione suavemente con sus dedos unas cuantas veces. A continuación suba las manos arriba y haga lo mismo. Continúe así hasta que llegue a la cintura. Luego baje poco a poco, repitiendo las presiones de los dedos. Suba y baje unas cinco veces. Puede realizar este tipo de masaje en la parte de atrás de sus muslos.

Abdomen

Acuéstese de espaldas, con las piernas flexionadas y los pies apoyados en el suelo o en la cama. Con suavidad, hunda sus dedos y los pulgares en la piel y los músculos del abdomen. Presione levemente con los dedos, trazando círculos cada vez más amplios a partir del ombligo, en el sentido de las manecillas del reloj. Si padece constipación, le convendrá insistir en el área inferior izquierda del abdomen, lo cual es muy útil para aliviar ese padecimiento.

También puede utilizar el talón de las manos en su abdomen, colocando las manos a uno y otro lado. Haga movimientos vibratorios suavemente hacia arriba y hacia abajo hasta que recorra todo el estómago y los intestinos. También puede utilizar los dedos y la parte baja de las manos para agarrar la piel y los músculos, aplicando algo de presión. A continuación, suelte esa parte y haga lo mismo con otra cercana. Siga así hasta que termine con todo su abdomen.

En otro ejercicio, haga pequeños círculos con los dedos juntos de ambas manos. Empiece por la parte inferior derecha del abdomen y luego continúe hacia arriba, siguiendo el colon (parte del intestino grueso). Luego haga círculos por el borde inferior de la caja del tórax, del lado derecho hacia el izquierdo. Finalmente, descienda por el lado izquierdo, hasta el hueso del pubis. Termine donde empezó el masaje. Haga tres veces este ejercicio en el sentido de las manecillas del reloj.

Piernas y pies

Para los pies cansados y adoloridos, puede empezar colocándolos en un baño de agua caliente con sales medicinales. Después de diez minutos, séquelos bien con una toalla. Si lo desea, puede aplicar un linimento a sus piernas y pies. Mientras está sentada(o), use el pulgar y el índice para presionar cada dedo de los pies, con pequeños movimientos vibratorios, procurando aflojar cada articulación.

Otra técnica es presionar levemente los pies, haciendo pequeños movimientos con los dedos hacia uno y otro lado. Tome el dedo grande con el pulgar y los otros dedos de su mano y rótelo levemente tres veces hacia un lado y otras tres hacia el otro. Haga lo mismo con los demás dedos.

Para las piernas, apoye un pie en el suelo o sobre una silla. Luego agarre una pierna con ambas manos, empezando desde unos 10 centímetros arriba del tobillo. Amase las piernas como si lo estuviera haciendo con la masa, de abajo hacia arriba, hasta los muslos, y de nuevo de arriba hacia abajo. Haga esto cuatro veces para cada pierna, utilizando una presión mediana.

A continuación, coloque las palmas de sus manos en el hueso de la rodilla y haga pequeños movimientos circulares mientras aplica un poco de presión (figura 15), como si estuviera destapando un frasco. Haga este ejercicio durante un minuto por cada pierna, suavemente y sin movimientos bruscos.

Figura 15. Masaje en el hueso de la rodilla.

Si usted lo prefiere, para dar masaje a su cuerpo puede utilizar un guante de fibra natural. Para eliminar la fatiga, cepille su piel suavemente con movimientos circulares. Empiece con los pies, siga con las piernas y continúe hacia arriba, hacia la zona del corazón. También puede cepillar sus nalgas, cintura, brazos y hombros. Procure realizar este masaje en la mañana antes de la ducha, con lo que mantendrá estimulada la circulación sanguínea durante el resto del día.

Procure observar bien su piel antes del masaje. En las áreas en las que su piel está enrojecida o escoriada, procure ser muy cuidadoso o mejor evítelas. Nunca les aplique presión y utilice allí movimientos hacia fuera. No dé masaje a una parte de su cuerpo y no a la del lado opuesto, porque esto la puede dejar fuera de balance. La idea del masaje es dar tono, balance y relajación a la piel, los músculos y los nervios.

Para terminar el masaje, dé palmadas a sus nalgas y a todas las partes de su cuerpo que pueda alcanzar cómodamente. Luego sacuda y haga vibrar los brazos, las manos, las piernas, la cabeza y la cintura. Permita que todo su cuerpo se sacuda y vibre como si fuera un esqueleto que hace cascabelear todos sus huesos al mismo tiempo (Hofer).

Ventajas de los masajes

Feltman observa que son muchas las personas que eligen la ruta del masaje para obtener una relajación más profunda, mayor grado de autoconciencia y una salud más robusta. El contacto de otro ser humano con la propia piel puede reafirmarnos, relajarnos, confortarnos, alegrarnos o despertarnos como ninguna otra cosa.

La falta de contacto físico es una de las carencias más importantes que arrastran los seres humanos (Reuger). En muchas sociedades occidentales de la actualidad, el contacto con los bebés es limitado, accidental e incluso brusco, debido a que se subestima su importancia. Eso impide el desarrollo psicológico pleno de las personas y origina importantes alteraciones del organismo.

Harlow demostró experimentalmente que el contacto tierno y cálido es una necesidad básica de los primates. El contacto temprano es más determinante que la misma alimentación para establecer el vínculo afectivo entre la hembra y su cría. Su carencia origina serios trastornos en la socialización y en las conductas sexuales en etapas posteriores del desarrollo.

El masaje profesional es una experiencia liberadora del dolor psicológico acumulado y de los efectos negativos del estrés. Brinda sensaciones de calor, cercanía y aprecio que a veces son muy conmovedoras. Con frecuencia, las personas experimentan el placer de estar a gusto consigo mismas, en lugar de experimentar su cuerpo como algo lejano, lleno de dolor, confusión, soledad y ansiedad.

Aparte de relajar las tensiones musculares y hacer que las personas se sientan mejor, los masajes producen una enorme cantidad de efectos positivos. Actúan como limpiadores mecánicos: estimulan la circulación linfática y aceleran la eliminación de residuos tóxicos. Dilatan los vasos sanguíneos y mejoran la circulación, removiendo los residuos de adrenalina que podrían depositar placas en las arterias. También alivian la congestión y mejoran la digestión.

Entre los efectos del estrés y de la adrenalina hay uno por el cual en los músculos se acumula el calcio, y así van perdiendo su elasticidad natural. Desde el punto de vista bioquímico, los masajes contribuyen a eliminar cristales y sales, facilitan la circulación de la sangre, permiten la mejoría celular y eliminan una serie de dolencias y malestares de tipo psicosomático, porque ayudan a restablecer el equilibrio del sistema nervioso autónomo.

Los masajes no son aconsejables cuando la persona está intoxicada, acaba de comer o tiene fiebre. Los de la región abdominal no favorecen a las mujeres embarazadas o a las que llevan un dispositivo intrauterino. Tampoco se recomiendan en personas que utilizan un marcapasos, ni cuando hay tendencia al rompimiento de vasos sanguíneos o hay sospechas de algún tumor. Además, ningún masaje sustituye la apremiante necesidad que todos tenemos de ejercitar el cuerpo y realizar actividades gratas.

Quienes practican el masaje de manera profesional necesitan sólidos conocimientos del cuerpo humano, no solamente de anatomía y kinesiología, sino también de fisiología y neurología, incluidas las relaciones que existen entre los distintos órganos vitales. Un masaje mal dado puede provocar contracturas, ruptura de vasos sanguíneos, esguinces y otros malestares.

Antes del masaje es oportuno efectuar algunos ejercicios de precalentamiento muscular ligero. Para el masaje relajante se utilizan movimientos finos, movilizando las articulaciones de sus manos y dedos. La mano pasa suavemente sobre cada parte del cuerpo, apoyando el pulgar en la región dorsal. El grado de presión depende de la parte en la que se está trabajando.

En todos los pases, al principio la presión es reducida, luego se aumenta y finalmente se reduce. Muchos de los movimientos se efectúan en dirección al corazón. Se pueden emplear aceites ligeros para lubricar la piel. La relajación lleva consigo sensaciones nuevas a las que hay que acostumbrarse, como hormigueos y vibraciones.

El masaje para eliminar las toxinas del cansancio actúa verticalmente sobre el cuerpo, con presión a profundidad. Se realiza con movimientos circulares de las yemas de los dedos sobre superficies reducidas. También se utilizan las palmas de las manos y las falanges. La presión es intermitente: a veces se aumenta y a veces se reduce. Luego se retira el aceite (y las toxinas) con una esponja húmeda. Al final, se procura relajar las partes masajeadas. Para proporcionar mayor descanso conviene combinar los masajes con algunas selecciones de música tranquila y agradable.

El masaje de tonicidad favorece la firmeza muscular. Utiliza tres modalidades de golpes rápidos, alternando con las manos: palmoteo, golpeteo y percusión. En el primer caso se utilizan los dedos y el costado interno del metacarpo, que se desplazan en dirección transversal al músculo masajeado. Se recorre así el cuerpo, empezando desde el extremo más alejado al corazón.

En la caja torácica, el movimiento se transforma en golpeteo, utilizando toda la mano. Cuando se emplea el lado inferior del puño, el masaje se vuelve percutorio. El golpe se efectúa con fuerza, pero con retardación previa, como si estuviera frenado. En el abdomen sigue la línea de los músculos. Es necesario advertir al paciente que los contraiga previamente con el fin de proteger sus órganos internos.

El masaje reductivo, junto con las dietas, ejercicios, sauna y beber mucho líquido procura eliminar la adiposidad en las zonas del cuerpo que así lo requieren. El (la) masajista combina el golpeteo y la percusión, mencionados antes, con el masaje de amasamiento, que va abarcando la piel arriba de los músculos en toda su extensión. También utiliza los nudillos del puño cerrado, que acciona en forma enérgica con movimientos ascendentes circulares (se pueden utilizar aparatos electrónicos de masaje). Al final, también se relajan los músculos largos del cuerpo.

Masaje terapéutico
y catarsis

Algunos músculos se contraen y acortan cuando están estresados. Por el contrario, los músculos opuestos quedan demasiado estirados. Como explicamos, las tensiones musculares generalizadas alteran la postura corporal y son parte importante de la estructura neurótica masoquista.

Como consecuencia de sus malestares emocionales, las mujeres sufridas experimentan su cuerpo como lejano y molesto. Piensan que solamente son su cabeza, aunque tienen un cuerpo. Como advierte Wilber, el cuerpo queda reducido a una simple propiedad, una proyección o incluso a lo que ya no es uno mismo.

Un terapeuta experimentado puede ocuparse rápidamente de las regiones donde hay problemas. Cuando no se trata en su oportunidad, algo que parece inofensivo, como las mandíbulas trabadas, puede convertirse en severos dolores de cabeza, oídos y cuello.

Cuando el psicoterapeuta efectúa la lectura corporal de algunos pacientes, encuentra zonas de energía estancada, con baja energía, congeladas y frías al tacto. Otros individuos han acumulado molestas y dolorosas tensiones musculares en extensas áreas de su cuerpo. Sienten poco entusiasmo, están deprimidos y les cuesta trabajo moverse.

Los músculos crónicamente estirados desperdician energía, por lo que el individuo padece cansancio habitual. Eso propicia la proyección de algunos impulsos y sentimientos. Algunas personas tienen la ilusión de que siempre los vigilan, hablan a sus espaldas o los persiguen.

En caso de hostilidad suprimida, los músculos que suelen estar contraídos son los de la mandíbula, la garganta, el cuello, los hombros y los brazos (Wilber). El individuo que arrastra esos bloqueos desde hace años ya no se siente enojado, pero experimenta malestar, dolor y tensión continuos. Si acaso llegara a aflojarse, sentiría miedo irracional a estallar y perder la cabeza. Eso le obligaría a tensarse de nuevo, en un círculo vicioso que solamente puede romperse mediante la psicoterapia corporal especializada.

El masaje profundo estimula la corriente de placenteras pulsaciones impulsivas, musculares y viscerales que sustentan los procesos cognitivos espontáneos. Favorece el conocimiento de nosotros mismos porque experimentamos nuestro cuerpo vivo de nuevas maneras. Al recuperar los aspectos proyectados, la propia imagen corporal adquiere mayor claridad y coherencia. Con esto, podemos eliminar ciertas opiniones distorsionadas acerca de lo que supuestamente somos.

El masaje terapéutico

El masaje terapéutico es una de las principales rutas para explorar y liberar las energías emocionales e impulsivas. También genera nuevas maneras de verse uno a sí mismo y al universo que nos rodea. Se emplea principalmente para eliminar los bloqueos energéticos de las masas musculares y de las vísceras. Para disolver estas dos importantes dimensiones del falso yo neurótico se necesitan meses o años de trabajo constante.

Las personas masoquistas necesitan enderezar el cuello, dar mayor movimiento a sus articulaciones, estirar la columna –abrir espacio entre las vértebras– y mejorar el balance pélvico. También les conviene mejorar su respiración y su digestión, lo mismo que superar sus inhibiciones sexuales.

Entre los que solicitan psicoterapia corporal hay algunas personas que no encontraron alivio para sus malestares psicosomáticos en terapias que solamente les brindaron interpretaciones o un clima de comprensión emocional demasiado pasivo.

Painter resume así las modalidades del masaje terapéutico:

- Pases amplios para distribuir mejor las áreas con tejidos superficiales anudados. Más adelante se van destrabando las complejas estructuras musculares.
- Extensos pases con las dos manos, para distribuir con mayor amplitud los tejidos.
- Para capturar los tejidos endurecidos o evasivos conviene torcer, enganchar y dar vueltas con los dedos, codos, nudillos y lados de las manos.

- Seguir los contornos de la superficie exterior del cuerpo, sin tratar de imaginar las estructuras que envuelven individualmente a los músculos.
- Insistir en el tejido conectivo pegado a los huesos o ensanchado alrededor de los tendones y ligamentos. Por ejemplo, sobre el esternón, en el borde de las costillas a lo largo del arco diafragmático, a los lados de la columna vertebral y en los bordes internos y externos de la tibia. No se trata de penetrar los ligamentos, sino que se manejan las áreas sobrepuestas del tejido superficial.
- En el trabajo posterior más profundo se hacen pases en sentido transversal, a lo ancho de las estructuras musculares internas (parecidos a tocar las cuerdas de una guitarra), con el fin de alargar las estructuras.
- Como meta general, conviene que el terapeuta vaya ablandando las zonas más tensas del cuerpo, apretándolas con los dedos de las manos, la palma o codos. Para desbaratar los nódulos de tensión que alteran los tejidos se utiliza el pulgar, alternando con los dedos índice y medio. La presión de los dedos varía en intensidad y profundidad, según la ubicación y dureza de los bloqueos.

Los psicoterapeutas mejor entrenados establecen desde el principio una relación de respeto y comprensión. Junto con los cambios emocionales y posturales, apoyan la restructuración cognitiva de sus pacientes. Los ayudan a expresar sus reacciones frente a la presión digital, así como los recuerdos, vivencias o fantasías espontáneas que van surgiendo. También colaboran para que vayan integrando los rasgos de su personalidad y sean capaces de tomar las decisiones más oportunas para mejorar su situación personal y familiar.

Cada individuo presenta algunas áreas del cuerpo donde sus tensiones convergen y se acumulan de manera más específica. Allí, la persona se lastima de manera más intensa y acumula gran cantidad de dolor psicológico, traumas y vivencias emocionales compactadas.

Un ejemplo de bloqueo de energía es la sensación de tener un nudo en la garganta. Es una contracción muscular crónica que impide la descarga emocional del llanto o los gritos. Al dar masaje suave a los músculos del cuello, éstos se van aflojando, con lo que fluyen los sentimientos que estaban reprimidos.

Junto con eso, recuerda que su madre la castigaba injustamente cuando era niña. Después de sentir temor, la paciente solloza y grita, con lo que desaparece su sensación de constricción en la garganta. También experimenta una grata liberación de tensiones en todo su cuerpo. A veces, las sensaciones que emergen mediante el masaje de un punto particular se generalizan a otras partes del organismo.

Ciertos individuos tienen poca fuerza en los músculos de los brazos y piernas porque gastan demasiada energía en cavilaciones y preocupaciones. Les puede ayudar un masaje que distribuya la energía hacia abajo del cuerpo, desde el cuello hacia el diafragma, el piso pélvico y las piernas, con el fin de reafirmar los músculos. También necesitan acelerar sus funciones respiratorias, mediante ejercicios como los que se describieron en el capítulo anterior.

Las personas que han desarrollado una personalidad neurótica masoquista presentan los bloqueos que ya hemos descrito en capítulos anteriores. En mi opinión, no conviene emplear una secuencia rígida de masaje que pretenda eliminar las tensiones en un orden céfalo-caudal o viceversa. Es más útil ubicar las tensiones y los bloqueos energéticos que en realidad están afectando a cada paciente en particular, para manejarlos de la mejor manera posible.

Durante el masaje se busca la salida óptima de las presiones, de las emociones congeladas y de las vivencias negativas que ha acumulado cada persona. Al terapeuta que da masaje en alguna parte del cuerpo le conviene anticipar el contenido de las posibles descargas emocionales. Por ejemplo, si da toques rápidos con los dedos sobre el diafragma inmovilizado de una persona que es demasiado controlada e irritable, tarde o temprano va a estallar en ira. Más adelante, van a surgir otros sentimientos, por ejemplo: la ternura reprimida.

El masaje directo también se utiliza para destrabar y ablandar el tórax demasiado expandido. Para ello, el terapeuta da masaje con sus dedos en los intercostales externos que están demasiado contraídos. También puede mover la caja del tórax hacia uno y otro lado, sosteniéndola con una mano encima y la otra abajo, mientras que el paciente está acostado y mantiene sus pulmones llenos de aire.

En otro ejercicio, emplea una presión firme y fuerte con ambas manos a los lados del esternón, con el fin de intensificar la fase de exhalación. Al final de ésta quita la presión, pero continúa teniendo contacto con las manos. No conviene aplicar presión sobre las costillas flotantes, debido a que se corre el riego de lesionarlas. Es útil dar masaje en los bordes inferiores de la caja torácica, con el fin de movilizar el diafragma.

Cuando la persona está demasiado angustiada y acelerada es oportuno aplicarle masajes sedantes, utilizando pases firmes por todo el cuerpo, hacia abajo, para darle una sensación más clara de sus límites corporales y de la consistencia física de su cuerpo. Eso también ayuda a contener mejor la energía dentro del organismo. Y se pueden utilizar algunas técnicas de contacto para equilibrar las polaridades eléctricas del cuerpo.

Hay dos tipos de masaje terapéutico. El primero, relajante o tranquilizante, es de gran utilidad para neutralizar los síntomas de la ansiedad. El segundo, energetizante, tiene el propósito de movilizar los sentimientos y eliminar algunos rasgos neuróticos. Cuando lo da una persona hábil y bien entrenada permite la salida del dolor psicológico acumulado. Y se propician las regresiones y las manifestaciones de la catarsis.

El terapeuta sugiere a los pacientes las frases que son oportunas para facilitar los recuerdos y favorecer la descarga emocional. También les recomienda que inicien diálogos imaginarios (a modo de fantasías guiadas) con los personajes que mantienen vivos en su imaginación (introyectados), por ejemplo: con el padre o la madre.

Además, les pide que emitan sonidos espontáneos –gritos o rugidos– con el fin de expresar mejor sus sentimientos que permitan a sus brazos y piernas moverse como quieran, que intenten recordar cuándo sintieron algo parecido y que vayan describiendo verbalmente sus recuerdos, fantasías y sensaciones.

Durante el masaje, el terapeuta dirige la atención imaginativa de los pacientes hacia el interior de su organismo. Les pide que mantengan cerrados sus ojos. Debido a que fluyen intensamente las sensaciones y los sentimientos, no les resulta fácil evadirse de sí mismos mediante explicaciones ni cavilaciones.

Al ir destrabando los músculos contraídos se disparan algunas sensaciones de dolor (más o menos intenso) que van desapareciendo poco a poco. Los pacientes establecen con el terapeuta una comunicación no verbal que incluye gestos de dolor, suspiros de alivio, movimientos espontáneos del cuerpo, sonrisas, gritos y quejas. Aunque las personas que reciben masaje parecen pasivas, se encuentran inmersas en profundos procesos psíquicos, como advierte Martínez.

Es posible pautar el ritmo de la salida del aire utilizando ambas manos a diferentes alturas de la caja del tórax, como si se tratara de un instrumento musical. Con esto se logra intensificar el ritmo vibratorio que corresponde al sentimiento que empieza a surgir. Con el apoyo de sugerencias verbales apropiadas, el psicoterapeuta favorece la salida del llanto, la risa, el dolor, la ira y otras emociones contenidas.

Los pacientes pueden acompañar la salida del aire con algún sonido particular, con gritos o golpeando con las manos al mismo tiempo. Cuando se dejan invadir por el llanto convulsivo, se ablandan por la ternura o tiemblan de miedo, todo su cuerpo se unifica y vibra. Al final, se sienten más integrados y liberados. Pueden expresar lo que sienten y en sus recuerdos utilizar imágenes y símbolos.

Cuando las paredes de la caja del tórax se ablandan y recuperan su movimiento el diafragma también se libera, lo cual puede producir angustia transitoria. Antes de desaparecer por completo, algunos síntomas se agudizan. Por el contrario, otras personas solamente experimentan niveles sucesivos de mayor alegría y bienestar.

Las contracciones naturales del diafragma facilitan la digestión y aceleran la función de los intestinos, lo que contribuye a corregir la constipación. Como dijimos antes, este padecimiento se observa con frecuencia en las personas masoquistas.

Manejo de los trastornos asimilativos

La cavidad abdominal es uno de los espacios más primitivos e íntimos de nuestra identidad corporal. Cuando su madre los amamanta, los infantes experimentan allí el placer y la plena felicidad porque sus imperiosas necesidades básicas de alimentación y contacto físico están siendo satisfechas.

Como parte del amor agradable que reciben, sienten que están sumergidos en el pecho y los brazos cálidos de su madre. No han aprendido todavía que su organismo está separado de ella, y por eso experimentan sensaciones pulsantes, oceánicas, de placer y alegría sin límites.

Las vísceras abdominales no sólo asimilan las sustancias nutritivas y generan impulsos básicos. También nos señalan al instante lo que nos agrada o nos desagrada, lo que nos nutre o nos puede dañar. De modo intuitivo, entendemos cuáles motivaciones y deseos son más congruentes con la propia felicidad y el bienestar personal. Quienes ignoran habitualmente lo que acontece en su interior más profundo terminan por no saber qué es lo que en realidad quieren.

Algunas personas contraen sus vísceras y viven insatisfechas con la visión negativa de sí mismas. Con frecuencia, eso se debe a que sus necesidades de contacto físico temprano no fueron cubiertas durante los primeros meses de vida.

Cuando eran niños padecieron rechazo temprano, abandono agresividad abierta, entre otros. Arrastran en su interior un sentimiento de insatisfacción persistente y de profundo vacío. Crean dependencias afectivas con algunas personas dominantes que las dañan.

Las necesidades emocionales y sexuales insatisfechas se experimentan como hambre rabiosa, vacío e inquietud visceral. Coincidimos con Gaytán en que algunos individuos están hambrientos de cariño y afecto; incluso algunos niños aprenden a asociar la sensación de hambre con miedo, enojo o ansiedad. Por eso, sienten hambre desesperada cuando padecen soledad, privación afectiva o están resentidos.

Cuando son adultos, comen demasiado para anestesiar molestos sentimientos de culpa, soledad y frustración emocional. Alcanzan alivio transitorio, pero luego experimentan mayor vacío y culpa, moviéndose en un círculo vicioso. Otras personas insatisfechas beben demasiado. El alcohol proporciona calor placentero (igualmente fugaz) a las vísceras demasiado contraídas o inflamadas por los conflictos emocionales.

Las personas que buscan eliminar el sobrepeso o salir del alcoholismo necesitan asumir plena responsabilidad de sus necesidades emocionales para buscar satisfacerlas de manera activa sin dañar a nadie. La psicoterapia corporal las ayuda a iniciar importantes cambios en sus estilos de vida.

Cuando un terapeuta pregunta a sus pacientes qué sienten en el interior de su estómago, recibe toda clase de respuestas: nada, vacío, disgusto, angustia, sensación de que todos están enojados contra uno, tristeza, dolor, soledad, pulsaciones gratas, paz interior, alegría de vivir, impulsividad atemorizante, recuerdos tristes, etcétera.

Las presiones cotidianas provocan respuestas emocionales viscerales inmediatas. La secreción de jugo gástrico del estómago disminuye frente al peligro. Además, la secreción mucosa aumenta y el organismo se prepara para el vómito o la diarrea. Por el contrario, cuando hay enojo y resentimiento, la secreción de ácido aumenta y se aceleran las contracciones del estómago.

El cerebro de la persona que mantiene tensos los músculos abdominales recibe continuos mensajes de alarma, como si anticipara recibir un golpe. El vientre duro y contraído también sugiere que la persona vuelca contra sí misma sus peores energías emocionales.

En la opinión de Rosen, el vientre contraído se relaciona con situaciones traumáticas del pasado, mientras que el hinchado indica situaciones opresivas que son más agudas. Cuando el abdomen está inflamado, la descarga emocional de tipo explosivo está próxima. Con un poco de presión de las manos, la persona siente dolor, molestias e inquietud.

En otros ejercicios se pregunta al paciente en qué lugar de su cuerpo lleva a su jefe, a su pareja, a su padre o a su madre. Por ejemplo, alguno puede llevar a su padre en los oídos lastimados por los regaños o al jefe bajo la forma de úlcera gástrica.

Después que se ubica el núcleo neurótico, compuesto por sensaciones molestas, emociones comprimidas y la imagen de alguna persona mal tragada (introyectada), el terapeuta puede establecer un diálogo liberador entre el individuo y la parte extraña que le provoca culpas indebidas y la enferma (Polster y Polster). Para favorecer la catarsis se utiliza la imaginación, junto con el masaje o ejercicios de movimiento.

Por ejemplo, en un grupo de terapia, una monja comentó que padecía úlcera gástrica y solicitó ayuda. Lejos de apreciar su dedicación al trabajo, sus compañeras la consideraban demasiado brusca y masculina. La acusaban falsamente de ser lesbiana y por eso la aislaban. Ella había buscado calor familiar y afecto en la vida religiosa, sin ningún éxito. Gastaba su energía en continuos diálogos imaginarios con la superiora y se llenaba de culpas indebidas.

Utilizando la técnica de los dos cojines, inicié diálogos al estilo gestalt. De un lado, la religiosa manifestaba sus carencias afectivas y su ira impotente ante las presiones y la frialdad distante, burlona y despectiva de sus supuestas hermanas. En el otro lado, ella representó el papel de sus acusadoras, con sus burlas y reproches. Como parte de este manejo, procuré que fijara su atención en las sensaciones del estómago. La ira contenida surgió violentamente.

A esa mujer la enfermaban los reproches y falsas acusaciones de las demás monjas. Cayó en la cuenta de que llevaba en su interior algunas personas mal tragadas (introyectadas), en particular una superiora que la denigraba y perseguía continuamente "para hacerla santa". En cuanto pudo enfrentarla y pisotearla delante del grupo (de modo imaginario) descubrió que su estómago quedaba en paz.

Poco a poco se reconcilió con la idea de salir del convento y manifestó su intención de atreverse a vivir su propia vida. Esta mujer era una persona cálida, directa y vibrante, con impulsos sexuales muy normales. Meses más tarde se comunicó de nuevo conmigo y me dijo que en efecto había dejado la vida religiosa. Vivía con un hombre que la comprendía y la hacía feliz. Todos sus malestares gástricos habían desaparecido.

El intestino grueso presenta dos patrones opuestos de respuesta emocional frente a las situaciones amenazantes. El primero lentifica sus movimientos: el intestino muestra palidez y relajación. En el segundo, las contracciones aumentan y se aceleran.

En casos extremos, el intestino grueso presenta ondas frecuentes e intensas que se inician en el ciego y en el colon ascendente. Estas ondas sustituyen las contracciones rítmicas del lado izquierdo, mediante una contracción sostenida. Además, aumenta la secreción mucosa y se estrecha el lumen del colon.

El patrón de lentitud intestinal corresponde al miedo y a la depresión, mientras que el aceleramiento se relaciona con el enojo y el resentimiento. Cuando el intestino está lentificado de manera crónica, se mantienen demasiado tiempo dentro del organismo sustancias tóxicas y experiencias personales nocivas que deberían haberse eliminado. La colitis nerviosa se relaciona con ciertos acontecimientos inquietantes e irritantes que el paciente no ha terminado de asimilar.

Igual que el estómago y el intestino grueso, el intestino delgado está sujeto a los efectos de las emociones negativas. La figura 16 ilustra esto, según Chia y Chia.

Para los trastornos digestivos, se utiliza el masaje directo en el abdomen mediante una presión leve con la punta de los dedos, trazando círculos cada vez más amplios, a partir del ombligo, en el sentido de las manecillas del reloj. El terapeuta da masaje en áreas más específicas, por ejemplo: arriba de la válvula sigmoidea para aliviar la constipación. Los movimientos circulares, en la dirección de las manecillas del reloj, también sirven para acelerar las funciones del intestino (ver Chia y Chia).

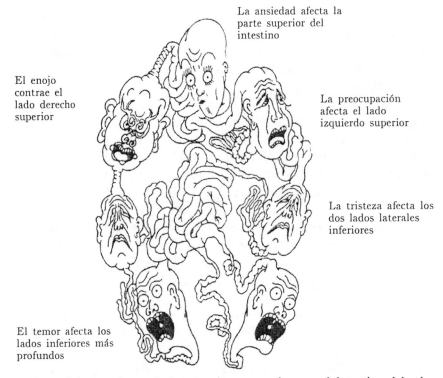

La ansiedad afecta la parte superior del intestino

El enojo contrae el lado derecho superior

La preocupación afecta el lado izquierdo superior

La tristeza afecta los dos lados laterales inferiores

El temor afecta los lados inferiores más profundos

Figura 16 Los efectos de las emociones negativas en el intestino delgado.

El masaje abdominal profundo suele producir dos reacciones intensas. Una de ellas es una vibración impulsiva ascendente, hacia la cabeza. Surge inicialmente de las vísceras abdominales y luego atraviesa el diafragma. Se pueden advertir cambios respiratorios de tipo emocional. Finalmente, las emociones que emergen se manifiestan en la expresión del rostro.

La segunda de ellas es de tipo visceral descendente con pulsación expulsiva de las vísceras intestinales. Está muy relacionada con ciertos cambios en el equilibrio de los líquidos del cuerpo. A veces se aceleran los procesos de eliminación a través de los riñones. Algunos pacientes sienten intensas ganas de orinar después de la terapia.

Según Boyensen, además del sistema nervioso autónomo, que regula las funciones viscerales y sensoriales, existe otro sistema nervioso periférico, compuesto por las terminales nerviosas de la piel ligadas a pequeñas células autonómicas. Este sistema responde a los pequeños cambios en las radiaciones, la electricidad y la humedad de la atmósfera. En su opinión, también es responsable de la tensión superficial (presión osmótica) y la difusión de los líquidos del cuerpo.

La armonización de esta capa se efectúa relajando muy suavemente la piel y los músculos externos del cuello, luego los hombros, el tórax y estómago. Como resultado, el paciente experimenta ondas agradables. Junto con las descargas del sistema nervioso periférico, el intestino empieza a pulsar con sonidos parecidos a los de una botella gasificada que se destapa (borborigmos). La vida incluye pulsaciones y ruidos viscerales, como el mar en movimiento.

El páncreas es el órgano relacionado con el metabolismo del azúcar. Además de fabricar ciertas enzimas necesarias para la digestión produce la insulina, que regula el metabolismo de los carbohidratos. Las emociones intensas producen cambios, que normalmente son transitorios, en el nivel de azúcar en la sangre. Sin embargo, las presiones psicológicas pueden alterar, de modo habitual, los niveles de glucosa en ciertas personas.

En la diabetes, el páncreas produce poca insulina y debido a eso los tejidos no la pueden aprovechar. Se eleva el nivel de azúcar en la sangre y aparece en la orina. Las reservas de azúcar en el organismo se agotan con rapidez. Se utilizan entonces las proteínas y aparece un trastorno en el metabolismo de las grasas. Entre los síntomas relacionados con el bajo aprovechamiento de la glucosa están: abulia, depresión, temblores y sudoración.

Liberación emocional, catarsis e integración

El término técnico de *catarsis* significa la liberación explosiva del material impulsivo y emocional (junto con los recuerdos olvidados) que estaba reprimido. La energía potencial e implosiva –volcada contra el propio organismo– se vuelve cinética. Mediante esta descarga, el sistema nervioso autónomo recupera su equilibrio y se alivian muchos malestares emocionales.

Cuando reciben masaje, algunas personas reviven vívidamente pasajes de su adolescencia o infancia temprana: se activa un río de imágenes y palabras. Sin perder la conciencia de su situación actual, pueden comprenderse mejor mediante las funciones analógicas, simbólicas e intuitivas que son más propias del hemisferio cerebral derecho (Ornstein). En el ambiente de la terapia, aprenden a manejar –como adultos– las situaciones traumáticas que antes no pudieron asimilar por falta de apoyo y de madurez intelectual.

Mediante el proceso de integración mente-cuerpo, poco a poco, las personas se van apropiando de los aspectos centrales de su personalidad que estaban reprimidos por el temor a las censuras sociales y los castigos represivos. Cuando algún rasgo neurótico descarga su potencial emocional negativo, se debilitan otros rasgos que están relacionados, ya sea por conexión neurológica, por cercanía temporal o por simbolismo psicológico.

La catarsis incluye un rebote simpático-parasimpático o viceversa. Así, el paciente experimenta paz y alegría después de una explosión de enojo y violencia. Este rebote, según Fischer, es necesario para la experiencia mística. También ayuda a superar una serie de malestares psicosomáticos relacionados con el desequilibrio del sistema nervioso autónomo.

Un resultado conocido de la catarsis es la labilidad afectiva. El paciente se siente invadido por rápidos e intensos cambios emocionales. Por ejemplo, una persona suda frío y se deja envolver por el miedo. Más adelante, se siente muy cálida y vibrante. Recupera la paz y se siente alegre. Cuando la respiración se hace más profunda, experimenta pulsaciones vibratorias agradables que llegan hasta los genitales, y luego invaden todo su organismo, de pies a cabeza.

En las siguientes semanas reporta que se siente más sensible y que le dan ganas de llorar y reír por cualquier cosa. Las personas que se controlaban demasiado y reprimían su ira, por un tiempo se sienten irritados por cualquier cosa o buscan pleitos.

Además, el video (las escenas vistas que estaban trabadas) corre y la persona experimenta visiones cambiantes, en lugar de tener una perspectiva rígida y congelada acerca de la vida y de sus propias circunstancias.

En algunas personas se activan temporalmente los miedos infantiles. Hay mujeres que se imaginan que se van a volver promiscuas porque no van a ser capaces de controlar su sexualidad, mientras que otros individuos sienten que van a perder el control, se van a volver locos o los va a poseer el demonio. Como es obvio, esto sucede porque se activan los impulsos placenteros, sexuales y agresivos antes reprimidos.

A veces brota un llanto convulsivo que sacude todo el cuerpo y que finalmente deja a la persona muy desahogada, con sensaciones de placer y blandura en el área abdominal. Más adelante, el área del abdomen (el hara) es capaz de pulsar agradablemente, con lo que la persona se siente más alegre y tranquila. Experimenta paz y mayor alegría de vivir.

En otro ejemplo, una paciente siente dolorido y congestionado el estómago. El terapeuta le da masaje suave en esa área. Ella mantiene los brazos hacia atrás para ampliar las sensaciones e intensificar los recuerdos. Revive algunas situaciones en que su mamá la regañaba cuando niña y le daba cachetadas. Recuerda algunas concretas: "Eres mala, me estás matando, nadie te va a querer nunca, eres horrible", entre otras. Surge el llanto y la ira. Después de esto, la paciente se siente aliviada y menciona que el dolor se ha ido.

Mediante el masaje y el movimiento se pueden eliminar las tensiones crónicas de las nalgas, la espalda baja y el piso pélvico, lo mismo que las de los muslos. Con todos estos avances mejora notablemente la comunión sexual con la pareja. Por otra parte, debido a la relajación parasimpática y a la respiración profunda, los hombres experimentan erecciones más intensas y duraderas, mientras que a las mujeres se les facilita el orgasmo.

Cuando una persona que estaba sexualmente bloqueada pierde sus inhibiciones atrae a muchas personas, hace el amor una y otra vez, le basta una mirada para saber quién está interesado en él (o ella).

La conciencia placentera de la excitación sexual y del orgasmo se libera de culpas, angustias y depresiones. La experiencia subjetiva del orgasmo se intensifica, porque la persona cuenta con mayor energía y mayor capacidad para contener dentro de ella misma la experiencia del placer. Sin embargo, para que la comunión sexual sea inolvidable también se necesitan la atracción, la ternura, la pasión compartida, la espontaneidad, la comprensión y la confianza mutua.

En resumen, el masaje terapéutico brinda una serie de sensaciones agradables relacionadas con la liberación de tensiones y malestares. Existen tres niveles de relajación, con sus correspondientes sensaciones:

- Al principio, las sensaciones tienen algún contenido, como alegría o tristeza, calor o frío. Otras son más fáciles de describir: comezón, hormigueo, dolor que luego disminuye, relajación y energía (vibraciones, calor) que se extiende por todo el cuerpo.
- A nivel más profundo, el estrato de tensiones se abre hasta llegar a puntos de mayor densidad y firmeza caracterizados por el bloqueo del flujo de energía. Se tiene la conciencia de que el ejercicio se realiza solo, aunque existe el yo que

experimenta la sensación. Pero este yo es menos sólido y muy infantil. Es posible revivir situaciones de edades muy tempranas, con lo que también se recuperan los sentimientos e impulsos reprimidos.

• En el tercer nivel de sensación, algunas personas alcanzan la ingravidez corporal. Sienten que son energía pura y trascienden los patrones anteriores. Ya no existe ningún sentimiento que pueda separarse o identificarse (se rompe la dicotomía sensación-ego). Experimentan una fusión total con el universo, semejante a la calidad ilimitada de las sensaciones placenteras del orgasmo.

Es un estado de plenitud y de fruición, desaparecen las preocupaciones porque se frena la máquina pensante y se trasciende. Las emociones se vuelven relativas, como también los pensamientos. Uno entiende que la misma energía pura se convierte en negativa o positiva, en alegría o tristeza.

Entre los efectos positivos del masaje, las personas se sienten más vibrantes, livianas y expandidas. Ya no están tan encerradas en sí mismas. El mundo exterior se ve muy diferente a la luz de posturas corporales abiertas y de sentimientos y pensamientos más espontáneos.

La liberación sexual
y orgásmica

Según Fisher, desde temprana edad las mujeres pueden experimentar más que los hombres respecto a su apariencia física: ensayan cosméticos y cambian su manera de vestir. Pasan largo tiempo frente al espejo estudiando su rostro y los cambios corporales relacionados con la maduración sexual. Para ellas, su cuerpo es muy importante. Tienen que adaptarse con naturalidad a los ciclos menstruales, y desde pequeñas asimilan la idea de que su cuerpo contendrá algún día un bebé.

En la actualidad coexisten actitudes muy diversas respecto a la comunión sexual. Frente a los valores del compromiso, algunas personas buscan la intensidad fugaz de una variedad de intercambios, les interesa solamente el placer y el deleite sensual. A otras les interesa, además, el intercambio afectivo, el conocimiento mutuo y la amistad. Y un menor número anhela la comunicación espiritual íntima y la expansión de la mente por medio de la mística del amor compartido.

Muchas jóvenes tienen la impresión de estar atrapadas entre dos mundos. Creen algunas cosas, mientras que sus sentimientos las arrastran en dirección opuesta. Para los neuróticos, el sexo puede ser una ocasión para compartir el resentimiento y la culpa, para lastimar y ser lastimado. Las personas que utilizan roles de manipulación suelen atraer la máscara opuesta. Como ya explicamos, las mujeres sufridas mexicanas prefieren a los machos, con todas las consecuencias que esto tiene.

El masoquismo de las mujeres sufridas incluye una severa represión de la sexualidad, sustentada por una complicada maraña de prejuicios, falsos imperativos "morales" y fantasías negativas acerca de la sexualidad.

Desde niñas, a estas mujeres les inculcan que su obligación es cuidarse de los hombres y no acceder a sus impulsos: "No deje que te toquen tus hermanos, tus primos, nadie. Es peligroso que seas coqueta. No te vistas así porque excitas a los hombres y ellos no se pueden controlar". A algunas adolescentes les reprochan que pretenden acostarse con cualquiera y que son "unas perdidas", antes que ellas puedan siquiera imaginar las relaciones sexuales.

Una joven de quince años pregunta: "Mamá, ¿no me tienes confianza?" Ella le responde: "Tengo confianza en ti, hija mía, pero no en ellos". Esa madre añade: "Hija mía, va a llegar un hombre que te haga sufrir. Como yo quiero mucho a tu papá, le aguanto todo, me dejo hacer todo lo que sea. La primera noche con él fue terrible. Mucho dolor y sangre por todas partes. El miembro del hombre es horrible, pero tu deber es someterte a todo lo que él quiera. Todos los hombres son así de brutos. Lo único que les interesa es el sexo. Pero el sexo (sin el matrimonio) es sucio, es una porquería, un grave pecado".

Las jóvenes escuchan cosas parecidas de sus hermanas mayores o de algunas amigas casadas: "El sexo duele (o no sientes nada)"; "no vale la pena, sólo es un trámite rápido que tienes que soportar"; "es igual que ir al baño"; "¿a poco a ti te gustaría que te hicieran eso? Sólo las p... lo disfrutan"; "en todo caso, puedes fingir que tienes uno o varios orgasmos, porque así haces creer al macho que es lo máximo y él no se va a dar cuenta de nada"; "lo único que les importa a los hombres es su propia satisfacción".

Por estas "razones", muchas jóvenes se llenan de temor y anticipan el mismo rechazo, abuso e incomprensión que padecieron sus madres, hermanas y amigas. Si las relaciones sexuales con los hombres son así, ¿qué mujer decente las quiere?, ¿a quién le pueden interesar?

Además, se establece en las jóvenes una confusión temprana, porque llegan a considerar la violencia una "fuerza" en el hombre (McCary). En la medida en que su novio sea más agresivo, tal vez la podrá proteger mejor de los otros hombres. Por otra parte, las mujeres reprimidas sienten un poco de placer sexual si reciben castigo al mismo tiempo y permiten que las maltraten los hombres machistas.

En nuestro país se ha generalizado el uso de los anticonceptivos. Contra lo que suponen los tradicionalistas, eso no favorece la promiscuidad desenfrenada entre los jóvenes. Por lo común buscan algún tipo de estabilidad en sus relaciones de noviazgo, acompañada de compromiso afectivo.

La humanidad ha dado un paso gigantesco con el uso de los anticonceptivos. Mientras que los animales tienen sexo para reproducirse, los anticonceptivos permiten a las personas explorar con mayor libertad las dimensiones de la alegría y el placer compartido. Se nos facilita la ruta del conocimiento íntimo de la otra persona –y de uno mismo– tanto en los sentimientos como en los pensamientos, mediante las relaciones sexuales.

Bloqueos y represiones sexuales

Los medios televisivos presentan el ideal de casarse y tener niños como algo que es muy bello y muy tierno. El día de la boda es el más feliz en la vida de una mujer, su gran triunfo ante su familia y ante la sociedad. Sin embargo, las mujeres sumisas están programadas para no disfrutar la vida sexual con toda plenitud.

Cuando llega el momento de las primeras relaciones íntimas, incluso si están refrendadas por el consentimiento de sus padres y ceremonias civiles y religiosas, se sienten avergonzadas sin saber por qué. Interpretan las gratas pulsaciones que acompañan a la excitación sexual y el calor interno genital como algo sucio, pecado merecedor de censuras sociales y castigos del infierno.

Se inhiben y tensan de manera automática. Contraen las nalgas, el piso pélvico y la cara interna de los muslos. Las que ensayan la masturbación se detienen antes del orgasmo porque las sensaciones placenteras les parecen extrañas y peligrosas.

Uno de los deberes de las mujeres tradicionales es dar hijos al marido. Sobre todo un varón, un hombrecito (González P.). Por eso, sus madres les preguntan cuándo piensan tener hijos, por qué no los tienen todavía, por qué razón "se cuidan" (utilizan anticonceptivos). Quieren ser madres de nuevo, pero esta vez de sus nietos. Después de una vida de represión e inhibiciones, una madre le dice a su hija soltera, de 30 años: "Hija mía, por favor dame un hijo, aunque no te cases. Yo te lo cuido y así puedes seguir trabajando".

Los machos que temen ser impotentes y las mujeres que intentan demostrar que no son frígidas se precipitan a la relación sexual. Como advierte Barlow, para acrecentar las sensaciones sexuales respiran profundamente desde la parte superior del tórax hacia los genitales, mientras que contraen las nalgas y los muslos. Como es obvio, la agitación respiratoria y los movimientos pélvicos violentos solamente les proporcionan una descarga emocional muy limitada.

Las mujeres sumisas se sienten obligadas a aceptar las relaciones sexuales sin importar su propio estado de ánimo, sus ganas ni su cansancio. No se atreven a manifestar a su pareja sus preferencias sexuales, ni buscan maneras de lograr su propia satisfacción. No participan de manera activa, sino que solamente se dejan hacer lo que sea. Algunas de ellas permiten relaciones anales con lujo de violencia sin atreverse a protestar, pero sintiéndose muy devaluadas y humilladas.

Si ellas no alcanzan el orgasmo, esto carecerá de importancia: basta con que su pareja disfrute, por el bien de la familia. La ausencia de placer, para algunas mujeres sacrificadas, puede ser la señal inequívoca de que son decentes y buenas. Esto señala la diferencia entre las casadas, las "legítimas", las madres dedicadas a sus hijos, y las amantes, quienes –como las otras mujeres "malas"– disfrutan el sexo e incluso cobran por eso.

Al respecto, una mujer educada de manera tradicional comenta: "¿Qué me pasa? A mí no me dolió, yo me entregué fácilmente, me gusta mucho ese hombre y quiero seguir teniendo relaciones sexuales con él, porque las disfruto mucho. ¿Acaso yo soy una perdida, una loca o estoy muy mal?"

Hay mujeres que padecen inflamación pélvica crónica debido a que las relaciones sexuales con su pareja son tan bruscas, rápidas e irritantes que ni siquiera permiten que la vagina se pueda lubricar. Con mucha frecuencia, las infecciones vaginales y ováricas de las mujeres se deben a que sus parejas son promiscuas. En la actualidad se intenta controlar el avance del sida mediante el uso de condones.

Las infecciones también se favorecen debido a que el estrés cambia el ph vaginal y baja las defensas. Además, la ansiedad y la depresión producen vasoconstricción de las mucosas, lo cual está relacionado con cambios desfavorables en el endometrio.

Cuando están embarazadas, las mujeres que deseaban tener hijos se sienten felices y realizadas. Deutsch sugiere que algunas de ellas experimentan después del parto mayor placer sexual y sus primeros orgasmos, debido al aflojamiento de la vagina. Tal vez en eso también influye el alivio de la culpa: puesto que ya cumplieron con el sagrado deber social de la maternidad, se pueden permitir disfrutar más las relaciones sexuales.

Técnicas de psicoterapia sexual femenina

Los problemas con la intimidad física afectan más a las mujeres que a los hombres. En sus intercambios sexuales, las mujeres son vulnerables a las tensiones, el estrés, la depresión, la ansiedad y las cavilaciones. Aunque no existen estadísticas para nuestro país, se estima que cuatro de cada diez mujeres estadounidenses sufren alguna forma de insatisfacción sexual. Al menos una de cada cuatro de ellas no llega al orgasmo (Leland). Sin duda que en nuestro país las cifras son más elevadas por el machismo y la represión sexual tradicional.

Como indicamos, en las mujeres masoquistas las tensiones crónicas de la coraza, junto con los demás rasgos neuróticos, bloquean sus impulsos sexuales. De manera particular, contribuyen a inhibir la descarga placentera del orgasmo: a) las tensiones de la cabeza y del cuello, b) las contracciones musculares del tórax y abdomen, sobre todo las que limitan la respiración, y c) las tensiones de la espalda baja, nalgas y muslos, que limitan los movimientos eróticos espontáneos y mantienen la pelvis trabada.

Las mujeres sumisas necesitan ayuda terapéutica para liberarse de la irritabilidad, tensión y anestesia crónica que acumulan en algunas áreas de su cuerpo. También les conviene eliminar los patrones de respiración disociados, violentos o ansiosos. La terapia psicocorporal es un espacio en que los pacientes pueden relajarse sin temor. En ocasiones, su cuerpo vibra de modo placentero, sin implicaciones sexuales inmediatas. De esta manera se van acostumbrando a experimentar la sensualidad y el erotismo sin ninguna angustia.

Algunas mujeres masoquistas experimentan asco, disgusto e incluso dolor en el vientre cuando anticipan las relaciones sexuales con su pareja. Por medio de la psicoterapia, una de ellas recordó que cuando era niña se le encogía el estómago y sentía dolor siempre que su padre, borracho y golpeador, se acercaba a ella. Su madre le repetía que se cuidara mucho de él, porque podía violarla.

En los programas de terapia sexual intervienen dos profesionales, un hombre y una mujer, para favorecer la comunicación de la pareja y evitar que alguno de ellos se alíe con el paciente de su mismo sexo en contra de la otra persona. Un punto importante es la educación sexual, porque muchas personas, en particular las mujeres, tienen un mínimo de conocimientos.

Se tienen entrevistas con cada persona, por separado, acerca de la relación sexual: cuánto dura, qué fantasías la acompañan, cuáles son las sensaciones, etcétera. Luego se brinda a la pareja un clima adecuado para que ambos puedan expresar sus deseos, preferencias y dificultades. También se determina la necesidad de aplicar psicoterapia más prolongada para algún individuo, así como la conveniencia de utilizar tranquilizantes o antidepresivos.

Muchos de los pacientes han elaborado fantasías y expectativas poco realistas o confusas con respecto al amor y a la vida en pareja que conviene ir clarificando. Además, durante las sesiones de terapia se toman en cuenta los factores negativos de la comunicación, para poder eliminarlos. Por ejemplo, la continua agresividad machista de alguno(a) hacia su pareja contribuye a que la relación sexual sea tensa y frustrante.

Los autores empleaban el término *frigidez* para designar casi todos los trastornos en el funcionamiento sexual de las mujeres. Es un término que está en desuso, ya que varía mucho la rapidez de la respuesta sexual según la edad, temperamento y estado de salud, entre otros factores. Además, esa respuesta tiene mucho que ver con las actitudes y opiniones de cada mujer con respecto a la sexualidad, con sus bloqueos y rasgos neuróticos o con su pareja.

Los individuos machistas se precipitan a la relación sexual con un mínimo de caricias. Éstas van dirigidas solamente a los genitales y a los senos de la mujer. No comprenden su sensibilidad ni su sensualidad y la critican por no obtener el orgasmo tan rápidamente como ellos. Es necesario aconsejar al hombre que muestre delicadeza y comprensión mediante sus palabras y caricias, ya que esto contribuye más a la excitación sexual de ambos que un trato demasiado rudo y mecánico.

Masters y Johnston estudiaron las etapas de la respuesta sexual humana y entre algunos trastornos sexuales se encuentran: a) algunas de ellas no responden con suficiente rapidez a la estimulación sexual, con la apropiada dilatación y lubricación de los órganos genitales; b) el vaginismo hace dolorosa la relación sexual y dificulta la penetración, y c) hay dificultad para llegar al orgasmo.

Para mejorar la excitación

Los individuos machistas califican de frígida a la mujer que no responde a sus demandas de relación sexual, aunque éstas sean agresivas e inoportunas. Sin embargo, esas mujeres no tienen problemas con otros hombres que les resultan más atractivos y que no pretenden manipularlas. Todas las mujeres nacen equipadas para poder experimentar el placer sexual y la experiencia del orgasmo.

La sensualidad y el erotismo requieren relajación, ritmo, ternura, sofisticación y tiempo. Para muchas personas, la progresión textural de las caricias, junto con la ternura compartida y la relajación de las tensiones musculares con una pareja atractiva, es muy agradable, aunque no siempre lleve al clímax.

Las sensaciones de la excitación sexual se describen como una pesadez agradable, estar muy ligero, flotar o dejarse caer. Las mujeres sumisas están condicionadas, desde niñas y adolescentes, para sentir temor y vergüenza cuando experimentan algo de esto. Se imaginan que perderían la cabeza, caerían en el vacío, ofenderían a los demás o serían arrastradas por la vorágine de sus impulsos. En breves palabras, se frenan y tensan cuando empiezan a sentirse excitadas.

Algunas mujeres que llevan el peso emocional de relaciones anteriores que resultaron tensas, violatorias o poco satisfactorias, por lo que terminaron en divorcios y separaciones, por algún tiempo no sienten deseos de iniciar nuevos contactos, ya que temen ser lastimadas de nuevo. Las que anticipan rechazo en sus relaciones sexuales inhiben cualquier deseo impulsivo espontáneo y temen manifestar sus preferencias a su pareja.

Es importante que los pacientes estresados y tensos se relajen y vayan perdiendo el excesivo control de sí mismos, para que se puedan abandonar de la manera más placentera posible a la intensidad de las experiencias eróticas. Muy en particular, les conviene evitar las fantasías de fracaso, rechazo o culpa durante las relaciones sexuales.

Para ayudar a las mujeres a obtener la lubricación vaginal y la expansión de los genitales y de los senos que corresponden a las primeras fases, se pide a la pareja que evite las relaciones sexuales y la preocupación por llegar al orgasmo de la mujer durante algunas semanas. En lugar de esto, en las primeras sesiones el hombre acaricia a la mujer, mientras está desnuda y de espaldas, con el objeto de proporcionarle sensaciones gratas y tranquilizantes.

Se instruye a la mujer para que se concentre en su propio placer y no se preocupe por ninguna otra cosa. Le conviene pedir a su pareja cualquier tipo de caricias que le sean particularmente gratas. Cuando la mujer decide, se voltea y el hombre le acaricia el frente del cuerpo. Principia por la cabeza, cara y cuello. Luego hace lo mismo, suavemente y con delicadeza, con el resto del cuerpo. Sin embargo, no emplea caricias genitales y tampoco debe estimular los pezones.

Después de algunas sesiones de caricias en todo el cuerpo, se pasa a ejercicios de caricias genitales, pero todavía sin llegar al coito. Se instruye al hombre para que bese y acaricie suavemente los pezones con sus dedos y los presione levemente. Además, el hombre acaricia sin brusquedad los labios y la entrada vaginal. También toca suavemente el área del clítoris. Las caricias orales pueden ser muy excitantes y de gran ayuda. No se utiliza todavía la estimulación rítmica que lleva al orgasmo.

Los ejercicios anteriores logran que la mujer esté suficientemente excitada, por lo que su vagina se humedece y dilata. En una sesión posterior, después de suficientes caricias en todo el cuerpo (incluidos los senos y los genitales), cuando la mujer está bien preparada y se siente dispuesta, se procede a la penetración y ambos ensayan movimientos sexuales, de manera gradual y con delicadeza. Más adelante, se puede proceder a los movimientos espontáneos más pasionales, que culminan en el orgasmo.

Para superar el vaginismo

Otro trastorno del funcionamiento sexual de las mujeres es el vaginismo. Cualquier intento de introducir el pene en la vagina, o la mera introducción de un dedo, produce fuertes contracciones y dolor agudo. Esto puede ocurrir ante la mera fantasía que anticipa las relaciones sexuales. El vaginismo se relaciona con un terror fóbico a la penetración.

En algunos casos, hubo violencia excesiva en las primeras relaciones sexuales o la mujer fue violada. Frente a este trastorno, los hombres brutales y egoístas fuerzan la relación sexual de modo agresivo y así dañan de modo irreparable la comunicación emocional con su pareja. Algunas mujeres mantienen muy tensos, de modo habitual, los músculos de las nalgas y los del piso pélvico.

El vaginismo requiere psicoterapia individual cuando la mujer lleva raíces de este trastorno en la ignorancia, el miedo y la culpa, como sucede con las mujeres masoquistas. En todo caso, es aconsejable que ella misma introduzca suavemente uno de sus dedos en la vagina, mientras está desnuda y relajada y a continuación lo mueva hacia todos lados. El objetivo es que vaya perdiendo el miedo a que el pene se introduzca en su vagina y que sus órganos genitales alcancen poco a poco las etapas de excitación y se lleguen a congestionar.

También puede mirar sus genitales en un espejo y acariciarlos con delicadeza. La masturbación mejora la vasocongestión de los órganos genitales y la vagina se humedece y dilata. Más adelante, cuando la mujer está suficientemente excitada, su pareja puede introducir un dedo en la vagina, suavemente y de modo gradual.

Importa mucho que la mujer llegue a considerar su vagina como un órgano activo, que recibe, abraza y acaricia el pene de muchas maneras durante la relación sexual. La vagina se amplía para recibir el pene y luego se acomoda. Después, de manera espontánea, la mujer rota y empuja su pelvis en todas direcciones, ensayando diferentes ritmos, con el fin de lograr el roce vibratorio más intenso en las cercanías del clítoris. Con esto acrecienta las sensaciones placenteras hasta que sobreviene el orgasmo.

También se le recomienda a ella que intensifique la presión de sus músculos vaginales durante la relación sexual, con el fin de aumentar el nivel de excitación del hombre. Además, la mujer puede acariciar con sus dedos las áreas cercanas al clítoris que quedan expuestas durante el coito, para provocarse mayor estimulación. Con el mismo fin, puede utilizar un vibrador eléctrico encima del clítoris, moviéndolo suavemente y aplicando las presiones que resulten más placenteras.

Durante la relación sexual, el hombre también puede acariciar con los dedos la región del clítoris de su pareja. Ayuda mucho que ambos procuren estar en armonía, evitando las críticas, las acusaciones y los resentimientos.

¿Cómo se llega al orgasmo?

Otras mujeres presentan trastornos relacionados con el reflejo del orgasmo. A pesar de una estimulación intensa en las áreas cercanas al clítoris, no llegan al orgasmo. En encuestas realizadas en Estados Unidos se calcula que de cada cuatro mujeres que tienen relación sexual, dos llegan al orgasmo, una está segura de que no lo tuvo y la otra no está segura si llegó o no a esta experiencia.

Una minoría de mujeres experimenta el orgasmo con su primer amante, de manera receptiva. Los movimientos rítmicos de su pareja desencadenan un proceso instintivo de espasmos que se intensifican por sí solos y culminan en el orgasmo.

Eso no es muy frecuente, porque para el orgasmo de la mujer se requiere una buena pareja, buen ritmo y un acto sexual bastante prolongado. Hay mujeres que tardan uno o dos años en sus relaciones sexuales antes de descubrir el orgasmo, o éste ocurre cuando cambian de pareja. Sin embargo, otras muchas nunca llegan al orgasmo, ni saben qué es eso.

Se denomina *anorgasmia* la disfunción sexual que dificulta o imposibilita, en la mujer, la experiencia del orgasmo. Cuando no ha sido capaz de sentirlo nunca, se habla de anorgasmia primaria. Si lo ha experimentado en alguna ocasión, pero el problema surge en otros momentos, se denomina *disfunción orgásmica ocasional*.

Algunas mujeres que no descargan la tensión sexual mediante el orgasmo presentan congestión habitual de sus genitales. Acumulan sentimientos de irritabilidad, debido a que sus relaciones sexuales son frustrantes e insatisfactorias. Esto se manifiesta en la agresividad y las críticas continuas que la mujer lanza a su pareja, por lo que el terapeuta debería investigar qué está pasando.

También es útil que el terapeuta discuta con la mujer sus temores y fantasías respecto al orgasmo. Algunas están tan preocupadas por obtenerlo que conviene señalar ejercicios para que aprendan a dirigir su atención a la relación sexual misma. También se les puede sugerir que imaginen algunas escenas de contenido erótico placentero. Por otra parte, algunas mujeres no están seguras de que aman en realidad a ese hombre mientras no experimenten un orgasmo con él. Otras veces no desean comprometerse emocionalmente ni entregarse con plenitud al hombre, por miedo a perder su libertad.

Es indispensable tener una actitud relajada ante la relación sexual. La mujer no debe criticarse si no obtiene de inmediato un orgasmo o si no logra varios en un plazo determinado. Tampoco es necesario que la pareja llegue al mismo tiempo a tal experiencia, ya que ésta es una meta difícil de conseguir. Lo que importa es que ambas personas logren la satisfacción sexual que les agrada, de la mejor manera posible, excluyendo extremos de sadismo o masoquismo.

En los seres humanos, el erotismo está determinado no únicamente por las sensaciones de los órganos sexuales y las zonas erógenas, sino además intervienen los sabores, los olores, las formas y los sonidos. También está ligado con los sentimientos de amor, la complicidad en el placer y la ternura compartida. Desde luego que requiere mucha imaginación e iniciativa.

Kaplan propone que la mujer se masturbe, mientras está totalmente desnuda y relajada, cuando nadie la observa. De esta manera, algunas mujeres llegan por primera vez al orgasmo. Durante el coito, el hombre puede aumentar la estimulación de la mujer si acaricia con los dedos la región del clítoris, o la mujer se acaricia de modo parecido.

Aunque las mediciones fisiológicas demuestran que los orgasmos conseguidos por medio de la masturbación son más intensos, las mujeres prefieren las experiencias compartidas con algún compañero que las ame, porque así se sienten emocionalmente satisfechas.

En las fases de excitación se expande la parte interior de la vagina, mientras que la parte exterior se contrae, ajustándose al pene. Cuando la vagina es demasiado amplia no puede ejercer la presión necesaria en el pene. La mujer queda insatisfecha porque hay poco roce del pene contra la región del clítoris. Deutsch recomienda a estas mujeres que aprendan a contraer y aflojar voluntariamente los músculos del piso pélvico y de la vagina con el fin de ejercitarlos y darles mayor firmeza.

Pueden hacer seis grupos de contracciones al día, con 10 contracciones por grupo, durante algunas semanas. Además, se les instruye acerca del papel que tiene el control voluntario de los músculos vaginales durante el acto sexual. Se les recomienda que aprieten el pene voluntariamente, algunas veces, durante el acto sexual. Los cambios de la presión que ejerce la vagina en el miembro masculino suelen resultar muy placenteros para ambas personas.

Por lo que toca a la relación sexual misma, conviene que la pareja ensaye diferentes posturas, para evitar la rutina y porque algunas estimulan mejor el clítoris que las demás. El clítoris es el órgano femenino diseñado específicamente para producir placer en la mujer. Está situado en el punto donde se unen los labios menores (internos). En las fases de excitación aumenta de tamaño y de diámetro y se torna más sensible, igual que los labios menores y mayores.

Por ejemplo, la mujer puede estar arriba del hombre, mientras que éste permanece relativamente inmóvil. Así, ella ensaya los movimientos y ritmo que la excitan más y el tipo de presión que le resulta más agradable. Algunos hombres llegan al orgasmo antes que su pareja. Luego, ambos pueden colaborar para que ella quede satisfecha. Cuando no bastan las caricias con los dedos u orales, se puede utilizar un vibrador eléctrico en la región genital externa, por ejemplo: arriba de la entrada de la vagina.

Como apunta Dumay, en la mujer el trance amoroso de cualquier tipo posee características fáciles de reconocer. La cúspide del éxtasis es una explosión de placer, una entrega total de sí misma. Corresponde a la máxima tensión sexual encendida, que de pronto se libera y estalla. Si el orgasmo de ella es muy fuerte, enviará tales energías vibratorias de estimulación al hombre, que hará que él también tenga un orgasmo.

La explosión de placer lleva consigo una impresión de distensión suprema, de bienestar soberano que invade todo el cuerpo. Te sumerges en una sensación de ingravidez, estás relajada y te desplomas sobre la cama. La mente está entregada por entero al placer del abandono y bienestar que te invade completamente.

En el momento en que se entregan por completo, algunas mujeres segregan un gel translúcido de consistencia viscosa. Según Kramer, las mujeres, a diferencia de los hombres, pueden experimentar orgasmos múltiples. Si la mujer mantiene el nivel de excitación sexual, podrá alcanzar el segundo orgasmo después del primero. Algunas mujeres experimentan de tres a cinco orgasmos en unos cuantos minutos.

Por su parte, Alberoni menciona que por el enamoramiento la relación sexual se convierte en un deseo de estar en el cuerpo del otro, un vivirse y ser vivido por él o ella en una fusión corpórea que se prolonga como ternura por las debilidades del amado, sus ingenuidades, sus defectos, sus imperfecciones. Entonces podemos amar hasta una herida de él o de ella, transfigurada por la dulzura.

Pero todo esto se dirige a una persona sola y sólo a ella. En el fondo no importa cómo sea –su edad, el color de su piel, etcétera– sino que con el enamoramiento nace una fuerza terrible que tiende a fusionarnos y convierte a cada uno de nosotros en insustituible y único para el otro. El otro, el amado o la amada, se convierte en aquel que no puede ser sino él, el absolutamente especial.

Según Paz, el sexo, el erotismo y el amor son aspectos del mismo fenómeno, manifestaciones de lo que llamamos vida. El amor es la atracción hacia una persona única: a su cuerpo y su alma. El amor es la elección; el erotismo, aceptación. Sin erotismo –sin forma visible que entra por los sentidos– no hay amor, pero el amor traspasa el cuerpo deseado y busca el alma en el cuerpo y en el alma al cuerpo, a la persona entera. Ambos, el amor y el erotismo –llama doble–, se alimentan del fuego original: la sexualidad.

Hacia una psicología del orgasmo

Las relaciones íntimas de cualquier pareja constituyen un proceso que tiene sus altas y bajas; tiende a mejorar o empeorar. Sería muy deseable que las relaciones de pareja incluyeran la amistad y el compañerismo. Los individuos que han logrado superar la excesiva dependencia hacia sus padres, el egoísmo y el miedo a la intimidad emocional, se atreven a buscar el apoyo, la ternura y el cariño compartidos.

Las personas se experimentan de nuevas maneras debido a la intensa energía que genera el amor romántico. Algunas de ellas tienen regresiones, en las que reviven y logran superar algunas experiencias negativas del pasado. Las mejores parejas de amantes son capaces de brindarse un clima de confianza absoluta y de complicidad en el placer compartido, que propicia la expresión emocional espontánea y favorece el crecimiento psicológico de ambos.

La mente produce imágenes o pensamientos, movimientos y sensaciones sin cesar que van en la misma dirección del trance y lo aumentan. El ser está unificado, no hay brecha entre su cuerpo, sus sensaciones y su mente. Tampoco en relación con el otro. Estamos absortos en una sola cosa: el aquí y ahora del acto amoroso, el otro y uno mismo.

La excitación sexual nos transporta a un estado de conciencia extraordinario, muy especial. Estamos fundidos con el otro ser, no hay pensamientos ajenos, es un estado que acapara nuestra atención. El universo cotidiano deja de existir. Sólo existe lo que refuerza esta experiencia: música, colores, sensaciones, emociones y sensualidad.

Las sensaciones se multiplican y en todo momento el placer está en su punto álgido. El tiempo desaparece, estamos sumergidos en el instante infinito de cada sensación que se transforma en otra. Sentimos lo que el otro experimenta como si fuera nuestro propio cuerpo. Sentimos la caricia que damos como en nuestra propia piel. Nos parece que el cuerpo del otro es una prolongación del nuestro.

El orgasmo es una de las experiencias humanas más trascendentes y conmovedoras. A medida que las personas se entregan a la excitación sexual va cambiando la conciencia de su realidad psicocorporal. Se llegan a sentir como mera vibración o impulso, hasta que se ven inundados por un placer muy intenso, aunque breve. La magnitud de las emociones, la intensidad de los cambios sensoriales y el despertar de la fantasía son muy diferentes para cada persona. Algunos se sienten trasladados a otros universos o perciben colores y sonidos que ni siquiera habían imaginado que existían.

El amor sexual es un camino que la mística natural nos ofrece para comprender la propia esencia y llegar al fondo de lo que somos. Se intensifican los impulsos y las emociones más íntimas, por lo que desaparece el control deliberado de los movimientos. Surge la libertad de amar y de expresarse como uno es en realidad. La vida se experimenta como cambiante e impredecible. Nos invade la experiencia de que somos energía, movimiento y espíritu. Escapamos, al menos por momentos, a la percepción de las estructuras corporales. Se pierde la noción de la propia edad y tampoco importa la apariencia corporal de cada persona.

Algunos individuos amplían el campo de conciencia y rompen algunas dicotomías mentales; entonces, la lógica habitual se quiebra y aparecen la visualización, la imaginación auditiva y el lenguaje de los símbolos. Les parece que pueden amar, con amor fraterno, a todos los humanos de cualquier raza, sexo, edad o nacionalidad. Perciben la propia vida transitoria en el contexto más amplio del eterno existir. Algunos sienten que han encontrado a Dios y se encuentran sumergidos en lo divino.

Lo cósmico sobrepasa la ilusión de la propia individualidad, por lo que algunos sienten que son luz, energía pura o Dios. Se revive el ciclo de la vida y la muerte, del día y la noche, de la infancia y la vida adulta. Al principio de la excitación, uno es hombre o mujer, después es algo así como un animal, luego un ser viviente, después mero impulso, energía y luz, y finalmente oscuridad y nada. Poco más tarde, volvemos a la conciencia cotidiana de nuestra realidad psicocorporal. La vivencia de ser hombre o mujer, que se pierde durante el orgasmo, también se recupera como parte importante de la propia imagen.

De esta manera, la experiencia del orgasmo recapitula, de modo consciente, el proceso evolutivo de todo el universo. Al inicio, brotó la luz y después surgió la vida a partir de lo que llamamos materia.

Psicología de los hombres machistas

Aunque los temas principales de este libro son el masoquismo de las mujeres sufridas y su liberación mediante la psicoterapia corporal, conviene analizar aquí el narcisismo de los machos mexicanos y su violencia, aunque sea de manera breve. El narcisismo machista y el masoquismo son conocidos estilos de neurosis social que se generan y acompañan uno al otro.

Como advierte Ramírez, en la familia mexicana los bebés tienen una intensa relación con la madre en el primer año. La lactancia materna se da en alrededor de 94 por ciento de los casos. El destete es casi al año en promedio, aunque en ocasiones se prolonga mucho más. El niño se encuentra fuertemente vinculado con su madre en los primeros meses, pero más adelante define su identidad masculina mediante una fuerte negación de lo femenino.

Por otra parte, la relación padre-hijo es muy escasa. Las madres de nuestro país tienen en promedio 2.3 hijos. En ciertos estratos sociales, cada uno es de diferente padre, quien permanece con la mujer hasta gestar a su hijo. Los siguientes hombres repiten los mismos maltratos a la madre y el mismo abandono que el primero.

En 70% de los casos, el abandono coincide con el nacimiento de los hijos. El padre se siente desplazado porque ya no recibe la atención exclusiva de su mujer. Las madres tradicionales dan trato preferencial a sus hijos ("mi bebé"). Lo ven como su gran triunfo, su obra maestra, mientras que procrear niñas no tiene la misma importancia social. Pareciera que el lazo íntimo de cariño con la madre se rompe con el nacimiento del siguiente hijo, que demanda muchos cuidados.

Según Ramírez, el padre está físicamente ausente y la mujer con hijos carece de pareja estable en 32% de los hogares mexicanos. En muchas otras familias, aunque está físicamente presente, se desentiende de los hijos, por lo cual se halla ausente en lo psicológico.

Es más difícil alcanzar la plena identidad psicosexual masculina que la femenina. Al ir creciendo, los niños aprenden que son "diferentes" de su madre. A menudo, en la ausencia de un padre cercano y de otros modelos adecuados, los adolescentes optan por la competencia, la desconfianza y la rudeza. Como ejemplo, la violencia se valora y cultiva de manera particular entre los niños de la calle y en las pandillas de los barrios. Según Sánchez, en la capital del país, de cada 100 delincuentes jóvenes entre 16 y 29 años, más de 90 son hombres.

Los machos sienten temor por los aspectos blandos de su personalidad que se despertaron por la cercanía temprana con su madre. Se consideran "hombres" evitando cualquier feminidad en sí mismos, más que por la imitación directa de las mejores conductas masculinas. Creen que el apego, la ternura y las conductas suaves y cooperativas son "cosas de mujeres".

Algunos jóvenes exhiben apariencias y conductas que rayan en la violencia habitual, porque suponen que la masculinidad consiste precisamente en eso. Su inseguridad los lleva a controlar agresivamente a las mujeres, a quienes desconocen y temen.

Ramírez advierte que el "importamadrismo" es una mentira con la cual el mexicano tapa a los ojos de su conciencia el dolor del abandono, la angustia o la depresión. Esta contradicción también se manifiesta en las expresiones populares que muestran profunda ambivalencia hacia la madre, como: "Me importa madre, me dieron en la madre, a toda madre, vale madre, pura madre". Por otra parte, el piropo callejero que en México se dirige a las mujeres con mayor frecuencia es: "¡Mamacita!"

Según Paz, el mexicano puede doblarse, humillarse (agacharse), pero nunca "rajarse" como si fuera una mujer. Las mujeres son seres inferiores porque se abren al entregarse, llevan una herida que nunca cicatriza. Algunos "albures" sugieren que el macho puede tener relaciones con el hombre del que se burla, tratándolo como si fuera mujer. De los peores insultos hacia un hombre es decirle que es "vieja". Además, los jefes le dicen "hijo" al subordinado, implicando con eso que tuvieron relaciones sexuales con su madre.

Un tema inquietante es que las abnegadas mujeres de México (y las que aparentan serlo) son las madres de la siguiente generación de machos narcisistas. En lugar de cultivar la sensibilidad de sus hijos, sus madres los apartan de eso. Los niños aprenden a no llorar y reprimen sus sentimientos porque temen ser despreciados y censurados si llegaran a expresarlos.

Según Fisher, el hombre común y corriente se siente alejado de su cuerpo y tiende a dar mucha mayor importancia a su cabeza. Un joven de 18 años relata: "Todos me dicen que soy muy duro y frío. Me gustaría ser más sensible y emotivo. Cuando oigo música quisiera sentir un nudo en la garganta y poder llorar. Mi corazón quisiera ser mujer. Pero a mí lo que me espera es ser un cabrón.

Mi madre presume con sus amigas que traigo a mis novias de cabeza y me acuesto con todas. Ella se ríe cuando me dice: 'Ay, hijito, eres un descarado, no seas tan malito'. Está muy contenta y se siente orgullosa de mí. Yo pienso que no puedo ser de otra manera, porque dejaría de ser el orgullo de mi mamá".

El macho proyecta sus temores en sus hijos. Cuando alguno es más sensible y no le interesan los juegos violentos, le reprocha que es afeminado y que se van a hacer "jotos" entre tantas mujeres. Le mete miedo a ser homosexual y le hace creer que eso sería la peor tragedia de la vida.

Según Rulfo (en una entrevista), la revuelta cristera fue provocada por las mujeres (movidas por los curas) que les decían a los rancheros y campesinos: "¿A poco no eres lo suficientemente 'hombre' para tomar el rifle y defender la religión (a Cristo Rey y a la Virgen de Guadalupe) contra el gobierno?, ¿a poco tú ya no tienes güevos?" Desde luego que los machos se levantaron en armas, porque no podían permitir, de ninguna manera, que sus "viejas" los vieran como unos "maricas de asco".

El mismo autor dice que algunos padres de la gran ciudad, al suponer que su hijo era "joto", lo mandaban al rancho para que fuera desbarrancado a balazos desde una roca saliente. Era preferible verlo muerto a correr el riesgo de que provocara la burla y la deshonra de una familia en la que todos los hombres eran muy machos.

Muchos adolescentes adoptan la agresividad como una especie de salvación, con el fin de demostrar a los demás que no son "viejas". Sin embargo, siguen añorando la ternura temprana que recibieron de su madre. Sus amigos y las pandillas también favorecen la violencia. Consideran "más hombre" al más "aventado" de ellos. Estiman digno de admiración al que se mete en problemas con las autoridades escolares e incluso con la policía. Los "reventones" de los adolescentes, en los que se abusa del alcohol (y las drogas), son parte de una etapa de rebeldía.

El joven machista espera que su compañera asuma y repita el rol mágico de la madre consentidora que supo satisfacer tan bien sus deseos infantiles. Trata de encontrar una mujer que ignore sus propias necesidades emocionales para solventar las suyas. Pretende que ésta sea tan sacrificada y buena como su madre. Su pareja le va a dar de comer, le va a dar todo su amor, le va a dar un hijo, le va a dar ánimo, etcétera. ¿A cambio de qué?

Debido a su narcisismo, espera que todas las mujeres caigan rendidas a sus pies. Cree que su deber es seducirlas para demostrar su virilidad ante sus compañeros. Le conviene que sus amigas sean muy atractivas, porque así puede presumirlas mejor. Tiene que convencer a su novia de que sea suya y de nadie más. Al principio, le da la sensación de que es diferente de los demás y de que él la va a proteger. Trata de apoyarla y complacerla en todo lo que puede. También la ayuda a salir de su casa. Después, se vuelve muy celoso. Le reclama si la encuentra platicando con un amigo, porque ella le pertenece de manera exclusiva.

Según McCary, la culpa sexual es más intensa y frecuente en los hombres que en las mujeres porque ellos se creen los instigadores de cualquier conducta sexual. Algunos jóvenes llegan a pensar que les toca cargar con la responsabilidad de la participación sexual de su compañera. Estas situaciones de confusión y culpa los motiva a dirigir comentarios agresivos y degradantes hacia la mujer con quien han compartido la más íntima de las experiencias humanas.

Les extraña que las mujeres se entreguen espontáneamente a la relación sexual, aunque también las mueva el cariño y la amistad. Según ellos, eso es propio de las mujeres "malas", mientras que las "buenas" esperan hasta después del matrimonio. En cuanto llegan a la relación sexual con una mujer que suponían buena, ella se transforma en mala (González P.). Por eso, algunos la dejan y buscan otra, que sea copia más fiel de su "abnegada madrecita (o jefecita) santa".

También desarrollan fuertes sentimientos de culpa, porque temen haber robado la virginidad a una joven que a lo mejor era realmente "buena". Además, como anota Attie, los hombres admiran a las mujeres que trabajan y son "independientes", pero prefieren casarse con jóvenes más tradicionales.

La violencia familiar

Cada familia tiene su propia cultura, que a su vez depende del barrio, la población, el estado y finalmente del país. En algunas familias, la violencia se considera ajena y extraña, mientras que en otras es común y corriente. De cualquier modo, en las culturas machistas los hombres mandan. Necesitan someter a las mujeres, porque de otra manera corren el riesgo de que sus amigos los consideren "mandilones" o afeminados. Sienten que su identidad personal se ve amenazada de raíz cuando las mujeres demandan igualdad.

En gran parte, los celos masculinos son impuestos por la sociedad machista. Sus amigos le dicen: "¿A poco dejas que tu mujer salga cuando quiera para que cualquier hombre te la quite?" Cuando viven juntos, ella debe esperarlo en su casa y tener la comida lista. Ya no puede coquetear ni decidir nada sin él. En los primeros meses no hay violencia. La flexibilidad se impone y la mujer se hace cargo de la casa.

Según Knudson, una sociedad en la que existe el mito de la supremacía del hombre fomenta que éste perciba a su esposa y a sus hijas como objetos que él posee. Una manera de mantener el control de su familia es vigilar los ingresos económicos de la misma y otra es fomentar el aislamiento, tanto psicológico como geográfico, de su mujer.

Un país que desprecia que el padre comparta el cuidado físico y psicológico de sus hijas fomenta que los hombres se sientan superiores a las mujeres, a quienes se delega la tarea de criarlas (igual que a los hijos). La estricta división de tareas machista priva al padre de sentir el cariño y el contacto físico con sus hijas sin implicaciones sexuales.

Tal padre no tiene la oportunidad de desarrollar su rol de protector cariñoso y respetuoso de su pareja y sus hijas. Piensa que el único trato que puede tener con las mujeres es de naturaleza sexual, como conquistador. Tener un hijo es una condecoración a su capacidad masculina de conquista, de agresión y de poder sobre la mujer, y un aseguramiento de que de veras es cierto, y todos lo pueden ver y constatar, que es un verdadero macho (González P.).

Dentro del paradigma social del machismo, los hombres deben ser lejanos y libres. Merecen respeto y crédito por todo lo que hacen. Tienen derecho a divertirse y a descansar. Llevan las riendas de la familia, porque lo saben todo. Dan los permisos y administran los castigos. Las mujeres son inferiores y por eso les corresponde someterse, acatar las órdenes y satisfacer las necesidades del hombre. Merecen ser castigadas si no lo hacen.

Además, son desechables, porque sólo reciben del hombre y no aportan nada. Un hombre machista afirma con vehemencia en una reunión familiar: "Las mujeres no piensan, no entienden nada de negocios, son impulsivas y pendejas. Si tú (hombre) permites que las mujeres decidan y puedan hacer lo que quieran, sobrevendrá el desorden, la anarquía y finalmente el caos. Por eso debe uno mantenerlas siempre en la raya y no dejar que se alebresten".

Los hombres machistas promueven el falso dogma de la "superioridad" del hombre. Para mantener esta errada dinámica social utilizan la violencia contra las mujeres. En las sociedades machistas abundan los pleitos, el maltrato familiar (junto con el alcoholismo) y las violaciones.

En cuanto a la edad de las víctimas de violación en México, la mayor concentración de casos ocurre entre los 15 y 18 años, generalmente, del sexo femenino. El sujeto agresor, prácticamente en 100 por ciento, es el padre o un familiar de sexo masculino (Álvarez, en Everstine y Everstine).

La violación es una forma de terrorismo psicológico que transmite el mensaje de que ninguna mujer puede estar segura en ningún sitio, ya que ciertos hombres se transforman de repente en animales irresponsables. Además, los que sustentan la supremacía masculina repiten, de manera absurda, que las mujeres la provocan y que también la desean y la disfrutan, o por lo menos deberían hacerlo.

El macho procura controlar todo lo que su mujer hace y dice. Le habla por teléfono desde el trabajo, va por ella cuando menos lo espera y a veces se queda hasta tarde en casa para ver qué hace. Vive a través de las emociones de su pareja. Se imagina que ella se va a acostar con todos a la menor oportunidad porque él fantasea hacerlo con todas.

Tiene relaciones sexuales a su antojo para que ella no lo vaya a "traicionar", pero no se preocupa por sus preferencias ni por su felicidad. Cree que él es lo máximo y que cualquier mujer debe darse por satisfecha con lo que puede dar.

Se considera el guardián de la moral de su mujer y de sus hijas; sin embargo, es mujeriego y espera que sus hijos hagan lo mismo cuando crezcan. Vigila y decide por los demás. No debe permitir que una mujer lo desprecie o lo haga quedar en ridículo dentro o fuera de la casa.

Supervisa continuamente a sus hijas mayores. Una mujer de 24 años relata: "Mi padre me vigila siempre. Me pregunta a dónde voy, a quién veo y qué hago. Eso me hace sentir tonta e inútil. Me mira como si yo fuera una perdida. Papá me quería mucho de niña. Me abrazaba y era muy cariñoso conmigo. En cuanto fui adolescente, ya no me toca y se dedica a vigilarme.

Se imagina que lo nulifican y no lo toman en cuenta si mi mamá y mis hermanos no le piden permiso para todo. Cree que es la autoridad, el que manda y decide en la casa. Siempre tiene la razón en todo. De todos modos, él ya está cansado y ya no nos puede controlar ni nos asusta como antes".

Siempre que su pareja (o sus hijas) le niega la superioridad, el hombre machista cree que su virilidad está amenazada, porque lo están confundiendo con una mujer. Se le rompe el esquema mental, entra en pánico y arremete contra ellas para restablecer el balance. Necesita demostrar a todo mundo que es "muy hombre" y no se va a dejar "mangonear" (dominar) por ninguna "vieja"

Su falta de capacidad negociadora se manifiesta por el descontrol agresivo, a menudo acompañado del alcohol, que infunde terror a su mujer y a sus hijos. Como ya explicamos, la violencia les causa a ellos daños irreparables.

El objetivo de la violencia es vencer la resistencia de la mujer, desquiciarla (en sus sentimientos y pensamientos), subyugarla y recuperar el control absoluto. Los hombres machistas utilizan la violencia en forma progresiva. Si no funcionan los medios indirectos, por ejemplo las miradas duras y los gestos de enojo, el macho ensayará la violencia verbal y finalmente llegará a la física.

Otras formas de violencia indirecta: si la mujer habla, el hombre finge que se aburre. Cuando ella intenta decir algo, la deja con la palabra en la boca o mira hacia arriba como crítica y descalificación. Le dice: "Perdóname, mi amor, pero tú no sabes nada de eso", "Ni siquiera te puedes mantener sola". También se hace la víctima, por ejemplo, deja que ella se arregle para una fiesta y luego la culpa porque se tardó mucho. Cambia el tema de la conversación, le hacer creer que dice tonterías y se burla de ella.

Impone a su mujer toda clase de obligaciones: "Ponte a dieta, ve que esa muchacha es mucho más atractiva que tú"; "quiero que no le hables a tu madre"; "te prohíbo que te veas con esas amigas"; "dame de comer". La mujer sumisa se siente obligada a prestar toda clase de "servicios" al hombre. Pasa a ser su posesión y se subordina. Refuerza la autoridad masculina ante los hijos y le brinda a su pareja todos sus recursos. El hombre le dice: "Yo soy así, si no me quieren ni modo", mientras que ella debe cambiar todas las actitudes y conductas que su hombre desaprueba.

Como ejemplo, una mujer recién casada, enamorada (y embarazada) espera ternura y amor en esa noche de fiesta. Sin embargo, su marido la planta frente a un espejo y le dice. "Mírate". Ella no entiende nada de lo que sucede. Él dice: "Estás viendo a la sirvienta de la casa..." La mujer se queda muda y después siguen varios años de opresión y maltratos, hasta que el hombre la abandona.

Para denigrarla, el macho restringe las actividades de su mujer, llega tarde a su casa, limita sus compras y la hiere con su desinterés. También recurre a la violencia verbal y la amenaza: "Si me dejas te mato, te quito a tus hijos, eres una p..., pendeja, hija de la chingada, ni se te ocurra salir de la casa. Te voy a golpear. Te voy a correr de la casa porque no sirves para nada y no me quieres lo suficiente", "te voy a quitar a tus hijos, les va a ir mal a ellos si no haces todo lo que te digo".

La violencia física puede ser indirecta, por ejemplo: romper objetos alrededor de la persona, empuñar armas, golpear puertas y mesas o destruir la ropa de la mujer. La violencia directa comprende empujones, golpes, forzar el sexo y causar lesiones con armas de fuego o punzocortantes.

Dicha violencia va acompañada de una serie de falsas razones: "Tú me obligas a golpearte. Yo te pego porque te quiero, porque eres mía. Es por tu culpa, porque eres tan terca y desobediente", "es culpa de las presiones de mi trabajo. Sólo fue una cachetada, ¿por qué te pones así? No es para tanto", "me voy con otras mujeres porque tú no me atiendes, eres fea y fodonga, no sabes hacer el sexo, has perdido tu atractivo y siempre te estás quejando".

El marido machista le deja todo el trabajo de la casa y de los niños, mientras que tiene amantes y la engaña. Se jacta de que tiene otras mujeres y se acuesta con ellas. Trata mucho mejor a las demás mujeres (por su afán de conquista) que a la propia, ya conquistada. Mediante la violencia sexual, el hombre machista impone a la mujer actos sexuales denigrantes que le llegan a causar dolor, por ejemplo: relaciones anales violentas.

La violencia sexual niega los sentimientos humanos más profundos y suplanta las necesidades de compañía y afecto por las de sexo. Destruye irreparablemente el amor que la mujer sentía por su pareja. La violación de la pareja, de otra mujer, de niños y niñas es el colmo del terrorismo psicológico que utilizan los machos para sentirse poderosos. Violenta todas las dimensiones de la víctima (corporales, emocionales y mentales) y la deja aislada, devaluada, aterrorizada y desintegrada.

Los machos encubren y niegan sus abusos. Le dicen a su mujer que sólo estaban bromeando, que ella se queja por algo que no sucedió en realidad, pero ella se lo imagina: "Yo no soy agresivo, yo no lo hice. Yo te quiero mucho. Puede llegar al colmo de decir con todo cinismo: "Yo no violé a tu hija..." Procura mantenerla aislada de sus familiares y amigas para manipularla mejor.

Los hombres machistas se muestran débiles para arrancar favores a las mujeres maternales y protectoras. Como ejemplo, los alcohólicos y los drogadictos tratan de convencer a sus parejas de que ellos no pueden dejar el vicio, pero que eso sucederá por el "amor" de su pareja (su entrega absoluta y sacrificada). Ella sólo necesita darles cariño y sexo incondicional aunque reciba maltratos: "Se me pasaron las copas. Yo sigo bebiendo porque tú todavía no me das lo que yo necesito, no me amas lo suficiente, sufro mucho por tu culpa".

Desde el absurdo punto de vista del macho, si la mujer cambiara, se nulificara y lo agradara en todo, él no tendría que ser violento y todo sería diferente. A lo mejor hasta podría dejar el alcohol y las drogas.

En la opinión de González P., cuando la mujer pide afecto, dinero o cualquier responsabilidad masculina a su pareja, el hombre siente eso como exigencia de sometimiento. Además, revive las peticiones de su madre cuando pequeño y se activa de nuevo su rebeldía adolescente, que fue el paso inicial para afirmar su masculinidad. Percibe a su mujer como dominante, absorbente y como una amenaza a su virilidad.

El hombre machista empieza su huida hacia el trabajo, los bares, el club, el alcohol, las amantes o prostitutas. Luego vuelve a seducir a su mujer o se hace las ilusiones de que de verdad ya no necesita a su esposa, pero tiene que cumplir con sus obligaciones matrimoniales.

Los amigos se solapan y compiten para ver quién de ellos es el más macho. Se ríen de la violencia y la toman como juego. Animan al sádico golpeador para que siga abusando de su mujer: "Dale sus chingadazos y ya verás cómo entiende... Las mujeres son tercas y sólo te entienden si las golpeas". Muchos alcohólicos lloran y se lamentan porque su mujer ya no los quiere. Expresan su temor a ser abandonados. Se instalan en el masoquismo y la depresión. Emerge su parte de niño asustado, inmaduro emocionalmente, que tuvo poco o ningún contacto con su padre.

El alcohólico pierde su propia estima y el cariño de sus hijos. Su mujer, apoyada por otras personas, es la que finalmente decide poner un alto a la vida tan infeliz y absurda que llevan. Lo deja (o lo corre de la casa) y se queda con los hijos. Entonces, el macho le pide otra oportunidad e intenta recuperarla a toda costa. Si no funcionan las amenazas, promete cualquier cosa: nunca más la va a golpear, se va a meter a Alcohólicos Anónimos, va a conseguir trabajo o irá a la iglesia. Llora, pide disculpas, le manda flores y le hace regalos. Además, parece cambiar por algún tiempo: ya no se muestra tan violento y no abusa de la mujer. Entonces, trata de iniciar un diálogo con el propósito de mejorar la relación. Algunas veces esto funciona, pero en la mayoría de los casos la violencia familiar retorna y todo sigue igual.

Una de esas mujeres al fin se cansa de las falsas promesas. Desilusionada, deja a su esposo porque está harta de recibir (junto con sus hijos) desprecios, maltratos y golpes. El alcohólico abusivo regresa a la casa de su madre. Ella lo recibe con alegría –al fin lo recuperó– y lo consuela: "Hijo mío, consíguete una mujer buena, que te haga olvidar lo mucho que te hizo sufrir esa mujer hija de tal por cual... que no supo comprenderte como yo".

Las investigaciones en el área de violencia y agresión, tanto dentro de la familia como fuera de ésta, están de acuerdo en que el alcohol tiene un papel significativo en muchos actos de agresión (Farrington). Una de las explicaciones es que el alcohol tiene el efecto de debilitar las inhibiciones contra la violencia. Otra explicación es que la agresión se acepta socialmente cuando alguien está bajo la influencia del alcohol; como resultado, muchos individuos aprenden a ser violentos cuando están tomados.

Hay bases suficientes para creer que el abuso del alcohol se asocia con un aumento en la probabilidad de abuso hacia la mujer (Cantor y Strauss). Por su parte, Carroll menciona las altas tasas de violencia en las familias mexicanas-americanas. Entre los factores causales principales menciona la dominancia masculina, la disciplina estricta y la sumisión al padre. Estos factores generan una "cultura de la violencia" en la que el abuso marital y de los niños es normalmente aceptado.

Se calcula que en México existen nueve millones de alcohólicos, cada uno de los cuales afecta negativamente a tres personas. En los últimos años aumentó 300 por ciento la adicción en mujeres. De los 13 a los 19 años de edad, el alcohólico empieza a infiltrarse en el problema (Livier).

Por su parte, Farrington sugiere que el estrés contribuye a generar la violencia doméstica. Por ejemplo, vivir en la pobreza, pertenecer a una minoría racial, la presencia de un familiar alcohólico o enfermo y la frustración acumulada. Los actos de violencia emotivos y pasionales son la consecuencia explosiva de verse sujeto a una situación estresante que no tiene visos de resolverse, por ejemplo: el esposo que golpea a su mujer –como un desquite– porque está enojado por algo que le sucedió en su trabajo.

Según Mindell, el hombre que se dedica a la acción (al activismo) y se identifica demasiado con los papeles que la cultura le asigna se traiciona a sí mismo, porque la personalidad total, además del heroísmo de ser el proveedor de la familia, incluye otros componentes. Los machos pueden hacer muchas cosas, pero no tienen los sentimientos apropiados ni la energía suficiente para dar lo mejor de sí mismos a su propia familia.

En sus momentos de lucidez, los hombres machistas se dan cuenta de que están emocionalmente ausentes y desapegados de su pareja y de sus hijos. Se han convertido en personas ásperas, prepotentes, obstinados y con rigidez prematura. Se sienten insatisfechos, inseguros y temerosos. Sus hijos(as) adolescentes no les hacen el menor caso. Al fin y al cabo, ellos salieron sobrando, porque la familia salió adelante sin sus mejores sentimientos y sin su participación social. Ni las amenazas ni los gritos ni los golpes ni el terror sirvieron para nada. Se quedaron solos. Después de la mitad de la vida, contemplan la pérdida permanente de su alma, que es la parte sensible, intuitiva e iluminada que cualquier ser humano lleva dentro (Jung).

Cuando la ánima (la parte impulsiva y sensible del hombre o la mujer) no se integra, queda descontrolada: exagera y llena de mitos las relaciones afectivas de cualquier persona, tanto en el ámbito familiar como en el trabajo. Las fantasías, las proyecciones y los embrollos resultantes son obra suya. Además, debilita la personalidad del hombre: lo vuelve irritable, caprichoso, celoso, vanidoso e inadaptado.

Los hombres machistas eligieron negar sus aspectos blandos y "femeninos" por miedo a la homosexualidad e inflaron su ego. Esto llevó consigo, inevitablemente, una disminución de su vitalidad, flexibilidad, bondad y ternura. Muchos de ellos se dedicaron a beber y a lamentar su abandono. Por lo común, el alcoholismo genera culpas, un gran cansancio y depresión.

En cada hombre existe una imagen primordial (ideal) de la mujer. No sólo de la madre, sino también de la hija, la hermana, la amada, la diosa celestial y la diosa infernal. Cada madre y cada amada puede convertirse en portadora y encarnación de algunos aspectos de esta imagen omnipresente y eterna. Ella representa la lealtad, la muy necesaria compensación por los riesgos, esfuerzos y sacrificios que a veces terminan en desilusión. Para un hombre, puede ser el consuelo de todas las amarguras de la vida.

Por otra parte, la mujer también es la gran ilusionista, la seductora, que lo arroja a la vida donde hay engaños y no solamente aspectos razonables y útiles. Como la vida misma, la mujer ofrece al hombre terribles paradojas y ambivalencias mediante las cuales el bien y el mal, el éxito y la ruina, la esperanza y la desesperación se contrapesan entre sí. Si el hombre la sabe tratar bien y la comprende, será su gran amiga. De otra manera, será una gran desconocida y su peor enemiga.

Para resumir, el macho abusivo creció dentro de una familia en la que era común la violencia contra las mujeres. Tiende a ser más violento cuando su compañera está embarazada y se aleja de ella cuando ha dado a luz. Niega el abuso, lo minimiza y dice que no se acuerda de nada, sobre todo cuando bebe demasiado. Hace todo para que su compañera se vaya; luego intenta hacer casi todo para que ella regrese.

Es egoísta y narcisista. Ignora los sentimientos de su mujer y de sus hijos. Abraza las creencias del machismo: cree que es superior a las mujeres y que ellas están para servirlo. Tiene privilegios, como divertirse con otras mujeres y beber con los amigos, mientras que el lugar de la mujer es su casa. Se cree infalible, es autoritario y tiene una forma muy negativa de ver el mundo. A veces puede ser tierno, pero se transforma en una persona cruel cuando se enoja y más aún cuando bebe demasiado.

En los capítulos 2 y 3 se explicaron los graves costos sociales, psicológicos (emocionales) y económicos del machismo. Además, la insatisfacción emocional y orgásmica de las mujeres oprimidas tiene mucho que ver con el vacío afectivo y la inseguridad sexual de los hombres machistas.

La homosexualidad
y el lesbianismo

Las sociedades actuales toleran la homosexualidad y el lesbianismo (homosexualidad femenina) mucho más que antes. Sin embargo, todavía prevalecen en nuestro país algunos mitos y creencias populares que pretenden explicar el origen de dichas orientaciones sexuales sin tener en cuenta los recientes avances de la ciencia. Por su parte, los sectores más tradicionales de la sociedad consideran que se trata de "conductas desviadas, antinaturales y graves pecados" porque no conducen a la procreación.

En el ámbito popular, se supone –erróneamente– que la homosexualidad masculina tiene su origen en los conflictos con un padre machista que lo rechaza. Ese padre le dice a su hijo que es "joto" y afeminado, pero que tiene que comportarse como macho para no avergonzarlo. No le va a permitir ser un "maricón", sino que lo va a hacer "hombrecito" mediante amenazas, castigos y golpes.

El hijo aborrece y teme a su padre como a un tirano inalcanzable, mientras que su madre lo sobreprotege y le dice que es diferente, porque no es vulgar ni agresivo como el padre. Aprende a identificarse con la madre que lo solapa y lo escucha. Siente rencor hacia su padre y desconfía de su propia masculinidad.

Otra falsa creencia es que a los homosexuales los violaron otros hombres cuando eran niños. Según esto, en algunos casos la experiencia fue grata por lo que hay cierta tendencia a repetirla, mientras que en los casos en que fue ingrata hay identificación con el agresor.

Finalmente, algunas mujeres que educan solas a sus hijos creen que los niños necesitan un padre (o padrastro) como ejemplo, porque de otra manera "se van a hacer mujercitas" como sus hermanas. La verdad es que sus hijos necesitan antes que nada el ejemplo de una madre inteligente y capaz de tomar sus propias decisiones.

También existe la creencia equivocada de que las mujeres "se hacen" lesbianas porque rechazan todos sus aspectos tiernos y femeninos y se comportan como "machinas". Pretenden parecerse al padre machista porque rechazan el sometimiento absurdo y la pasividad resignada de la madre sufrida. Se supone que algunas lesbianas aumentan de peso para aparentar fuerza y dominio.

Una estudiante universitaria lesbiana dice: "A mí no me va a chingar ningún cabrón, como sucedió con mi madre. Por mucho que me insistan, por muy galán que sea cualquier hombre, yo no cedo. Les voy a demostrar que yo puedo más que ellos". "Mi padre me desilusionó, porque aunque grita y golpea es muy débil. No puedo entender a los hombres que dicen que son fuertes, cuando en realidad son débiles".

Otra lesbiana afirma: "Los hombres son muy bruscos, sólo buscan su satisfacción, no saben hacer el amor, no pueden complacer a una mujer. En cambio, mi pareja me entiende; es un placer conmovedor verla cuando tiene sus orgasmos".

Por otra parte, junto con la rebeldía y el rechazo de lo tradicional están los aspectos sociales de la propia búsqueda y realización personal dentro de una profesión. Los homosexuales son más prominentes en el mundo del teatro, la moda, los salones de belleza y la sociología.

Aunque todas las circunstancias mencionadas arriba tienen cierta influencia, las investigaciones recientes han descubierto otros factores que influyen de manera más definitiva para determinar la orientación sexual de las personas. En efecto, en una misma familia, un hombre (o una mujer) puede ser homosexual y el otro (la otra) no, a pesar de que ambos tuvieron los mismos padres y recibieron un trato parecido cuando eran niños o adolescentes.

Los homosexuales (hombres y mujeres) relatan que desde niños supieron que les atraían algunas personas de su mismo sexo. Muchos(as) de ellos(as) pasaron por un largo y doloroso período de dudas, cuestionamientos y culpas antes de entender y aceptar la orientación sexual con la que nacieron. Por lo común, tuvieron que enfrentar fuertes presiones y burlas de sus familiares y amigos. Al final, con el apoyo de algunas personas más abiertas y comprensivas terminaron aceptando su orientación sexual y sus preferencias individuales. Se dieron cuenta de que así son y de que así pueden vivir felices. Ellos (ellas) pueden ser creativos y exitosos en su trabajo, aunque a veces reciben ataques de los segmentos más intolerantes de la sociedad.

Investigaciones acerca de la orientación sexual

Las investigaciones actuales, iniciadas por el doctor Kinsey (EUA) a finales de la década de los años cuarenta, demostraron que cerca de 10 por ciento de cualquier población es gay. Se cree que esta proporción es más o menos la misma en el mundo entero, en todas las épocas, culturas y climas. Los sentimientos de atracción hacia las personas del mismo sexo por lo común son emocionales y fisiológicos.

Según la escala de Kinsey, que se ilustra a continuación, las personas no son estrictamente homosexuales o heterosexuales, sino que fluctúan entre esos extremos. En otras palabras, hay muchos hombres y mujeres cuya orientación sexual muestra diferentes grados de bisexualidad.

```
......0...... ..............
.... ...........1...... .............. ..............
........ ..............2...... .............. .............. ..............
.............. ..............3...... .............. .............. ..............
.................... .......... ......4...... ............. .............. ..............
.................... .............. ......5...... ........... ..............
.................... .............. .............. ......6........... ......
```

En esta escala, la categoría 0 incluye a las personas que son exclusivamente heterosexuales y que reportan no tener o haber tenido ninguna experiencia o atracción homosexual. La categoría 1 incluye a personas predominantemente heterosexuales, teniendo experiencias o atracciones homosexuales incidentales. La categoría 2 incluye a las predominantemente heterosexuales, pero tienen experiencias o atracciones homosexuales más frecuentes.

La categoría 3 representa a las personas que tienen experiencias y atracciones tanto homosexuales como heterosexuales. La categoría 4 incluye a las predominantemente homosexuales, pero que tienen experiencias o atracciones heterosexuales algo frecuentes. La categoría 5 incluye a las predominantemente homosexuales, aunque tienen experiencias o atracciones heterosexuales incidentales. La categoría 6 incluye a las personas exclusivamente homosexuales, tanto por sus experiencias como por sus atracciones.

Las investigaciones de la doctora Hooker, al final de la década de 1950, establecieron que no hay ninguna diferencia en la estabilidad emocional y en la salud mental entre los hombres homosexuales y los heterosexuales.

Hasta el comienzo de la década de 1970, el estudio de la homosexualidad estaba restringido al área de la psiquiatría. Existían diferentes teorías respecto a las causas de la homosexualidad, pero la mayoría describía a la homosexualidad como una psicopatología que se desarrollaba por la crianza "defectuosa" de una madre dominante, de un padre alejado o de ambas cosas. Aunque este postulado era incorrecto, no es sorprendente que algunos psiquiatras lo apoyaran, porque ellos obtenían su información únicamente de personas que presentaban graves problemas mentales y emocionales.

En 1972 y 1973, la Asociación Psiquiátrica Americana y la Asociación Psicológica Americana dejaron de considerar a la homosexualidad una enfermedad mental en sus manuales de diagnóstico. A finales de la década de 1970, el Instituto Nacional de Salud Mental (EUA) inició una extensa investigación para determinar si la homosexualidad era el resultado de una situación familiar particular, de modelos inadecuados o de otros factores psicológicos y sociales. En la siguiente sección de este capítulo se presentan los resultados, junto con los de otras investigaciones más recientes.

El término *preferencia sexual* fue introducido en los años setenta para corregir el antiguo concepto que definía a la homosexualidad como "una enfermedad" o "una desviación". A partir de 1982, a medida que los científicos fueron descubriendo nuevas pruebas que sugerían que la homosexualidad o la heterosexualidad no es algo que uno puede elegir (porque nace con ella), surgió el término *orientación sexual*, que se utiliza con mayor frecuencia hoy en día.

La mayor parte de los lectores habrán notado una desalentadora escasez de información acerca del lesbianismo y sus orígenes. Se llevaron a cabo muy pocos estudios acerca del origen de la homosexualidad femenina antes de 1970 porque a través de los siglos la homosexualidad masculina ha sido más visible y menos tolerada que el lesbianismo.

Causas de la homosexualidad y el lesbianismo

A continuación presento un resumen, que he adaptado libremente, con las opiniones de 11 connotados expertos en la homosexualidad y el lesbianismo. Ellos respondieron a tres interesantes preguntas acerca del tema: ¿Por qué mi hijo (hija) es gay? Esta encuesta fue realizada por la Federación de Padres y Amigos de Lesbianas y Gays de los EUA.

Pregunta 1

Muchas personas creen que la orientación sexual –heterosexual, homosexual o bisexual– está determinada por uno o más de los siguientes factores: genéticos, hormonales, psicológicos o sociales. Tomando en cuenta los últimos adelantos de la ciencia, ¿cuál es su opinión?

Respuestas a la pregunta 1

La orientación sexual de un individuo está determinada, en conjunto, por todos los factores que se han mencionado. Sin embargo, la importancia relativa de cada factor varía de individuo a individuo. Los eventos biológicos prenatales influyen en gran medida en el potencial para la conformación de género en un infante, y a su vez esa conformación influye profundamente en su manera de percibir a los hombres y a las mujeres, así como en su potencial de ver a éstos como objetos afectivos.

De acuerdo con la evidencia científica más reciente, los factores más importantes en el desarrollo de la orientación sexual ocurren antes del nacimiento. Entre los factores prenatales están: la influencia de varias hormonas sexuales en el funcionamiento del cerebro y alrededor del hipotálamo (un centro de control de los instintos primarios).

Esta sección del cerebro no sólo controla la orientación sexual, sino también se ha demostrado que está organizada de manera distinta en los hombres y en las mujeres (si bien con distintos grados de diferencia) lo cual depende de la cantidad y del momento de exposición a la testosterona y a otras hormonas sexuales. Hay distintos factores que son capaces de alterar la cantidad de hormonas sexuales a las cuales están expuestos el hipotálamo y los demás centros cerebrales cercanos. Algunos de ellos son genéticos y controlan la síntesis de las hormonas sexuales.

Estudios realizados con animales de laboratorio indican que la exposición de la madre a varias drogas neurológicamente activas o a un estrés excesivo durante el embarazo también pueden ser factores prenatales que invierten la orientación sexual de un individuo.

Según la evidencia acumulada en la actualidad, todos los factores mencionados afectan la orientación sexual. Probablemente la proporción de cada ingrediente varía de persona a persona; sin embargo, todos influyen en la orientación sexual de cada individuo.

Es probable que existan diferentes caminos para llegar a la "misma" orientación sexual, por ejemplo: a la heterosexual. Otro problema digno de investigación es que en nuestra sociedad existe una gran variedad en el significado y en la práctica de cualquier orientación sexual, por ejemplo: la homosexual.

Así como la homosexualidad y la heterosexualidad son fenómenos muy complejos, los factores que determinan sus desarrollos respectivos también deben ser complejos. Los que buscan una causa única, como "una madre posesiva y dominante" o un "padre hostil, alejado o ausente", no están mirando más allá de su nariz.

Los factores que determinan cualquier orientación (gay, heterosexual o bisexual) pueden ser genéticos, hormonales o transmitidos –dentro del útero– al feto a través de la sangre que va de la placenta y el cordón umbilical.

En los humanos y en otras especies de primates, las hormonas prenatales tienen menor influencia. Dichas hormonas sólo crean una predisposición en la edad adulta hacia la homosexualidad, la heterosexualidad exclusiva o hacia una adaptabilidad bisexual.

Basándonos especialmente en la evidencia antropológica y en la evidencia del desarrollo de la niñez, parecería que la mayoría de los seres humanos nacen con una predisposición bisexual. Si se retiene esta predisposición o se convierte en predominantemente heterosexual u homosexual, dependerá (al igual que con la lengua natal) de influencias, generalmente denominadas psicológicas y sociales, que llegan al cerebro por medio de los sentidos, especialmente del tacto, la visión y la audición.

El período de experimentación con juegos sexuales juveniles, en especial entre los 5 y los 8 años, desempeña un papel particularmente importante en establecer si la atracción erótica en el futuro será dirigida hacia hombres o mujeres, y si la primera experiencia de enamoramiento será homosexual o heterosexual. La homosexualidad, así como la heterosexualidad, se define en última instancia por el sexo de la persona con quien uno puede enamorarse.

Lo más impresionante de todo es que la orientación sexual parece ser innata, con lo cual queremos decir que es un rasgo de personalidad bien arraigado que surge en los primeros años de vida. Cabe restringir lo anteriormente dicho a los hombres. Las mujeres parecen ser más flexibles en su orientación y pueden ser capaces de modificarla dependiendo de las circunstancias. El aforismo es: los hombres descubren su orientación sexual, mientras que las mujeres escogen la suya.

Los niños criados por padres o parejas gays o lesbianas no son más propensos a ser homosexuales que los niños criados por padres heterosexuales. Tampoco existe ninguna evidencia que demuestre que la homosexualidad masculina es causada por una madre dominante o un padre débil, o que la homosexualidad femenina se debe a que las niñas se identifican con modelos masculinos. De hecho, tenemos evidencia de que, en condiciones normales de crianza, los padres tienen muy poca influencia sobre la orientación sexual de sus hijos.

Tampoco es verdad que un (una) joven se vuelve homosexual al ser seducido por una persona mayor del mismo sexo. Las experiencias sexuales infantiles y adolescentes son relativamente similares en los homosexuales y los heterosexuales, excepto que los homosexuales obtienen menos satisfacción que los heterosexuales en sus experiencias sexuales con miembros del sexo opuesto. Nuestra conjetura es que factores biológicos determinan la homosexualidad y la heterosexualidad, mientras que factores ambientales determinan los diferentes grados de bisexualidad.

Pregunta 2

¿Cree usted que alguno de los factores mencionados anteriormente pueda determinar por sí solo que una persona sea gay, heterosexual o bisexual?

Respuestas a la pregunta 2

No, no creo que ninguno de estos factores pueda por sí solo determinar la orientación sexual de una persona. Tal como he indicado anteriormente, la orientación sexual es muy compleja y los factores que la determinan deberán ser también complejos. Ni siquiera la predisposición genética podría determinar por sí sola la orientación sexual.

No, ninguno de los factores es causa única porque, al menos en teoría, ninguno de los factores actúa independientemente de los demás. Ya que sabemos tan poco acerca de las causas es prematuro especular si un factor por sí solo podría ser la causa única de la orientación sexual de un individuo.

Pregunta 3

¿Pueden las lesbianas y los gays cambiar su orientación sexual mediante la psicoterapia o de alguna otra forma?

Respuestas a la pregunta 3

La respuesta a esta pregunta depende de que se considere la orientación sexual una característica innata, como hemos sugerido anteriormente, o si se considera un hábito, que siendo "aprendido", puede ser a su vez "desaprendido". Cabe decir que en ambos casos muchos individuos pueden cambiar su exclusiva homosexualidad o heterosexualidad, si así lo desean. En particular, las mujeres parecen tener una orientación bisexual en la mayoría de los casos.

Sin embargo, si consideramos que cualquier orientación sexual es moralmente igual, deberíamos preguntarnos por qué algún individuo querría cambiar su orientación sexual. Como he dicho anteriormente, los niños criados por homosexuales o lesbianas no son más propensos a ser homosexuales que los niños criados por padres heterosexuales.

Esto parece indicar que la homosexualidad no es, necesariamente, una conducta aprendida. En consecuencia, no resulta probable efectuar, mediante la terapia, un cambio permanente en la atracción ni en los componentes emocionales que motivan a uno a enamorarse de alguien.

Aunque las lesbianas y los gays pueden ser capaces de aumentar su potencial para la experiencia heterosexual y para comportarse sexualmente de forma heterosexual (al menos algunos de ellos pueden), su orientación sexual básica quedaría prácticamente intacta. Dicha orientación es muy compleja y demasiado profunda para poder modificarse de manera sustancial mediante alguna terapia.

Si los factores neurohormonales son responsables de las variaciones en la orientación sexual, será muy difícil hacer que un homosexual prefiriera tener relaciones sexuales con una persona del sexo opuesto, como lo sería hacer que un heterosexual deseara tener relaciones sexuales con un miembro de su mismo sexo.

Sin embargo, los bisexuales, que tienen una orientación sexual ambivalente desde un principio, podrían dirigir sus inclinaciones sexuales más o menos exclusivamente hacia actividades heterosexuales por medio de la terapia. En el rango bisexual, podría alegarse que son capaces de cambiar, aun sin terapia.

La investigación acerca de hombres gays demuestra que la mayoría de los que desean modificar su orientación sexual no logran cambiar ni sus fantasías ni su comportamiento. Una minoría de gays y lesbianas —en su mayoría con una capacidad bisexual— pueden aprender a suprimir el comportamiento homosexual mediante la terapia y otros medios si se les motiva suficientemente. Pero la inclinación homosexual generalmente continúa y se manifiesta en sus sueños o fantasías.

Sin embargo, algunos informes sostienen que por medio de la terapia religiosa, psiquiátrica o psicológica se ha logrado producir una reorientación sexual, tanto de las fantasías como del comportamiento.

En conclusión, la mayoría de los 11 científicos entrevistados están de acuerdo en que:

- Aún se desconocen las causas exactas de la heterosexualidad y de la homosexualidad.
- Tanto la homosexualidad como la heterosexualidad son el resultado de la interacción de varios factores: genéticos, hormonales, sociales y ambientales.
- Las influencias psicológicas y sociales por sí solas no pueden ser únicas causas de la homosexualidad (ni del lesbianismo).

- Desde el nacimiento, en todos los niños y niñas hay una predisposición biológica (genética, hormonal y neurológica) a la homosexualidad, bisexualidad o heterosexualidad.
- Ninguno de los distintos factores puede ser causa única de la homosexualidad.
- La orientación sexual de un individuo no puede ser modificada permanentemente mediante alguna psicoterapia.

Las respuestas de estos 11 científicos prominentes deberán disipar el mito de que un individuo escoge ser gay, bisexual o heterosexual. La orientación sexual no se puede seleccionar. Lo que uno puede escoger es la manera de actuar sexualmente dentro de su contexto social particular.

Si aceptamos la teoría de la predisposición biológica hacia la orientación sexual, ¿qué pasará cuando los científicos demuestren que la homosexualidad se transmite genéticamente o tiene su origen en algo que le haya sucedido a la madre durante el embarazo? ¿Acaso impondría esto una nueva carga de culpa a los padres de las lesbianas y los gays?

No. La culpabilidad implica que uno tiene responsabilidad por una consecuencia negativa. Pero la homosexualidad no es un fenómeno negativo. Lo mismo que la heterosexualidad, la homosexualidad es un aspecto natural de la personalidad del individuo, esencial para que pueda disfrutar una vida plena y productiva. Los hombres y mujeres, sean gays o no, que niegan sus sentimientos sexuales inherentes pueden privarse de muchas felicidades en la vida.

Sabemos, a través de los escritos de Aristóteles y de varios estudios antropológicos, que la homosexualidad existe desde hace miles de años. Cuando comparamos diferentes sociedades vemos que la homosexualidad no es un problema, a menos que los miembros de cierta sociedad la conviertan en problema mediante sus prejuicios y leyes restrictivas.

Una sociedad que trata a sus miembros homosexuales como inferiores crea una gran injusticia contra algunos de sus mejores ciudadanos, así como contra sí misma. Ser lesbiana o gay es parte de la personalidad total del individuo, como ser atleta, artista o zurdo. Cualquier personalidad se moldea desde la concepción por factores genéticos, prenatales, psicológicos y culturales.

Mediante sus características únicas, los gays y las lesbianas añaden una diversidad especial al rico tejido de la vida humana. En palabras del doctor Money: "...Como lo hicieron Miguel Ángel, Leonardo Da Vinci, Tchaikovski, Óscar Wilde y otros artistas, científicos, políticos, abogados, médicos, matemáticos y demás genios cuyos logros están inherentemente relacionados con su homosexualidad".

Algunos homosexuales adoptan papeles demasiado sumisos y sentimentales. De manera parecida, algunas lesbianas son dominantes y agresivas, al estilo de cualquier hombre machista. Sin embargo, ni todos los homosexuales ni todas las lesbianas adoptan los papeles extremosos (narcisistas o masoquistas) que la sociedad tradicional propone a los mexicanos. Cualquiera que sea su orientación sexual, las personas que logran integrar su personalidad según el modelo de la androginia psicológica, descrito en el capítulo 7, son individuos mejor integrados y menos neuróticos.

Bibliografía

Acosta, M., "El aborto, derecho de la mujer" en *Excélsior,* 12 de agosto, 2000, p. 15.

Actualizaciones Psiquiátricas, *Iladiba,* 2,7, 77-78, 2002.

Adler, A., *El sentido de la vida,* Ed. Latinoamericana, México, 1968.

Alberoni, F., *Enamoramiento y amor,* Gedisa, México, 1991.

Alberti, R., y Emmons, M., *Your Perfect Right,* Impact, San Luis Obispo, 1974.

Alduncin, E., *Los valores de los mexicanos,* Banamex, México, 1991.

Allport, G., *Pattern and Growth in Personality,* Holt, Rinehart & Winston, Nueva York, 1961.

Álvarez, A., "El abuso sexual de menores y sus consecuencias legislativas en México", en Everstine, D., y Everstine L., *El sexo que se calla,* Pax, México, 1977.

Anodea, J., *Los chacras,* Robinbook, Barcelona, 1993.

APA (American Psychiatric Association), *Diagnostic and Statistical Manual for Mental Disorders/DSM- IV* Washington, D.C., 1994.

Attie, T., "Crisis de las mujeres", en *Revista Intercontinental de Psicología y Educación,* 1990, 3, 1 y 2, pp. 173-182.

Baker, F., *Man in the Trap,* Avon, Nueva York, 1974.

Bandler, R., y Grinder, J., *Frogs into Princess,* Real People Press, Utah, 1979.

Bardwick, J., *Psychology of Women,* Harper & Row, Nueva York, 1974.

Béjar, R., *El mito del mexicano,* Orientación, México, 1971.

⎯⎯ , *El mexicano,* UNAM, México, 1983.

Bem, S., "The Measurement of Psychological Androgyny", en *Journal of Consulting and Clinical Psychology,* 42, 1974, pp. 155-162.

Bergson, H., *Introducción a la metafísica,* Siglo Veinte, México, 1984.

Blum, D., *Sex on the Brain: The Biological Differences Between Men and Women,* Penguin, Nueva York, 1998.

Boadella, D., *In the Wake of Reich,* Coventure, Londres, 1979.

Bradshaw, J., *Healing the Shame that Binds you,* FL: Health Com., Deerfield Beach, 1988.

Bruyere, R., *Wheels of Light,* Simon & Schuster, Nueva York, 1994.

Cardoso, L., Discriminadas 60% de las mujeres, en *El Universal,* 19 de noviembre de 1999, p. 8.

Carroll, J., "A Cultural-Consistency Theory of Family Violence in Mexican-American and Jewish Ethnic Groups", en Strauss M., y G. Hotaling (eds.), *The Social Causes of Husband-Wife Violence*, U. of Minnesota Press, Minneápolis, 1980.

Conger, J., *Jung & Reich: the Body as Shadow*, North Atlantic Books, Berkeley, 1988.

Conlon, P., "Brain Structure may Influence Male-Female Behavior Differences", en *New York Times Syndicate*, 15 de diciembre, 1999.

Darwin, C., *The Expresion of the Emotions in Man and Animals*, Appleton-Century, Nueva York, 1920.

Demetrakopoulos, S., *Listening to our Bodies*, Beacon Press, Boston, 1982.

Deutsch, R., *The Key to the Feminine Response*, Ballantine Books, Nueva York, 1968.

Doudeswell, J., *La violación, hablan las mujeres*, Grijalbo, México, 1987.

Drake, J., *Postura sana*, Roca, México, 1993.

Dumay, R., *El placer de las mujeres*, Plaza & Janés, Barcelona, 2000.

Dytchwald, K., *Cuerpo-mente*, Lasser Press, México, 1983.

Ellis, A., y Abrahams, E., *Terapia racional emotiva (TRE)*, Pax, México, 1980.

Elmendorf, M., "Mexico: the Many Worlds of Women", en G. Smock (ed.), *Women's Role and Status in Eight Countries*, Wiley, Nueva York, 1977.

Epstein, J., "Libertad corporal", en *Latin Trade*, enero de 2001, pp. 57-58.

Farrington, K., "La relación entre el estrés y la violencia doméstica: conceptualizaciones y hallazgos actuales", en *Revista Intercontinental de Psicología y Educación*, 4, 1991, pp. 1, 87-103.

Federation of Parents and Friends of Lesbians and Gays, *¿Por qué mi hijo(a) es gay?* P. O. Box 27605-7605, 1992.

Feldenkrais, M., *Awareness Through Movement*, Harper & Row, Nueva York, 1977.

Feltman, J., *El gran libro de lo masajes curativos*, Roca, México, 1994.

Fernández, B., "Reproduce la mujer indígena la tradición", en *El Universal*, 10 de marzo de 2001.

Fisher, R., *El caballero de la armadura oxidada*, Ediciones Obelisco, Buenos Aires, 2001.

Fisher, S., *Body Consciousness*, Prentice Hall, Nueva Jersey, 1973.

Fromm, E., *El arte de amar*, Fondo de Cultura Económica, México, 1974.

——, *El miedo a la libertad*, Fondo de Cultura Económica, México, 1988.

Gayton, A., *Basic Human Physiology*, Saunders, Filadelfia, 1977.

Golas, T., *Manual de iluminación para holgazanes*, Cuatro Vientos, Chile, 1980.

González, Ma. T., *Mujer: variaciones de lo mismo*, edición particular, México, 1992.

González, P. F., *El mexicano, psicología de su destructividad*, Pax, México, 1961.

Harlow, H., "The Nature of Love", en *American Psychologyst*, 13, 1958, pp. 673-685.

Heilbrun, C., *Towards Androgyny*, Gollancz, Londres, 1973.

Heller, J., y Henkin, W., *Bodywise*, Wingbow Press, California, 1993.

Hillman, J., *The Dream and the Underworld*, Harper & Row, Nueva York, 1979.

Hochheimer, W., *La psicoterapia de C. G. Jung*, Herder, Barcelona, 1969.

Hofer, J., *Total Massage*, Grosset & Dunlap, Nueva York, 1976.

Hooker, E., "The Adjustment of the Male Overt Homosexual", en *J. Proj. Tech.*, 21, 1957, pp. 18-31.

Izard, C., *Human Emotions,* Plenum Press, Nueva York, 1977.

Izcoa, A., "El incesto: un tabú que urge atención", en *Revista Internacional de Psicología y Educación*, 4, 1991, pp. 1, 13-28.

Jung, C., *Man and his Symbols,* Doubleday, Nueva York, 1964.

Kantor, G., y Straus, M., "The 'Drunken Bu' Theory of Wife Beating", en *Social Problems*, 34, 1987, pp. 213-220.

Kaplan, H., *The New Sex Therapy*, Penguin Books, Nueva York, 1978.

___ , *The Illustrated Book of Sex Therapy,* Quadrangle, Nueva York, 1975.

Keen, S., "Sing the Body Electric", en *Psychology Today*, 4, 1970, pp. 56-58 y 88.

___ , "We do not Have Bodies, We are our Bodies", en *Psychology Today,* 7, 1973, pp. 65-73 y 98.

Keleman, S., *Emotional Anatomy,* Center Press, Berkeley, 1984.

___ , *Somatic Reality,* Center Press, Berkeley, 1979.

___ , "El papel del cuerpo en el pensamiento y en el sentimiento", en *Revista Intercontinental de Psicología y Educación*, 5, 1992, pp. 2, 27-38.

Knudson, D., "Que nadie se entere. La esposa maltratada en Puerto Rico", en Vargas, J. (ed.), *La mujer en Puerto Rico*, Ediciones Huracán, Puerto Rico, 1987.

Kramer, A. (ed.), *Woman's Body: an Owner's Manual*, Paddington Press, Londres, 1977.

Lara, A., y Navarro, R., "Positive and Negative Factors in the Measurement of Sex Roles: Findings from a Mexican Sample", en *Hispanic Journal of Behavioral Sciences*, 8, 1986, pp. 143-165.

___ , "Self-Description of Mexican College Students in Response to the BRSI and Other Sex Role Items", en *Journal of Cross Cultural Psychology*, 18, 1987, pp. 331-334.

Leary, T., *Interpersonal Diagnosis of Personality,* Ronald Press, Nueva York, 1957.

___ , *Info-psychology,* New Falcon, Phoenix, 1994.

Leland, J., "Problemas de alcoba resueltos en el laboratorio", en *El Universal*, 3 de junio de 2000.

Leñero, L., *El fenómeno familiar en México y su estudio sociológico*, IMES, México, 1983.

LeVay S., "A Difference in Hypothalamic Structure Between Heterosexual and Homosexual Men", en *Science*, 253, 1991, pp. 1 034-1 037, 5 023.

Livier, M., "Comunicación altruista", en *El Universal*, 12 de agosto 2000.

Lowen, A., *Bioenergética,* Diana, México, 1976.

___ , y L. Lowen, *The Way to Vibrant Health*, Harper, Nueva York, 1977.

Luciani, J., *How to Heal Anxiety and Depression,* Wiley & Sons, Nueva York, 2001.

Luria, A., *The Nature of Human Conflicts,* Evergreen Press, Nueva York, 1960.

Lutyens, M., *Krishnamurti, the Years of Awakening,* Avon Books, Nueva York, 1976.

McCary, J., *Human Sexuality,* Van Nostrand, Nueva York, 1967.

Martínez, E., "El masaje en la psicoterapia", en *Revista Intercontinental de Psicología y Educación*, 5, 1992, pp. 107-114.

Masters, W., y V. Johnston, *Human Sexual Response,* Little & Brown, Nueva York, 1966.

May, R., "Freedom, Determinism and the Future", en *Psychology*, 1, 1977, pp. 6-9.

McGrath, E., *Women and Depression: Risk Factors and Treatment Issues,* American Psychological Association, Washington, D.C., 1990.

Merhabian, A., "The Three Dimensions of Emotional Reaction", en *Psychology Today,* 10, 1976, pp. 57-61.

Meyer, P., *¿Por qué se queda la mujer con el hombre abusivo?*, Centro de Intervención, Iowa, 1998.

Mindell, A., *Dreambody,* Sigo Press, Boston, 1982.

Navarro, R., *Psicoenergética,* Limusa, México, 1984.

___ , *El libro para que usted deje de fumar,* EDAMEX, México, 1986.

___ , *Psicoterapia antidepresiva,* Trillas, México, 1990.

___ , "Alteraciones emocionales, personalidad neurótica y terapia psicoenergética", en *Revista Intercontinental de Psicología y Educación,* 5, 1992, pp. 2, 39-62.

___ , *Psicoterapia corporal y psicoenergética*, Pax, México, 1999.

___ , *Las emociones en el cuerpo,* Pax, México, 1999.

Nolen-Hoeksena, S., y Girgus, J., *"The Emergence of Gender Differences in Depression During Adolescence",* Psychological Bulletin, 115, 424-443, 1994.

O' Hanlon, B., *Cómo entender el estrés con sentido común,* Grupo Ed. Tomo, México, 2000.

Ornstein, R., *The Right Mind,* Harcourt, Brace & Co., Orlando, 1997.

___ , *The Psychology of Consciousne*ss, Freeman, San Francisco, 1972.

Ortega y G., J., *Ideas y creencias,* Espasa-Calpe, Madrid, 1967.

Ouspensky, P., *Fragmentos de una enseñanza desconocida,* Hachette, Buenos Aires, 1984.

Painter, J., *Technical Manual of Deep Wholistic Bodywork,* ed. del autor, California, 1987.

___ , *Integración postural,* Pax, México, 1987.

Paz, O., *El laberinto de la soledad,* Cuadernos Americanos, México, 1950.

___ , *La llama doble,* Seix Barral, Madrid, 1993.

Perls, F., *Ego, Hunger and Agression*, Random House, Nueva York, 1969.

___ , *In and Out the Garbage Pail,* Real People Press, Nueva York, 1972.

___ , *Sueños y existencia,* Cuatro Vientos, Chile, 1974.

___ , *Gestalt Therapy Verbatim,* Bantam Books, Nueva York, 1974.

Peter, L., *Las fórmulas de Peter,* Plaza & Janés, Barcelona, 1974.

Plutchick, R., *The Emotions: Facts, Theories and a New Model,* Random House, Nueva York, 1968.

Pogrebin, L. C., *Among Friends: Who We Like, Why We Like Them and What We do With Them*, McGraw-Hill, Nueva York, 1987.

Polster, E., y Polster, M., *Gestalt Therapy Integrated,* Brunner/Mazel, Nueva York, 1973.

Pribram, K., *The Languages of the Brain,* Prentice Hall, Nueva York, 1976.

Rabinowicz T., y cols., "Gender Differences in the Human Cerebral Cortex: More Neurons in Males; More Processes in Females", en *J. Child Neurology,* 14(2), 1999, pp. 98-107.

Ramírez, S., *El mexicano, psicología de sus motivaciones*, Pax, México, 1961.

Reich, W., *Análisis del carácter*, Paidós, Barcelona, 1972.

___ , *La función del orgasmo*, Paidós, México, 1990.

Reuger, J., *El placer del tacto*, EDAF, Madrid, 1989.

Ricart, T., y M. Benito, "Claves de la amistad", en *Muy Interesante*, abril de 2000, pp. 2-30.

Rodin, J., *Body Traps*, W. Morrow, Nueva York, 1992.

Rolf, I., *Structural Integration,* Viking Press, Nueva York, 1977.

Rosen, R., *El séptimo sentido,* Madrid, Mandala, 1990.

Saint-Exupéry, A., *Le petit prince,* Reynald y Hitchcock, Nueva York, 1943.

Sánchez, J., "Agreden a una de cada cuatro mujeres", en *El Universal*, 23 de marzo de 2002.

Schilder, P., *The Image and Appearance of the Human Body*, Wiley, Nueva York, 1964.

Schutz, W., *Todos somos uno*, Amorrortu, Buenos Aires, 1978.

Shostrom, F., *Man the Manipulator,* Bantam Books, Nueva York, 1977.

Simonton, C., S. Simonton, y J. Creighton, *Getting Well Again*, Tarcher, Los Ángeles, 1978.

Sölveborn, S., *Stretching*, Roca, México, 1985.

Speeth, K. R., *The Gurdieff Work*, Simon & Schuster, Nueva York, 1978.

Stark, E., "Androgyny Makes Better Lovers", en *Psychology Today*, 19 de junio de 1985.

Sullivan, D., y L. Everstine, *El sexo que se calla*, Pax, México, 1997.

Surendra, "Adrenalin as an Agent of Neurosis", en *Energy and Character*, 10, 1979, pp. 20-25.

Toomey, M., "How Fear Entraps Us", *www.mtoomey.com*, 2000.

Ulloa, R. M., *Ama de casa a la mexicana,* edición de la autora, Cuernavaca, 1988.

Weiss, R., *Loneliness, the Experiencie of Social and Emotional Isolation,* MIT Press, Cambridge, 1973.

Wilber, K., *La conciencia sin fronteras*, Kairós, Barcelona, 1988.

Willis, E., *Beginning to See the Light*, Wideview Books, Nueva York, 1981.